ERIK HORNUNG
EINFÜHRUNG IN DIE ÄGYPTOLOGIE

DIE ARCHÄOLOGIE

Einführungen

Chronologische Übersicht 163

Zweite Zwischenzeit um 1650–1551

15. und 16. Dynastie (Hyksos) um 1650–1540
17. Dynastie (in Theben) um 1650–1551

Neues Reich 1551–1070

18. Dynastie 1551–1306
(Ahmose 1551–1526, Amenophis I. 1526–1505, Thutmosis I. 1505–1493, Thutmosis II. 1493–1490, Hatschepsut 1490–1468, Thutmosis III. 1490–1436, Amenophis II. 1438–1412, Thutmosis IV. 1412–1402, Amenophis III. 1402–1364, Amenophis IV. (Echnaton) 1364–1347, Tutanchamun 1347–1338, Aja 1337–1333, Haremhab 1333–1306. Überschneidungen durch Mitregierung!)
19. Dynastie (frühe Ramessidenzeit) 1306–1186
(Sethos I. 1304–1290, Ramses II. 1290–1224, Merenptah 1224–1204, u. a.)
20. Dynastie (späte Ramessidenzeit) ca. 1186–1070
(Ramses III. 1184–1153, u. a.)

Dritte Zwischenzeit um 1070–715

21. Dynastie („Gottesstaat") um 1070–945
22. Dynastie (Bubastiden, Libyerzeit) um 945–715
(Scheschonk, Osorkon, Takelothis)
23. Dynastie (Nebendynastie) um 808–715
24. Dynastie (im Delta) um 725–711
(Tefnacht, Bocchoris)

Spätzeit 715–332

25. Dynastie (Äthiopen) 715–664
26. Dynastie (Saiten) 664–525
(Psammetich I. 664–610, Necho II. 610–595, Psammetich II. 595–589, Apries 589–570, Amasis 570–526, Psammetich III. 526–525)
27. Dynastie (Erste Perserherrschaft) 525–404
28. Dynastie (Amyrtaios von Sais) 404–399
29. Dynastie 399–380
30. Dynastie (Nektanebos von Sebennytos) 380–343
31. Dynastie (Zweite Perserherrschaft) 343–332

Griechisch-römische Zeit 332 v. Chr.–395 n. Chr.

Ptolemäer 304–30 v. Chr.

ERIK HORNUNG

EINFÜHRUNG IN DIE ÄGYPTOLOGIE

STAND · METHODEN · AUFGABEN

Wissenschaftliche Buchgesellschaft

1. Auflage 1967.
2., unveränderte Auflage 1984.
3., unveränderte Auflage 1990.
4., verbesserte Auflage 1993.

Die Deutsche Bibliothek verzeichnet diese Publikation
in der Deutschen Nationalbibliografie;
detaillierte bibliografische Daten sind im Internet über
http://dnb.ddb.de abrufbar.

Das Werk ist in allen seinen Teilen urheberrechtlich geschützt.
Jede Verwertung ist ohne Zustimmung des Verlages unzulässig.
Dies gilt insbesondere für Vervielfältigungen,
Übersetzungen, Mikroverfilmungen und die Einspeicherung in
und Verarbeitung durch elektronische Systeme.

5., unveränderte Auflage 2004
© 1993 by Wissenschaftliche Buchgesellschaft, Darmstadt
Gedruckt auf säurefreiem und alterungsbeständigem Papier
Satz: Fotosatz Janß, Pfungstadt
Einbandgestaltung: schreiberVIS, Seeheim
Printed in Germany

Besuchen Sie uns im Internet: www.wbg-darmstadt.de

ISBN 3-534-03961-0

INHALTSVERZEICHNIS

Vorwort zur 1. Auflage 7

Bemerkung zur 4., verbesserten Auflage 8

Die Wissenschaft der Ägyptologie 9

§ 1 Entstehung; § 2 Entwicklung im 19. und 20. Jahrhundert; § 3 Zeitliche und räumliche Begrenzung des Stoffes; § 4 Wert und Bedeutung; § 5 Allgemeine Hilfsmittel; § 6 Zur Arbeitstechnik.

Schrift und Sprache 22

§ 7 Schrifterfindung; § 8 Hieroglyphen; § 9 Buchschrift (Hieratisch); § 10 Demotisch; § 11 Sonderformen: Gruppenschreibung und Kryptographie; § 12 Schreibmaterial; § 13 Sprachliche Stellung des Ägyptischen; § 14 Zur Struktur und Eigenart der Sprache; § 15 Die Schriftsprache und ihre zeitlichen Stufen; § 16 Wortschatz; § 17 Vokalisation; § 18 Metrik.

Literatur und Musik 41

§ 19 Allgemeines, Anthologien; § 20 Ägyptische Sonderformen: Lehren; § 21 Unterweltsbücher; § 22 Märchen, mythische Erzählung, Drama; § 23 Biographie und politische Literatur; § 24 Lyrische Formen (Liebeslieder, Hymnik); § 25 Briefe; § 26 Wechselwirkung mit der Umwelt; § 27 Stilistik; § 28 Musik; § 29 Tanz.

Religiöse Welt 55

§ 30 Allgemeines; § 31 Gottesbild, Götterglaube; § 32 Vorstellungen über Tod und Jenseits; § 33 Religiöse Anthropologie; § 34 Mythologie; § 35 Kult und Fest; § 36 Religiöse Literatur (Pyramiden- und Sargtexte, Totenbuch); § 37 Zauber; § 38 Persönliche Frömmigkeit; § 39 Wechselwirkung mit der Umwelt.

Der Staat und seine Struktur 74

§ 40 Königtum; § 41 Königsfamilie; § 42 Beamtentum, Verwaltung; § 43 Wesirat; § 44 Provinzialverwaltung im In- und Ausland; § 45 Priestertum; § 46 Militärische Organisation; § 47 Rechtsprechung; § 48 Prosopographie, Namengebung; § 49 Soziale Struktur, Unfreie;

§ 50 Ausländer; § 51 Bevölkerung (Statistik, physische Anthropologie); § 52 Familie, Stellung der Frau; § 53 Das tägliche Leben; § 54 Wirtschaft; § 55 Handel und Verkehr; § 56 Landwirtschaft; § 57 Arbeit, Löhne, Preise; § 58 Geographie und Topographie; § 59 Beziehungen zur Umwelt.

Die Welt des Geistes 105

§ 60 Grundlagen des Denkens, Philosophie und Wissenschaft; § 61 Erziehung; § 62 Weltbild; § 63 Tier- und Pflanzenwelt; § 64 Medizin; § 65 Mathematik und Metrologie; § 66 Astronomie und Zeitrechnung; § 67 Physik, Chemie und Mineralogie; § 68 Technik.

Die Geschichte – Verlauf, Überlieferung, Deutung 117

§ 69 Gesamtdarstellung, Kulturgeschichte, Periodisierung; § 70 Geschichtsbild; § 71 Überlieferung; § 72 Chronologie und Genealogie; § 73 Vorgeschichte; § 74 Frühzeit; § 75 Altes Reich; § 76 Erste Zwischenzeit; § 77 Mittleres Reich; § 78 Zweite Zwischenzeit; § 79 18. Dynastie und Amarnazeit; § 80 Ramessidenzeit; § 81 Dritte Zwischenzeit; § 82 Spätzeit; § 83 Ausklang.

Archäologie und bildende Kunst 133

§ 84 Allgemeines, Handbücher; § 85 Archäologische Feldforschung; § 86 Epigraphik und ihre Hilfsmittel; § 87 Geschichte der ägyptischen Kunst; § 88 Wechselwirkung mit der Umwelt; § 89 Architektur; § 90 Rundbild; § 91 Flachbild; § 92 Kunstgewerbe; § 93 Gefäßkunst; § 94 Amulette, Siegel, Skarabäen; § 95 Wichtigste archäologische Stätten; § 96 Museen, Konservierung, Fälschung.

Zur Landeskunde § 97 152

Epilog: Ägypten und das Abendland § 98 154

Anhang I: Gebräuchliche Abkürzungen 157

Anhang II: Chronologische Übersicht 162

VORWORT ZUR 1. AUFLAGE

Seit Heinrich Brugsch, also seit rund 75 Jahren, ist eine wissenschaftliche Gesamtdarstellung der Ägyptologie nicht mehr versucht worden. Die Gründe dafür liegen auf der Hand: Für einen einzelnen ist das ganze Gebiet kaum noch in allen Bereichen zu überschauen, der Stand der Erforschung reicht nur selten für abschließende Zusammenfassungen aus, immer noch ist unser Gesamtbild der altägyptischen Kultur in stetiger Bewegung. Nur der Wunsch, dem interessierten Nichtfachmann, den Vertretern der Nachbardisziplinen und dem Studienanfänger einen erwünschten Leitfaden durch das große, verwirrend vielfältige Reich unserer Fachwissenschaft an die Hand zu geben, hat den Verfasser dazu bewogen, trotz großer Bedenken den Auftrag zu verwirklichen, auf höchstens 140 Seiten einen möglichst vollständigen Abriß seines Faches vorzulegen. Daß auch die Freude am Experiment – denn mehr kann dieser Versuch zunächst nicht sein! – mit im Spiele war, sei freimütig zugegeben.

Die Zuständigkeit des Verfassers ist, wie die jedes anderen Fachvertreters, eine beschränkte; daher kann nur die kritische Mitarbeit aller Interessierten dazu führen, daß dieser Leitfaden mit der Zeit zu einem brauchbaren, alle Teilgebiete gleichmäßig erfassenden Arbeitsinstrument wird. Um solche Mitarbeit, um Hinweise auf Mängel, Fehler und wünschenswerte Ergänzungen wird hier ausdrücklich gebeten; H. Brunner sei schon vor der Drucklegung für seine kritische Mitarbeit herzlich gedankt.

Im Einklang mit der Zielsetzung dieser Reihe liegt der Schwerpunkt auf dem weiterführenden Schrifttum, nicht auf der informierenden Darstellung; doch wurde versucht, die Einführung nicht zu einer bloßen Literaturübersicht werden zu lassen. Daß in der notwendig subjektiven und begrenzten Auswahl das neuere Schrifttum Vorrang erhielt, war nicht zu vermeiden und soll den Wert älterer Arbeiten nicht mindern; in der Regel wird die angegebene Literatur den Benutzer auch zum älteren Schrifttum hinleiten. Die reichlich verwendeten Abkürzungen schlüsselt Anhang I auf, Jahreszahlen können aus Anhang II ergänzt werden. Statt eines Index, der dem begrenzten Raum zum Opfer fiel, sollen die vielen Querverweise und der systematische Aufbau des Stoffes das Auffinden erleichtern.

Die offenen und umstrittenen Fragen unseres Faches, die Lücken in Forschung und Dokumentation sind häufig betont worden, um dem trügerischen Anschein einer gesicherten Geschlossenheit unseres Wissens vorzubeugen. Hier schließt sich die Hoffnung an, daß der Benutzer dieses Leitfadens bei den kurz informierenden Abschnitten nicht stehenbleibt, sondern den Weg zu den Quellen geht, der allein zur Vertrautheit mit dem Stoff und zur kritischen Wertung der Sekundärliteratur führt.

Wolbeck (Westf.), im Januar 1967   Erik Hornung

BEMERKUNG ZUR 4., VERBESSERTEN AUFLAGE

Geplante Übersetzungen der „Einführung" legten es dringend nahe, den Text und die Literaturangaben jetzt, nach 25 Jahren, nicht unverändert zu übernehmen. Für eine Revision stand allerdings nur sehr begrenzte Zeit zur Verfügung. Der Text wurde daher nur dort geändert, wo es unumgänglich war, und die Einteilung des Stoffes belassen. Aus der Flut von neuerer Literatur mußte eine sehr strenge Auswahl getroffen werden. Ich kann nur hoffen, daß dabei nicht zuviel Wichtiges übersehen wurde, und danke G. Roulin, Th. Schneider, A. Wiese und S. Winterhalter für ihre Hilfe bei der Sucharbeit.

Basel, Oktober 1992   Erik Hornung

DIE WISSENSCHAFT DER ÄGYPTOLOGIE

§ 1. Entstehung

Von einer wissenschaftlichen Ägyptologie kann erst seit der Entzifferung der Hieroglyphenschrift durch Jean François Champollion (1822) gesprochen werden. Bereits Renaissance und Barock (Athanasius Kircher 1601–1680) haben sich intensiv mit dem alten Ägypten und seinen beschrifteten Denkmälern beschäftigt, gingen aber von der falschen Voraussetzung aus, die ägyptische Schrift sei eine reine Symbolschrift oder allenfalls eine Silbenschrift nach Art der chinesischen; trotz dieses Irrtums gelangen schon vor Champollion erste Erfolge bei der Entzifferung, vor allem durch J. J. Barthélemy (1716–1795), Åkerblad (1763–1819) und Thomas Young (1773–1829). Die französische Gelehrtenkommission, die Napoleon 1798 nach Ägypten begleitete und sich der Denkmäler des Landes annahm, schuf mit dem monumentalen Text- und Tafelwerk Description de l'Égypte (1809/28) eine umfassende Grundlage für die Arbeit an textlichen und archäologischen Zeugnissen. Europäische Reisende haben seit der Mitte des 18. Jahrhunderts genaue Beschreibungen und Kopien von Denkmälern angefertigt, die der frühen Ägyptologie als Materialgrundlage dienten und oftmals heute noch von Wert sind. Aber das Verständnis dieser Primärquellen konnte sich erst erschließen, als Champollion (1790–1832) die irrigen Arbeitshypothesen, die eine frühere Entzifferung verhindert hatten, aufgab und in wenigen Jahren das grundsätzliche Verständnis der ägyptischen Schrift und Sprache erschloß. Da die alten Hypothesen noch lange nachwirkten, stieß Champollions Entdeckung zunächst auf weitgehende Ablehnung; nach seinem frühen Tod führte die junge Wissenschaft ein Jahrzehnt lang ein Schattendasein, bis ihr Begründer in mehreren Ländern würdige Nachfolger fand.

Als „Geburtsurkunde" der Ägyptologie gilt Champollions Sendschreiben Lettre à M. Dacier relative à l'alphabet des hiéroglyphes phonétiques employé par les Égyptiens pour inscrire sur les monuments les titres, les noms et les surnoms des souverains grecs et romains, das Dacier am 27. 9. 1822 vor der Pariser Académie des Inscriptions verlas (veröffentlicht Paris 1822, Faksimile-Nachdruck Aalen 1962). Einen vollständigeren Abriß seiner Entdeckung legte Champollion zwei Jahre später (Paris 1824) in seinem *Précis du système hiéroglyphique des anciens Égyptiens* vor. – Biographie des Entzifferers: H. Hartleben, Champollion. Sein Leben und sein Werk. 2 Bde, 1906. Die gleiche Autorin hat auch seine Briefe herausgegeben: Lettres de Champollion le jeune, 2 Bde, Paris 1909. Eine neuere Bibliographie stammt von J. Kettel, Jean-François Champollion le Jeune, Paris 1990. – Zur *Entzifferung* und zur wichtigen, obgleich nicht allein ausschlaggebenden Rolle des dreisprachigen *Steines von Rosette* vgl. A. Erman, Die Entzifferung der Hieroglyphen, in: SBPAW 1922; C. Andrews, The Rosetta Stone, London 1981. Über die vergeblichen Versuche des 18. Jh. M.V. David, Le débat sur les écritures et l'hiéroglyphe aux XVIIe et XVIIIe siècles, Paris 1965.

§ 2. Entwicklung im 19. und 20. Jahrhundert

Eine kräftige und stetige Weiterentwicklung der Forschung setzte um die Mitte des Jahrhunderts durch die Franzosen Emmanuel de Rougé (1811–1872) und Auguste Mariette (1821–1881) und die Deutschen Carl Richard Lepsius (1810–1884) und Heinrich Brugsch (1827–1894) ein. Mit Mariette als erstem Direktor der 1858 gebildeten ägyptischen Altertümerverwaltung begann eine Zeit glanzvoller Entdeckungen im Niltal; Lepsius vollendete das Entzifferungswerk Champollions (siehe § 8), erhielt 1842 in Berlin den ersten deutschen Lehrstuhl für Ägyptologie und leitete die von König Friedrich Wilhelm IV. 1842/45 nach Ägypten entsandte preußische Expedition, die ihre reiche epigraphische Ernte in den riesigen Tafelbänden der „Denkmäler aus Aegypten und Aethiopien" (1849/50) vorlegte; Brugsch, der vielseitigste und genialste unter Champollions Nachfolgern, nahm sich vor allem der späten Tempelinschriften an und begründete unsere Kenntnis des Demotischen (§ 10).

Man hat die Jahre 1881 bis 1914 bereits als das „Goldene Zeitalter" der Ägyptologie bezeichnet. Ob sich diese Einteilung bewähren wird, kann erst die Zukunft mit ihrem größeren Zeithorizont lehren; sicher ist, daß die beiden Weltkriege das stetige Voranschreiten der Forschung für längere Zeit abgebremst haben und auch durch den Verlust wertvollen Nachwuchses für die wissenschaftliche Entwicklung tiefe Einschnitte bedeuten. Eine gründliche Umgestaltung der Forschungsmethoden und des Gesamtbildes der Ägyptologie brachte das erste Jahrzehnt dieses „Goldenen Zeitalters". Adolf Erman (1854–1937) erarbeitete die Grundlagen der ägyptischen Grammatik und ermöglichte damit für die Zukunft exaktere Übersetzungen (Neuägyptische Grammatik 1880, Ägyptische Grammatik 1894); zugleich schuf er die erste auf

§ 2. Entwicklung im 19. und 20. Jahrhundert

den Primärquellen aufgebaute Kulturgeschichte des Landes (Ägypten und ägyptisches Leben im Altertum, 1886), die mit vielen irrigen Vorstellungen aufräumte und durch ihre glückliche Verbindung von wissenschaftlicher Exaktheit mit lebendiger Anschauung weite Kreise für die junge Wissenschaft begeistern konnte. Ein Jahr später (1887) legte Eduard Meyer (1855–1930) seine „Geschichte Ägyptens" vor, die später in seiner universalen „Geschichte des Altertums" aufging und gegenüber den vielfach entstellten Berichten der antiken Schriftsteller den Aussagen der Denkmäler zu ihrem Recht verhalf. Zur gleichen Zeit ersetzte Sir Flinders Petrie (1853–1942) die bisherige „Schatzsuche" der Ausgräber, die auf der Jagd nach wertvollen, museumsreifen Funden viele Denkmäler zerstört und sich um eine genaue Veröffentlichung ihrer Arbeiten meist nicht gekümmert hatten, durch eine systematische, auch das zunächst Unscheinbare erfassende Grabungsform; in vorbildlicher Weise hat er seine zahlreichen, 1884 in Tanis beginnenden Grabungen unverzüglich veröffentlicht. Durch seine Arbeiten in Negada und Abydos, die von Quibells Funden in Hierakonpolis ergänzt wurden, konnte um die Jahrhundertwende auch das vorgeschichtliche und archaische Ägypten in den wissenschaftlichen Horizont eingefügt werden. Als Nachfolger Mariettes an der Spitze der ägyptischen Altertümerverwaltung („Service des Antiquités") machte sich Gaston Maspero (1846–1916) seit 1881 um die Organisation der Grabungstätigkeit und um den Schutz der Altertümer verdient; mit der Entdeckung und Aufnahme der Pyramidentexte und mit der Bergung der Königsmumien nahm seine erfolgreiche Amtszeit ihren Anfang. Durch seine Études de mythologie et d'archéologie (1893 ff.) und seine Histoire ancienne des peuples de l'orient classique (1895 ff.) bestimmte Maspero für viele Jahrzehnte unser Bild der ägyptischen Religion und Geschichte und die Methoden zu ihrer Erforschung.

Das 20. Jahrhundert ist bisher in der Feldforschung durch langdauernde, systematische Unternehmungen gekennzeichnet, die neues und zuverlässiges Material in geschlossener Form für die Auswertung bereitstellen. Die politischen Wirren und wirtschaftlichen Schwierigkeiten unserer Zeit, aber auch der Mangel an fähigen Archäologen haben viele dieser Unternehmungen zum vorzeitigen Abbruch gezwungen. So waren die erfolgreichen Grabungen auf den Pyramidenfriedhöfen von Gîza (seit 1902), in den Stadtruinen von Tell el-Amarna (seit 1908) und in der „Arbeitersiedlung" Deir el-Medina mit ihrem Friedhof (seit 1915) für längere Zeit unterbrochen, sind aber noch lange nicht abgeschlossen. Ähnlich steht es in Hermopolis (1929/39 deutsche Grabungen), während die französischen Arbeiten in den Ruinen von Tanis (seit 1929) nach einer Pause wieder fortgeführt werden. Die monumentalen Restaurationsarbeiten an den Tempeln von Karnak (nach dem Säulensturz von 1899) und im Bereich der Stufenpyramide von Saqqâra (seit 1927) sind für die Wissenschaft nicht weniger ergiebig gewesen als die Grabungen. Zu den bedeutendsten Leistungen der modernen Ägyptologie gehören schließlich zwei epigraphische Großunternehmungen: die epigraphische und architektonische Aufnahme der Tempel von Medinet Habu durch das Oriental Institute der Universität Chicago seit 1924 und die Aufnahme der ptolemäischen und römischen Tempelinschriften durch Mitarbeiter des Französischen Archäologischen Instituts in Kairo seit 1896. Auch diese Unternehmungen sind noch nicht beendet. Daß in der Feldforschung seit der Jahrhundertwende auch Architektur und Bauforschung berücksichtigt werden, ist vor allem das Verdienst von Ludwig Borchardt (1863–1938), der seit 1904 mit dem Deutschen Haus in Theben und dem Deutschen Archäologischen Institut in Kairo feste Stützpunkte für die Arbeit deutscher Gelehrter im Lande schuf; das ebenfalls von Borchardt ins Leben gerufene Schweizerische Institut für ägyptische Bauforschung in Kairo setzt seine baugeschichtlichen Untersuchungen würdig fort.

Die Errichtung der Staudämme von Assuân hat drei internationale Aktionen ausgelöst, die das nubische Gebiet zwischen dem ersten und zweiten Nilkatarakt zum archäologisch besterforschten Teil Afrikas gemacht haben. Der erste archäologische „Survey" Nubiens wurde 1907/11 vor der ersten Erhöhung des alten Dammes durchgeführt, der zweite 1929/34 vor der zweiten Erhöhung. Als sich der Bau des neuen Hochdammes abzuzeichnen begann, trat Nubien erneut in den Mittelpunkt des Interesses, und nach dem UNESCO-Aufruf von 1960 wurden die ägyptischen und sudanesischen Landesteile, die inzwischen im neuen Stausee versunken sind, noch einmal in internationaler Zusammenarbeit systematisch untersucht; ein beispielloser technischer Aufwand ermöglichte die Versetzung ganzer Tempelanlagen und die Rettung der meisten wichtigen Denkmäler dieses Gebietes.

Vorbildlichem internationalem Zusammenwirken verdanken auch zwei große Unternehmungen außerhalb der Feldforschung ihre Entstehung und Durchführung; das gleiche Jahr 1897 brachte den Beginn der Arbeiten am Berliner „Wörterbuch der ägyptischen Sprache" (hrsg. 1926/63 von A. Erman und H. Grapow) und, von L. Borchardt angeregt, am Generalkatalog des Nationalmuseums in Kairo (seit 1901 rund 100 Bände). Ohne geduldige, oft entsagungsvolle Kollektivarbeit im Großen wie im Kleinen wären die tragfähigen Grundlagen unserer Wissenschaft schwächer; den Durchbruch zu neuen Erkenntnissen

§ 2. Entwicklung im 19. und 20. Jahrhundert 13

und Betrachtungsweisen, die entscheidende Umgestaltung und Vertiefung unseres Ägyptenbildes aber verdankt auch das 20. Jahrhundert der Leistung einzelner. Die Grundlagen, die Erman zum Verständnis der ägyptischen Grammatik und zur Interpretation der Texte geschaffen hatte, wurden von den großen Philologen Kurt Sethe (1869–1934), Sir Alan H. Gardiner (1879–1963) und Hans J. Polotsky (1905–1991) erweitert und gesichert. Nach früheren tastenden Versuchen konnte Heinrich Schäfer (1869–1957) die Eigengesetzlichkeit ägyptischer Darstellungsweise für Rund- und Flachbild klar herausarbeiten und wurde damit zum „Erman" der ägyptischen Kunst. Hermann Kees (1886–1964) ordnete das Gewirr ägyptischer Beamten- und Priestertitel zu den erkennbaren Linien im Aufbau und in der Entwicklung ägyptischer Verwaltung; zusammen mit Sethe und Alexandre Moret (1868–1938) übte er einen nachhaltigen Einfluß auf die Methodik in der Erforschung und Deutung altägyptischer Religion aus, bis Henri Frankfort (1897–1954) einen angemesseneren Weg zur Eigengesetzlichkeit der religiösen Formenwelt Ägyptens aufzeigte (§ 30). Auch in der Literatur- und Geschichtsbetrachtung mehren sich die Anzeichen einer Neuorientierung. Im Widerstreit zwischen Gerechtigkeit und geforderter Kürze sei am Ende dieses geschichtlichen Überblicks nur noch Hermann Junker (1877–1962) genannt, durch seine Forschungen in allen Teilbereichen des Faches letzter Vertreter einer universalen Ägyptologie, die heute nicht mehr zu realisieren ist; Spezialisten hat es bereits zur Zeit von Lepsius und Maspero gegeben, aber jetzt sind auch die Größten unseres Faches gezwungen, ihre Forschung auf Teilgebiete zu beschränken.

Damit zeichnet sich eine Weiterentwicklung ab, wie sie in der klassischen Altertumswissenschaft bereits der Vergangenheit angehört. Noch ist die Ägyptologie trotz ihrer 170jährigen Geschichte eine junge Wissenschaft, jung in ihrer sprunghaften Entwicklung und in ihrer relativen Überschaubarkeit. Der Boden des Niltales hält ohne Zweifel noch manche Überraschung für den Spaten des Ausgräbers bereit, und für die Fülle des bereits Ausgegrabenen ist die Zahl tätiger Forscher viel zu klein.

Eine Geschichte der Ägyptologie fehlt bisher; knappe Zusammenfassungen bieten in neuerer Zeit u. a. H. Kees in: HO, I. Abt., 1. Bd., 1. Abschn. (1959), S. 3–17; W. Wolf, Kulturgeschichte des Alten Ägypten (1962), S. 1–15; J. Vercoutter, A la recherche de l'Egypte oubliée, Paris 1986 (deutsch: Ägypten. Entdeckung einer alten Welt, 1990); S. Donadoni, S. Curto, A. M. Donadoni Roveri, Egypt from Myth to Egyptology, Mailand 1990. Die „Vorgeschichte" von der Antike bis zur

Entzifferung behandelt E. Iversen, The Myth of Egypt, Kopenhagen 1961, die wichtigsten Kapitel der archäolog. Feldforschung W. Wolf, Funde in Ägypten. Geschichte ihrer Entdeckung (Sternstunden d. Archäologie Bd. 5, 1966) und L. Greener, The Discovery of Egypt, London 1966. Zur Geschichte der Ägyptologie in einzelnen Ländern: Ägypten: D. M. Reid, JAOS 105, 1985, S. 233–246; USA: J. A. Wilson, Signs and Wonders upon Pharaoh. A History of American Egyptology, Chicago 1964; Deutschland: W. Helck, Ägyptologie an deutschen Universitäten, 1969; E. Blumenthal, Altes Ägypten in Leipzig, 1981; England: J. D. Wortham, British Egyptology 1549–1906, Univ. of Oklahoma Press 1971; T. G. H. James, The British Museum and Ancient Egypt, London 1981; R. M. Janssen, The First Hundred Years. Egyptology at University College London, London 1992; Frankreich: G. Maspero, L'Égyptologie (Collection La Science Française, 1915) und P. Montet, Isis ou à la recherche de l'Égypte ensevelie, Paris 1956; Niederlande: W. D. van Wijngaarden, Van Heurnius tot Boeser (MVEOL 2, 1935). Viel Material zur Wissenschaftsgeschichte findet sich in Biographien, Nachrufen und Reiseberichten. Kurze Angaben über Persönlichkeiten (auch Sammler, Händler, Diplomaten u. a.), die für die Entwicklung der Ägyptologie bedeutsam gewesen sind, bei W. R. Dawson, Who was Who in Egyptology, London 1951, ²1972 (mit E. P. Uphill, unter Ausschluß lebender Personen). Wichtige Autobiographien: H. Brugsch, Mein Leben und mein Wandern, ²1894; E. A. W. Budge, By Nile and Tigris, 1920; A. Erman, Mein Leben und mein Wirken, 1929; A. H. Gardiner, My Working Years, London [1962]; H. Junker, Leben und Werk in Selbstdarstellung (SBÖAW 242, 1963); M. A. Murray, My First Hundred Years, London 1963; W. M. Flinders Petrie, Seventy Years in Archaeology, London [1931]; J. A. Wilson, Thousands of Years, New York 1972. Dazu ausführliche Biographien über Breasted (Ch. Breasted, Vom Tal der Könige zu den Toren Babylons, 1950), Lepsius (G. Ebers, Richard Lepsius. Ein Lebensbild, 1885 und B. Lepsius, Das Haus Lepsius, 1933) Petrie (M. S. Drower, Flinders Petrie. A Life in Archaeology, London 1985) und Carter (T. G. H. James, Howard Carter. The Path to Tutankhamun, London u. New York 1992).

§ 3. Zeitliche und räumliche Begrenzung des Stoffes

Entstanden als Teil der Altertumswissenschaft, hat sich die „Ägyptische Archäologie" rasch zu einer selbständigen Wissenschaft entwickelt und um 1850 die Bezeichnung „Ägyptologie" angenommen. Sie befaßt sich zwar speziell nur mit dem alten Ägypten, vereinigt aber in einer selten gewordenen Vielseitigkeit Philologie, Archäologie, Ethnologie, Kunst-, Geschichts- und Religionswissenschaft zu einem Ganzen. Da die Ägyptologie von Anfang an auch das Koptische einbezogen hat, reicht ihr Gegenstand zeitlich von der Vorgeschichte bis in die Gegenwart. Die Koptologie (Wissenschaft vom christlichen Ägypten) gewinnt jedoch seit der gewaltigen Vermehrung ihres Materials durch die gnostischen und biblischen Textfunde in Oberägypten immer mehr eine selbständige Stellung und dürfte sich in absehbarer Zeit als eigene Wissenschaft zwischen der Ägyptologie und der christlichen Theologie etablieren. Als zeitliche Grenze der Ägyptologie im engeren Sinne wird meist die Eroberung Ägyptens durch Alexander den Großen (332 v. Chr.) gesetzt, durch die das Land und seine Kultur aus der „Pharaonenzeit" in die hellenistische Zeit hinübertreten. Für die folgende Zeit der ptolemäischen und römischen Herrschaft und für ihre „Mischkultur" ist die Ägyptologie nur noch zum Teil zuständig und auf enge Zusammenarbeit mit der klassischen Altertumswissenschaft, insbesondere mit der Papyrologie, angewiesen.

Geographisch gehört neben Ägypten innerhalb seiner jetzigen Grenzen auch der Nordteil der heutigen Republik Sudan zu dem Gebiet, das die Ägyptologie erforscht. Hier bestand im 2. Jahrtausend v. Chr., dem Schutz mächtiger Festungsanlagen anvertraut, ein ausgedehntes ägyptisches Kolonialgebiet; ihm folgten einheimische Reiche mit den Hauptstädten Napata und Meroë und einer von Ägypten abhängigen „meroïtischen" Kultur, deren Zeugnisse bis in den Raum östlich und südlich von Khartûm reichen. G. Reisner und F. Ll. Griffith haben den nördlichen Sudan schon zu Beginn dieses Jahrhunderts in die Feldforschung einbezogen, und die jüngste Aktion zur Rettung der nubischen Altertümer (§ 2) hat das Studium der meroïtischen Kultur, Sprache und Geschichte nachdrücklich gefördert, aber auch das der christlichen Epoche Nubiens. Durch die häufigen Wechselwirkungen zwischen der ägyptischen Kultur und ihren afrikanischen wie asiatischen Nachbargebieten ist die Ägyptologie auf eine Zusammenarbeit mit der Afrikanistik und afrikanischen Völkerkunde einerseits, mit der vorderasiatischen Altertumskunde und Semitistik andererseits verwiesen.

<small>Über die Verflechtung der Ägyptologie mit einer Vielzahl anderer Wissenschaften gab S. Morenz einen klaren Überblick: Die Ägyptologie im Kosmos der Wissenschaften, Saeculum 12, 1961, 345–357; entsprechend M. Krause, Die Koptologie im Gefüge der Wissenschaften, ZÄS 100, 1974, 108–125.</small>

§ 4. Wert und Bedeutung

Wie im Mittelalter der Wert einer Beschäftigung mit dem klassischen Altertum umstritten war, so hat sich in neuerer Zeit öfter die Frage nach Wert, Sinn und Nutzen der Ägyptologie gestellt. Ihrer Beantwortung dient eine reiche apologetische Literatur, der es nicht ganz gelungen ist, die Ägyptologie vom Nimbus des Weltfremden, Esoterischen zu befreien. Immerhin hat sich die Erkenntnis durchgesetzt, daß über die Brücke der antiken Welt eine Fülle an ägyptischem Gedanken- und Formengut in die abendländische Welt übergegangen ist und immer noch fortwirkt. Der Blick auf unsere Gemeinsamkeiten mit dem alten Ägypten ist jedoch weniger fruchtbar als der Blick auf die kennzeichnenden Unterschiede, auf die Eigengesetzlichkeit altägyptischer Kultur, wie sie in der „Kontrastdiagnose" mit anderen Kulturen deutlich hervortritt. Der ungewöhnlich gute Einblick in ihre Entstehung und ihre zweitausend Jahre lang von äußeren Einflüssen fast ungestörte Entfaltung machen die ägyptische Hochkultur zu einem beispiellosen Modellfall in der Menschheitsgeschichte. Die konsequente Verwirklichung einer Weltordnung, die hier der frühen Menschheit gelungen ist, kann auch den modernen Menschen überzeugen und schöpferisch anregen. Bezeichnend ist ja das ungeheure Interesse, das Ägypten (und nicht nur als Reiseland!) heute in der Öffentlichkeit findet.

Entscheidend für den Wert der Ägyptologie wie für ihre Wirkung und Resonanz im Kosmos des Geistes sind die Fragen, mit denen sie ihrem Material gegenübertritt. Solches Fragen erfordert auch den Mut zur Synthese, die ihrerseits neue Fragen auslöst und die Detailforschung, zugleich unentbehrliche Grundlage jeder Synthese, vorantreibt. Wie ein Hohlraum, der durch fehlende Synthese entsteht, von Pseudowissenschaften eingenommen und verdunkelt wird, zeigt gerade in unserem Fach das Beispiel der „Pyramidologie" (§ 89). Im dialektischen Wechselspiel von Einzelforschung und Synthese geht die Ägyptologie der Selbstverwirklichung des Menschen, den Ursprüngen und den Grundlagen seiner Kultur nach und kann damit zu jeder Zeit Aktualität beanspruchen.

K. Sethe, Die Ägyptologie (AO 23 Heft 1, 1921); T. E. Peet, The Present Position of Egyptological Studies, Oxford 1934; A. M. Blackman, The Value of Egyptology in the Modern World, Liverpool 1936; W. Wolf, Wesen und Wert der Ägyptologie (LÄS Heft 8, 1937); S. R. K. Glanville, The Growth and Nature of Egyptology, Cambridge 1947; S. Sauneron, L'égyptologie, Paris 1968; D. Valbelle, L'égyptologie, Paris 1991. Eine „Kontrastdiagnose" der ägyptischen, mesopotamischen und griechischen Kulturwelt gab S. Morenz 1965 im Schlußband (Summa historica) der Propyläen-Weltgeschichte.

§ 5. Allgemeine Hilfsmittel

Die bisher einzige, für ihre Zeit vorzügliche und vielbenutzte *Gesamtdarstellung* des Faches hat H. Brugsch vorgelegt: Die Aegyptologie, 1891, ²1897. Nach W. Helck–E. Otto, Kleines Wörterbuch der Aegyptologie, 1956, ²1970, und G. Posener, Dictionnaire de la Civilisation Égyptienne, 1959, ²1970 (deutsch als Knaurs Lexikon der ägyptischen Kultur, 1960), erschien seit 1972 ein von W. Helck, E. Otto und W. Westendorf hrsg. Lexikon der Ägyptologie, das jetzt (1992) in 7 Bänden abgeschlossen ist. Dabei sind die einzelnen Artikel von sehr unterschiedlicher Qualität, ermöglichen aber zumeist eine erste Orientierung; in unserer Einführung weisen wir nur ausnahmsweise auf Lexikon-Artikel hin. Eine Reihe wichtiger Stichworte, vor allem aus den Bereichen der ägyptischen Geographie, Religion und Archäologie, ist in die Real-Encyclopädie der classischen Altertumswissenschaft von Pauly/Wissowa aufgenommen, weitere in das Reallexikon der Vorgeschichte, das Reallexikon der Assyriologie und das Reallexikon für Antike und Christentum. In dem von B. Spuler herausgebenen Handbuch der Orientalistik (Leiden 1952 ff.) sind in der I. Abteilung einzelne Teilgebiete des Faches knapp abgehandelt (Schrift und Sprache 1. Band 1. Abschnitt, Literatur 1. Band 2. Abschnitt, Geschichte 1. Band 3. Abschnitt, Religion 8. Band 1. Abschnitt, Recht 3. Ergänzungsband). Für das christliche Ägypten liegt jetzt in 8 Bänden The Coptic Encyclopedia vor, hrsg. von A. S. Atiya, New York 1991.

Gut versehen ist die Ägyptologie mit *Bibliographien*. Die jährlich wachsende Flut der Fachveröffentlichungen wird seit 1947 durch die Annual Egyptological Bibliography gebändigt (Herausgeber bis 1963 J. Janssen, danach M. Heerma van Voss, J. J. Janssen, L. M. J. Zonhoven); für 1947 erfaßte sie 337 Veröffentlichungen, 1985 dagegen 1466 (zum Vergleich: 54 im Jahre 1860 nach Jolowicz). Neben der fast absoluten Vollständigkeit, der Erfassung auch entlegenster Beiträge, liegt der Wert dieser Bibliographie in der Zusammenfassung von Inhalt und Bedeutung, die jedem Titel beigegeben ist. Die ältere Literatur ist ziemlich vollständig gesammelt in den beiden Bibliographien von H. Jolowicz, Bibliotheca Aegyptiaca (1858 mit Supplement 1861) und Ibrahim Hilmy, The Literature of Egypt and the Soudan from the Earliest Times to the Year 1885 Inclusive (2 Bde, London 1886/88). Schlechter steht es für den Zeitraum 1886–1946, für den verschiedene bibliographische Hilfsmittel, alle unvollständig, kombiniert werden müssen; am wichtigsten ist hier I. Pratt, Ancient Egypt. Sources of Information in the New York Public Library (New York 1925, mit Supplement 1941), dazu für die Kriegsjahre J. Janssen, Bibliographie der ägyptologischen Veröffentlichungen erschienen außerhalb Deutschlands von 1939 bis Mitte 1947 (Jahrbuch des Deutschen Archäol. Instituts, 16. Ergänzungsheft, 1950) und W. Federn in der Zeitschrift Orientalia N. S. Band 17 (1948) bis 19 (1950), ebenfalls für den Zeitraum 1939/47. Für die geplante Bibliographie 1822–1946 vgl. Ch. Beinlich-Seeber, Göttinger Miszellen 86, 1985, 45–53. Für die meisten bedeutenderen Ägyptologen liegen individuelle Bibliographien vor, allerdings verstreut über die verschiedensten Periodica und Festschriften. Von den hilfreichen Bibliothekskatalogen sei neben dem der New York Public Library (s. oben) noch auf H. Munier, Catalogue de la Bibliothèque du Musée égyptien du Caire, Kairo 1928 (Forts.: Dia Abou-Ghazi u. Abd el-Mohsen el-Khachab, 6 Bde, Kairo 1966–92), verwiesen. Vor dem Zweiten Weltkrieg brachte das JEA regelmäßige und ausführliche Literaturberichte.

Eine Sonderstellung nimmt die von B. Porter und R. Moss begonnene, von R. Moss und E. Burney weitergeführte Topographical Bibliography of Ancient Egyptian Hieroglyphic Texts, Reliefs and Paintings (7 Bde, Oxford 1927–52, ^{2}1960ff.) ein. Hier sind Material und einschlägige Veröffentlichungen nach Fundorten gegliedert (im 7. Band auch außerhalb Ägyptens), wobei die im Erscheinen begriffene 2. Auflage auch das unveröffentlichte Material in größter Vollständigkeit berücksichtigt und damit über den Rahmen einer Bibliographie hinausgeht; mit vielseitigen Indices ausgestattet, gehört dieses Werk zu den wichtigsten Hilfsmitteln unseres Faches.

In ihren Anfängen mußte die Ägyptologie bei archäologischen, theologischen und orientalistischen *Zeitschriften* hospitieren. Erst 1863 schuf H. Brugsch mit der Zeitschrift für ägyptische Sprache und Altertumskunde (ZÄS, ÄZ) eine erste Fachzeitschrift, die noch heute als wichtigstes Organ der deutschen Ägyptologie erscheint (bisher 120 Bände). Es folgten 1870 der Recueil de travaux relatifs à la philologie et à l'archéologie égyptiennes et assyriennes (Paris, bis 1923 40 Bände) für den Bereich des gesamten Alten Orients und 1880 die Revue égyptologique (Paris, bis 1921). Außer der bereits genannten ZÄS erscheinen zur Zeit als ausschließlich ägyptologische Fachzeitschriften das Journal of Egyptian Archaeology (JEA, seit 1914), die Revue d'Égyptologie

§ 5. Allgemeine Hilfsmittel

(RdE, seit 1933), die Chronique d'Égypte (CdE, seit 1926), die Annales du Service des Antiquités de l'Égypte (ASAE, seit 1900) und die Studien zur Altägyptischen Kultur (SAK, seit 1974), dazu Enchoria als Zeitschrift für Demotistik und Koptologie (seit 1971); das Bulletin de l'Institut français d'archéologie orientale (BIFAO, seit 1901) bezieht am Rande Arabistik und vorderasiatische Altertumskunde mit ein, bei Aegyptus, Rivista Italiana di egittologia e di papirologia (seit 1920) liegt der Schwerpunkt auf der griechisch-römischen Zeit Ägyptens. In andere wichtige Fachzeitschriften, etwa das Journal of Near Eastern Studies (JNES, seit 1942), teilt sich die Ägyptologie mit den übrigen orientalistischen Disziplinen. Für den Fachmann wie für den Außenstehenden, der „auf dem laufenden" bleiben und sich in der Fülle der Neuerscheinungen orientieren möchte, sind zwei Zeitschriften unentbehrlich, die ausschließlich Buchbesprechungen aus dem Gesamtgebiet der Orientalistik bringen und dabei der Ägyptologie einen führenden Anteil einräumen: die Orientalistische Literaturzeitung (OLZ, seit 1898) und die vom Niederländischen Institut für den Nahen Osten herausgegebene Bibliotheca Orientalis (BiOr, seit 1943).

Eine recht vollständige Liste aller *Periodica* haben É. Drioton und J. Vandier, L'Égypte (Sammlung „Clio", Paris ³1952, ⁴1962) S. VII–XXIV zusammengestellt; neben den Zeitschriften sind dort auch die zu Reihen zusammengefaßten Monographien berücksichtigt. Solche Reihenschriften werden vor allem von der Egypt Exploration Society in London, dem Institut français d'archéologie orientale in Kairo, dem Oriental Institute der Universität Chicago und dem Deutschen Archäolog. Institut in großer Zahl herausgegeben. Dazu kommen die zahlreichen ägyptologischen Arbeiten, die in den Sitzungsberichten oder auch in den Abhandlungen vieler Akademien (Berlin, Brüssel, Göttingen, Heidelberg, Kopenhagen, Leipzig, Mainz, München, Paris, Wien) erscheinen, sowie das reiche Material in Festschriften für Ägyptologen und Vertreter benachbarter Disziplinen.

Zeitschriften und andere Periodica, gelegentlich auch wichtige Monographien, zitiert die Fachliteratur in abgekürzter Form. Solche *Abkürzungen* sparen Zeit und erleichtern die wissenschaftliche Arbeit, wenn sie sinnvoll und einheitlich verwendet werden. Familiäre Abkürzungen wie „ÄZ" (für ZÄS) oder „Journal" (JEA) sind irreführend und sollten vermieden werden. Maßgebend waren für einige Zeit die Abkürzungen, die J. Janssen, CdE 24, 1949, 80–93 vorgeschlagen und in der Annual Egyptological Bibliography konsequent durchgeführt hat. Neuerdings folgt man weitgehend den Abkürzungen im Lexikon der Ägyptologie. Wer mit der Fachliteratur arbeitet, muß sich die gängigen Abkürzungen einprägen; daher sind sie auch in dieser Einführung verwendet und im Anhang I ausführlich zusammengestellt.

§ 6. Zur Arbeitstechnik

Für den Erfolg geisteswissenschaftlicher Arbeit ist die Methodik, nicht die Technik des Vorgehens entscheidend. Oft genug sind wichtige Ergebnisse unseres Faches mit unzulänglichen Mitteln und mit wenig rationeller Arbeitsweise erreicht worden. Eine sinnvolle Arbeitstechnik ist keine Garantie, aber zumindest eine Stütze für den Erfolg der Forschung; mit der wachsenden Zahl der Quellen und der Sekundärliteratur wird sie darüber hinaus zur Voraussetzung brauchbarer Ergebnisse, da auch für Teilgebiete unseres Faches das menschliche Gehirn als Informationsspeicher nicht mehr ausreicht.

Nachdem jetzt Computer in fast alle Institutionen Einzug gehalten haben, gibt es eine Fülle von Projekten für die Einrichtung von Datenbanken, die bei der mühsamen Sucharbeit helfen könnten; aber jedes der Projekte sieht sich dem Problem der höchst aufwendigen und problematischen Eingabe der Daten gegenüber. Die Trennung des Wichtigen vom Unwichtigen und die sinnvolle Ordnung des Materials nimmt einem der Computer nicht ab! Noch ist der altbewährte „Zettelkasten" des einzelnen Forschers nicht ersetzt, wenn auch die Tendenz der weiteren Entwicklung, mit immer besseren Informatik-Hilfsmitteln, eindeutig ist; die Frage wird stets bleiben, welcher Aufwand für welches Ziel sinnvoll ist.

Träger der Forschung ist in unserem Fach immer noch die so oft verrufene, jedoch erfolgreiche „Gelehrtenstube" konventioneller Art, die gerade auch dem Autodidakten immer noch große Möglichkeiten läßt, zum Fortschritt der wissenschaftlichen Arbeit beizutragen. Der Feldforschung in Ägypten hat sich eine Reihe selbständiger Institute angenommen, unter denen dem Institut français d'archéologie orientale (IFAO), 1898 aus der „Mission archéologique permanente" hervorgegangen, die größte Bedeutung zukommt. Neben ihm wirken von Kairo aus das Deutsche Archäologische Institut (seit 1907), das Schweizerische Institut für ägyptische Bauforschung und Altertumskunde, das American Research Center und weitere Institutionen, in Luxor das Oriental Institute der Universität Chicago und das Centre Franco-Egyptien in Karnak. Eine Stätte engster Zusammenarbeit der geistes- und naturwissenschaftlichen Fächer bei der Erforschung Ägyptens war lange Zeit das Institut d'Égypte in Kairo; von Napoleon Bonaparte

§ 6. Zur Arbeitstechnik

während der französischen Expedition am 22. 8. 1798 gegründet und 1859 als Institut Égyptien neubelebt, hat es wie die Société Royale de Géographie (1875 von G. Schweinfurth gegründet) durch die Nationalisierung des wissenschaftlichen Lebens in Ägypten seine Bedeutung verloren.

Zur Geschichte des IFAO s. Garnot, Aspects de l'Égypte antique (1959) S. 225–234 und J. Vercoutter, L'Ecole du Caire, Kairo 1980, zu der des Institut d'Égypte Guémard, BIE 6, 1924, 43–84 und 135–157, ferner zu den Anfängen J. E. Goby, BSFE 66, 1973, 15–36.

In einigen Ländern haben sich die Freunde altägyptischer Studien zu wissenschaftlichen Gesellschaften zusammengeschlossen, die auch Ausländern offenstehen. In England wurde nach früheren kurzlebigen Versuchen 1882 der Egypt Exploration Fund (seit 1919 als Egypt Exploration Society) gegründet, in Frankreich 1925 die Société française d'égyptologie, in Belgien 1923 die Fondation égyptologique Reine Élisabeth, in den Niederlanden 1933 die Vooraziatisch-Egyptisch Genootschap Ex Oriente Lux. Während sich die Ägyptologie früher als eigene Sektion am Internationalen Orientalistenkongreß und am Deutschen Orientalistentag beteiligte, hat sie sich jetzt in eine problematische Isolation begeben, mit immer stärker spezialisierten Fachtagungen. Seit 1976 findet alle drei Jahre ein Internationaler Ägyptologenkongreß statt, und im deutschen Sprachgebiet hat sich dazu die jährliche „Ständige Ägyptologenkonferenz" (SÄK) fest etabliert. Es scheint, daß Kongresse generell in eine Sinnkrise geraten sind, aus der nur neuartige Lösungen herausführen können.

SCHRIFT UND SPRACHE

§ 7. Schrifterfindung

Die Frage, ob Sumer oder Ägypten die Priorität der Schrifterfindung gebührt, kann erst dann eindeutig entschieden werden, wenn die Chronologie der Frühzeit (§ 74) für Ägypten wie für Mesopotamien besser gesichert ist; zeitlich scheint Sumer voranzugehen, doch bleibt die Abhängigkeit beider Schrifterfindungen voneinander umstritten. Sicher ist nur, daß alle wesentlichen Kennzeichen der ägyptischen Schrift, einschließlich des Nebeneinanders von monumentalen Hieroglyphen (§ 8) und kursiver Buchschrift (§ 9), bereits unter den ersten Königen des Einheitsreiches vor 2900 v. Chr. greifbar sind. Da keine Vorstufen der ägyptischen Schriftzeichen belegt sind, obgleich zumindest in der vorgeschichtlichen Keramik ein potentieller Schriftträger erhalten ist, hat man die frühere Annahme einer allmählichen Entwicklung „vom Bild zum Buchstaben" (Sethe) heute allgemein aufgegeben; die Hieroglyphenschrift scheint wie die anderen frühen Schriftsysteme das Produkt einer Erfindung zu sein, die auf ägyptischem Boden am Ende der Vorgeschichte, um oder kurz vor 3000 v. Chr., gemacht wurde. Die Entwicklung der folgenden Jahrhunderte läßt diese Erfindung im Prinzip unverändert, erweitert und verbessert sie jedoch: die Zeichen werden vermehrt und erhalten eine elegantere Form, die Orthographie wird eindeutiger und damit für uns verständlicher. Solange man keine längeren Texte niederschrieb, war eine Zeilengliederung entbehrlich; erst im Laufe der 3. Dynastie kommen in Zeilen geschriebene Texte auf.

Im Laufe ihrer weiteren Entwicklung hat die eigentlich rein konsonantische ägyptische Schrift auch von der Möglichkeit, Vokale anzudeuten, Gebrauch gemacht (§ 11); den Schritt von der Zeichenfülle zum Alphabet hat erst das römische Ägypten getan, als es die griechischen Buchstaben übernahm, durch einige demotische Zusatzzeichen ergänzte und so das koptische Alphabet schuf. Das hieroglyphische „Alphabet" von 24 Zeichen und ihrer Umschrift, das sich der Anfänger heute zur Erlernung der ägyptischen Sprache und zum Gebrauch der Wörterbücher einprägen muß, ist eine Konstruktion der modernen Wissenschaft. Der Ägypter besaß zwar von Anfang an für jeden konsonantischen Laut seiner Sprache auch ein Einkonsonantenzeichen, hat jedoch dreitausend Jahre lang darauf verzichtet, seine Schrift auf diese 24 Buchstaben zu reduzieren. Die Gründe dafür liegen in dem größeren Ausdrucksreichtum, den die Hieroglyphenschrift gegenüber allen alphabetischen und syllabischen Schriften besitzt, und in ihrem sakralen Charakter, der die „praktischen" Erfordernisse nicht zur Herrschaft gelangen ließ. Gerade die Spätzeit bemüht sich, das Schriftsystem statt einfacher immer komplizierter zu gestalten. Trotzdem scheint es, daß der Stammbaum unseres Alphabets über Römer, Griechen und Phöniker bis ins alte Ägypten zurückreicht. Zwischen den beiden Weltkriegen glaubte man, in der 1905 von Petrie entdeckten Sinaischrift (etwa 15. Jahrh. v. Chr.) das verbindende Glied zwischen Hieroglyphen und phönikischen Buchstaben gefunden zu haben; nachdem inzwischen andere Buchstabenschriften aus der Mitte des 2. Jahrtausends v. Chr. in Syrien und Palästina entdeckt worden sind, ist die Forschung mit ihren Folgerungen zurückhaltender geworden. Die Westsemiten im ägyptischen Einflußbereich haben zumindest das Prinzip der Konsonantenschreibung und die Schriftrichtung von rechts nach links von den ägyptischen Schreibern entlehnt; die Diskussion über die Entlehnung äußerer Formen, d. h. über bestimmte Hieroglyphen oder hieratische Zeichen als Urbilder phönikischer Buchstaben, dauert an und wird durch die geringe Materialbreite erschwert.

H. Bauer, Der Ursprung des Alphabets (AO Bd. 36, 1937); K. Sethe, Vom Bilde zum Buchstaben (UGAÄ 12, 1939); S. Schott, Hieroglyphen. Untersuchungen zum Ursprung der Schrift (Abh. Mainz 1950 Nr. 24); HO I. Band, 1. Abschnitt (1959); B. Sass, The Genesis of the Alphabet and its Development in the Second Millenium B.C., Wiesbaden 1988. Zur Ableitung aus hierat. Zeichen W. Helck, Ugarit-Forschungen 4, 1972, 41–45, und K.-Th. Zauzich, Enchoria 3, 1973, 155–157.

Zur *Schrifterfindung* und ihrer kulturellen Umwelt immer noch wichtig A. Scharff, Archäologische Beiträge zur Frage der Entstehung der Hieroglyphenschrift (SBBAW 1942, Heft 3).

Zur *Sinaischrift* („Protosinaitisch") vgl. zuletzt W. Hinz, ZDMG 141, 1991, 16–32.

§ 8. Hieroglyphen

Hieroglyphen sind vom 30. Jahrh. vor bis ins 4. Jahrh. nach Chr. in Stein gemeißelt, in Holz, Elfenbein oder Stuck geschnitten oder auf verschiedene Materialien aufgemalt worden. Jedes Zeichen stellt in klarer Typisierung ein Wesen oder einen Gegenstand aus der Umwelt des frühen Ägypters dar. Die heute übliche Einteilung der Zeichen nach ihrem Bildcharakter in Gruppen wie Menschen, Körperteile, Säugetiere, Vögel, Waffen, Flechtwerk usw. hat bereits Zoëga 1797 verwendet (De origine et usu obeliscorum); die Zeichen werden jetzt allgemein nach der Liste der Gardinerschen Hieroglyphentypen zitiert: große Buchstaben A–Z und Aa bezeichnen die Gruppe, fortlaufende Zahlen die Zeichen innerhalb der Gruppe, z. B. A 14 den liegenden „Feind", G 14 den Geier (Gyps fulvus), N 14 den Stern usw. Eine vollständige Liste aller Hieroglyphen fehlt, und erschwerend macht sich das Fehlen einer hieroglyphischen Paläographie bemerkbar, aus der sich die wechselnde Gestalt der Zeichen in verschiedenen Epochen ablesen und damit wichtige Datierungsmerkmale gewinnen ließen. Die von Davies (§ 86) gezeichneten Gardiner-Typen orientieren sich an der Zeichengestalt in der 18. Dynastie, während die früher weit verbreiteten, von Weidenbach entworfenen Typen der Schriftgießerei F. Theinhardt nicht auf eine bestimmte Epoche festgelegt waren. Die Liste der Gardiner-Typen umfaßt rund 1000 verschiedene Zeichen, und ungefähr die gleiche Anzahl dürfte vom Alten bis zum Neuen Reich jeweils gleichzeitig in Gebrauch gewesen sein. In der Spätzeit und vor allem in der ptolemäisch-römischen Zeit steigt diese Zahl sprunghaft an, so daß der Typenkatalog des IFAO in Kairo (letzte Ausgabe 1983), der in besonderem Maße auch die Zeichenfülle der spätesten Tempel erfaßt, heute bereits über 7500 Zeichen enthält.

Für die Wiedergabe hieroglyphischer Zitate wurden bereits im Todesjahr Champollions (1832) von J. Klaproth die ersten Drucktypen geschaffen. Heute sind fast durchweg die Gardiner-Typen in Gebrauch; nur die Veröffentlichungen des IFAO benutzen noch die schwarz ausgefüllten Drucktypen der Imprimerie Nationale (erstmals 1842), die früher neben den Theinhardt-Typen am häufigsten verwendet wurden. Inzwischen beginnen sich auch Computer-generierte Hieroglyphen durchzusetzen, deren Qualität sich gegenüber den Anfängen sehr verbessert hat. Längere Texte werden aus Kostengründen in der Regel autographiert. Dieses Verfahren ist wesentlich billiger als der Hieroglyphensatz, spart Korrekturen und ermöglicht eine getreuere Wiedergabe der originalen Schriftrichtung und Anordnung der Zeichen. Voraussetzung ist allerdings eine nicht nur lesbare, sondern gefällige und unmißverständliche Wiedergabe der Zeichen, die von Anfang an auch im Unterricht geübt werden sollte. Durch den Hieroglyphensatz und die Anordnung in den „Urkunden des ägypt. Altertums" und ähnlichen Standardwerken hat sich die Schriftrichtung von links nach rechts eingebürgert, obgleich die originalen Hieroglyphentexte häufiger die Richtung von rechts nach links oder von oben nach unten bevorzugen und für die Buchschrift (§ 9) die Richtung von rechts nach links verbindlich ist. Die an sich nicht festgelegte, oft von ästhetischen Gesichtspunkten bestimmte Anordnung von Hieroglyphen sollte in Erstveröffentlichungen zumindest durch

§ 8. Hieroglyphen

Pfeile kenntlich gemacht werden. Schwierigkeiten ergeben sich bei der „rückläufigen" Anordnung mancher Texte, welche die normale Blickrichtung der Zeichen (zum Anfang des Textes hin) umkehren.

Das seit 1889 gültige internationale Umschriftsystem für das Ägyptische (ZÄS 27, 1889, 1–4) kann die Wiedergabe von Hieroglyphen nicht ersetzen, da es nur die Konsonanten umschreibt, ohne die vielen Homonyme zu unterscheiden und ohne Determinative oder phonetische Komplemente anzudeuten. Außerdem hat es, obgleich gegenüber dem früheren Umschriftsystem von 1874 (ZÄS 13, 1875, 1 ff.) verbessert, den Nachteil ungewöhnlicher Symbole *(s/ś, ḳ, ṯ, ḏ)* für einige Laute; philologische Arbeiten neuerer Zeit verwenden daher zunehmend die gebräuchlichen Symbole *(z/s, q*, seltener *č* und *ǧ* oder *ǰ)*, doch bleibt zur Benutzung des Wörterbuches (§ 16) die Kenntnis der älteren Zeichen zunächst unerläßlich.

Die Unterscheidung dreier Gruppen von Hieroglyphen, zwischen denen es Übergänge geben kann, geht im Prinzip bereits auf Champollion zurück. Bildzeichen (*Ideogramme,* oder besser: *Logogramme*) sind als der dargestellte Gegenstand oder die dargestellte Handlung zu lesen, während die Deutzeichen *(Determinative)* stumm bleiben und als echte Symbolzeichen angeben, zu welcher Vorstellungsgruppe ein Wort gehört – damit mindern sie die Vieldeutigkeit einer vokallosen Schrift und ersetzen, am Wortende stehend, weithin die im Ägyptischen fehlenden Worttrenner. Die Lautzeichen *(Phonogramme)* sind unabhängig von ihrem Bildwert als einzelner Konsonant oder als Folge von zwei oder drei Konsonanten zu lesen, Mit der wichtigen Unterscheidung von Ein- und Mehrkonsonantenzeichen, die gern redundant verwendet werden, konnte Lepsius 1837 das Entzifferungswerk Champollions abrunden. Heute gibt es nur noch wenige Zeichen, deren Lesung unbekannt oder unsicher ist; bei einer etwas größeren Anzahl (Gardiners Gruppe Aa) bleibt noch genauer zu klären, was sie darstellen. Wichtig und in der Schriftgeschichte einmalig ist, daß Hieroglyphenzeichen nicht nur durch die Form, sondern auch farblich differenziert werden.

Außer den zu § 7 genannten Werken noch A. Erman, Die Hieroglyphen (Slg. Göschen), ²1923; M. Burchardt, PW Artikel „Hieroglyphen"; P. Lacau, Sur le système hiéroglyphique, Kairo 1954; K. Sethe, Das hieroglyphische Schriftsystem (LÄS 3, 1935); J. Janssen, Hiërogliefen (holländ., 1952). Zu hierogl. *Drucktypen* J. Janssen, Remarques sur les listes des signes hiéroglyphiques, CdE 27, 1952, 88–97. Ein Verzeichnis der Gardiner-Typen in seiner Grammatik (siehe § 15b), sowie ausführlicher: Catalogue des caractères d'impression hiéroglyphiques égyptiens d'après les matrices appartenant à Alan H. Gardiner, Brüssel 1928 (Supplement 1953). Wichtig ferner C. R. Lepsius, Liste der hierogl. Typen aus der Schriftgießerei des Herrn F. Theinhardt in Berlin, 1875 und É. Chassinat, Catalogue des signes hiéroglyphiques de l'imprimerie de l'IFAO, Kairo 1907 (Supplement général 1930, neue Ausgabe 1983); ein neues Verzeichnis der Hieroglyphen für die griech.-röm. Zeit wird auf Initiative von F. Daumas von der Universität Montpellier herausgegeben: Valeurs phonétiques des signes hiéroglyphiques d'époque gréco-romaine, Montpellier 1988 ff. (Ergebnisse eines vorbereitenden Symposions in Heft 14, 1974 der Göttinger Miszellen, die Basler Liste der vorptolemäischen Zeichen ist noch nicht erschienen).

H. Brunner, Hieroglyphische Chrestomathie, 1965, ²1992 (Auswahl typischer Hieroglyphentexte aus verschiedenen Epochen im Lichtbild, mit kurzen Erläuterungen); K.-Th. Zauzich, Hieroglyphen ohne Geheimnis, 1980 (Einführung zum Selberlernen); H. G. Fischer, Ancient Egyptian Calligraphy, New York 1979, ³1988 (Anleitung zum Schreiben von Hierogl.); ders., L'écriture et l'art de l'Egypte ancienne, Paris 1986; P. Vernus, in: A.-M. Christin (Hrsg.), Ecritures, 2 Bde, Paris 1982–85; A. Schlott, Schrift und Schreiber im alten Ägypten, 1989. Zum *Farbkanon* der Hieroglyphen E. Staehelin, in: E. Hornung, Zwei ramessidische Königsgräber (1990), S. 101–119, zur Verbreitung der Schriftkenntnis J. Baines, Man 18, 1983, 572–599; ders. u. C. J. Eyre, Göttinger Miszellen 61, 1983, 65–96; L. H. Lesko, FS M. Lichtheim (1990), S. 656–667.

§ 9. Buchschrift (Hieratisch)

Nach dem Vorbild der antiken Schriftsteller bezeichnet man die ältere Form der Kursivschrift als *Hieratisch,* doch breitet sich daneben die neuere Bezeichnung *Buchschrift* aus, da sich diese Schriftart vornehmlich auf Papyrus findet (§ 12). Noch älter belegbar, seit der frühesten geschichtlichen Zeit, ist die Verwendung auf Tongefäßen. Das Material aus dem Alten Reich ist äußerst gering, während für das Mittlere Reich eine breitere Grundlage gegeben ist, vor allem durch den Papyrusfund von Illahûn (1889), das Hekanacht-Dossier und die Ramesseum-Papyri. Das besonders reichhaltige Material an Papyri, Ostraka (Deir el-Medina, § 95) und Gefäßaufschriften aus dem Neuen Reich ist nur zum Teil ausgeschöpft. In der Verwaltung und allgemein im „weltlichen" Bereich wird das Hieratische im Laufe des 7. Jahrhunderts v. Chr. vom noch kursiveren *Demotisch* (§ 10) verdrängt, bleibt für religiöse Papyri aber bis zum Ende der altägyptischen Kultur in Gebrauch. Bestimmte Textgruppen (Sargtexte, Totenbuch, Unterweltsbücher) verwenden kursive Zeichen („Totenbuchkursive"), die sich in der Form stärker den Hieroglyphen annähern als die eigentliche Buchschrift.

§ 9. Buchschrift (Hieratisch)

Als echte „Handschrift" zeigen die hieratischen Zeichen einen schnelleren Wandel und größere individuelle Unterschiede als die Hieroglyphen. Welche Unterschiede im Schriftbild und in den Zeichenformen gleichzeitig möglich sind, geht aus einem von Parker veröffentlichten Orakel-Protokoll vom 4. 10. 651 v. Chr. eindrucksvoll hervor; die 50 eigenhändigen Zeugenprotokolle dieses Papyrus, die uns die originale Handschrift der führenden thebanischen Priester und Beamten jener Zeit bewahren, würde man, für sich betrachtet, in unterschiedliche Zeitepochen datieren. Hier zeigen sich die Grenzen und Schwierigkeiten einer paläographischen Altersbestimmung hieratischer Texte, die oft um ein Jahrhundert schwanken kann. Für die Bestimmung der Zeichenformen und der zahlreich verwendeten Ligaturen in den einzelnen Schriftepochen ist die Paläographie von Georg Möller (1876–1921) immer noch das beste Hilfsmittel; zur Ergänzung und Präzisierung können die paläographischen Listen der großen neueren Papyrus-Editionen herangezogen werden. Bei der Bearbeitung werden hieratische Texte nicht nur im Lichtbild oder im Faksimile mitgeteilt, sondern auch in Hieroglyphen umschrieben, vergleichbar mit der Umsetzung unserer Handschriften in Drucktypen. Schon die Ägypter selbst haben hieratische Vorlagen auf Grab- oder Tempelwänden oder bei der „Veröffentlichung" von Texten auf Stelen in Hieroglyphen umgesetzt, wodurch einige hieratische Zeichen und Ligaturen nachträglich in die Hieroglyphenschrift eingedrungen sind; nur in seltenen Fällen wurden hieratische Texte direkt auf Stein übertragen (hierat. Stele BM 138 aus der 21. Dyn.). Für die moderne hieroglyphische Umschrift gelten jetzt allgemein die Regeln, die Gardiner JEA 15, 1929, 48–55 aufgestellt hat, insbesondere die Forderungen, die originale Schriftrichtung von rechts nach links beizubehalten und durch die Hieroglyphen möglichst eindeutig erkennen zu lassen, welches hieratische Zeichen im Original steht. *Rubra* können, wenn ein Farbdruck nicht möglich ist, durch Unterstreichung oder Unterstrichelung kenntlich gemacht werden.

G. Möller, Hieratische Paläographie, 3 Bde, 1909–12, ^{2}1927, mit Ergänzungsheft 1936; ders., Hieratische Lesestücke für den akadem. Gebrauch, 3 Hefte, 1909/10 (Nachdruck 1961); A. Erman, Die ägyptischen Schülerhandschriften, APAW 1925; H. Goedicke, Old Hieratic Palaeography, Baltimore 1988 (AR bis frühes MR); M. Megally, Considérations sur les variations ... des formes hiératiques du papyrus E. 3226 du Louvre, Kairo 1971 (18. Dyn.).
Orakel-Protokoll: R. A. Parker, A Saite Oracle Papyrus from Thebes in the Brooklyn Museum, Providence 1962.

§ 10. Demotisch

Bereits die späthieratische Kanzleischrift entwickelt immer kursivere Formen, mündet in der 25. Dynastie (715–664) in das „anomale Hieratisch" ein und wird in der 26. Dynastie von der noch kursiveren *demotischen* Kanzleischrift verdrängt. Die ältesten demotischen Papyri (Rylands I und II) stammen aus der Zeit Psammetichs I (664–610); unter Amasis (570–526) wird das Demotische die offizielle Schreibart der Verwaltung und Rechtsprechung und tritt nun als „Volksschrift" neben die hieratischen und hieroglyphischen Urkunden des religiösen Bereichs. Literarische Texte werden erst seit Beginn der Ptolemäerzeit demotisch geschrieben. Die jüngsten demotischen Inschriften, alle auf der Insel Philae, gehören in die zweite Hälfte des 5. Jahrhunderts n. Chr., also bereits in die byzantinische Zeit Ägyptens. Außer auf Papyri, Ostraka und Holztäfelchen wurde das Demotische weit häufiger als die hieratische Buchschrift auch in monumentalen Steininschriften benutzt, etwa in den mehrsprachigen Priesterdekreten ptolemäischer Zeit oder auf Grabstelen. Sieben demotische Zeichen sind als Zusatzbuchstaben in das koptische Alphabet übernommen worden.

Eine konsequente Umschrift des Demotischen ist noch nicht zu verwirklichen, da historische und phonetische Schreibungen nebeneinanderstehen. Man sieht daher von einer Umschrift in Hieroglyphen ab und verwendet die gebräuchliche phonetische Umschrift in Konsonanten (§ 8), mit gelegentlicher Andeutung von Vokalen. Wegen der schwierigen Lesbarkeit dieser Schrift ist das Demotische Spezialgebiet weniger Forscher und steht im akademischen Unterricht am Rande.

H. Grapow, Vom Hieroglyphisch-Demotischen zum Koptischen, SBPAW 1938; W. Erichsen, Demotische Lesestücke, 1937–40; J. H. Johnson, Thus Wrote 'Onchsheshonqy', Chicago 1986, ²1991 (SAOC 45) und weitere Hilfsmittel in § 15 c. Eine demotische Paläographie fehlt. Zum anomalen Hieratisch: M. Malinine, Choix de textes juridiques en hiératique «anormal» et en démotique 2 Bde, Paris 1953 und Kairo 1983.

§ 11. Sonderformen: Gruppenschreibung und Kryptographie

Bei ägyptischen Wörtern reichte das Konsonantengerüst der Hieroglyphenschrift aus, um ihre Aussprache für die Ägypter klarzustellen. Bei Zauberwörtern und Fremdwörtern, bei ausländischen Orts- und Personennamen war die vokalisierte Aussprache nicht ohne weiteres

§ 11. Sonderformen: Gruppenschreibung und Kryptographie   29

gegeben. Für solche Wörter wurde seit dem Alten Reich eine sog. *Syllabische* Schrift („Gruppenschreibung") benutzt, die ihre endgültige Ausgestaltung zu Beginn des Neuen Reiches erfuhr. Diese Schriftart verwendet übliche Hieroglyphen, jedoch in ungewöhnlicher Orthographie; es überwiegen schwache Konsonanten, um den Vokalismus anzudeuten. Meist ergänzen sich Gruppen von zwei (seltener ein oder drei) Hieroglyphen zu einem bestimmten Silbenwert (Konsonant plus Vokal), der in vielen Fällen noch umstritten ist und durch die keilschriftliche Wiedergabe der gleichen Wörter geklärt werden muß. In der Ptolemäerzeit wird die Wiedergabe griechischer Vokale anders gelöst, indem man bei der Schreibung von Fremdnamen bestimmten Hieroglyphen einen Vokalwert zuweist.

> Grundlegend W. F. Albright, The Vocalization of the Egyptian Syllabic Orthography, New Haven 1934 (Nachdruck New York 1966); seitdem zahlreiche neue Lesungen von Albright, Edel u. a. Zur Zusammenstellung bei W. Helck, Die Beziehungen Ägyptens zu Vorderasien (^{2}1971), S. 505–575, ergänzend E. Edel, Die Ortsnamenliste aus dem Totentempel Amenophis' III., 1966, und O. Rössler, Das ältere ägypt. Umschreibungssystem für Fremdnamen, Hamburger Beiträge zur Afrika-Kunde 5, 1966, 218–229; konsequente neue Vorschläge bei Th. Schneider, Asiat. Personennamen in ägypt. Quellen des Neuen Reiches, 1992.

Seit dem späten Alten Reich läuft parallel zur „normalen" Hieroglyphenschrift eine besonders verschlüsselte, die man als *Aenigmatische* Schrift oder „Kryptographie" bezeichnet. Ihre Hauptblütezeit setzt mit dem Beginn des Neuen Reiches ein, reicht bis in die Spätzeit und hat die ptolemäischen Tempelinschriften nachhaltig beeinflußt. Erstrebt wird nicht die Erfindung neuer Schriftzeichen, sondern die Ableitung neuer, ungewöhnlicher Lautwerte für die bekannten Hieroglyphen; die gebräuchliche Orthographie wird radikal verfremdet, und einige Zeichen erhalten einen unerwarteten Aspekt (z. B. Mund in Seiten- statt in Vorderansicht). Außerdem arbeitet diese spielerische Geheimschrift mit rebusartigen Verschlüsselungen und hat das Bestreben, einem Zeichen möglichst viele Lesungen zu geben, um so den Scharfsinn des entziffernden Schreibers zu reizen. Nur in seltenen Fällen dient die Kryptographie echter Geheimhaltung; die Unterweltsbücher (§ 21) „übersetzen" aenigmatische Fassungen eines Textes fast immer in die normale Orthographie, und auch auf Skarabäen dienen Kryptogramme eher der Hervorhebung. So ist diese Schreibweise vor allem ein geistreiches Spiel gelehrter Schreiber und eine phantasievolle Abkehr von der Eindeutigkeit und Klarheit, welche die Hieroglyphenschrift erstrebt. Bedeutsam werden ihre Regeln dort, wo sie mit den

Regeln der ersten Schrifterfindung übereinstimmen und damit zur Aufhellung der Schriftentstehung beitragen.

Untersuchungen aenigmatischer Namen, Formeln und Texte sind über zahllose Aufsätze verstreut; die Mehrzahl stammt aus der Feder von Étienne Drioton (1889–1961), der u. a. eine Fülle aenigmatischer Formeln auf Skarabäen zusammengetragen hat, vgl. die bis 1956 reichende Bibliographie von É. Drioton im BIFAO 56, 1957, 1–18, und E. Hornung-E. Staehelin, Skarabäen und andere Siegelamulette (1976), S. 173–183; E. Hornung, JSSEA 13, 1983, 29–34.

§ 12. Schreibmaterial

Fast jedes erreichbare Material hat der Ägypter beschrieben; neben Stein, Papyrus und Ton kommt den anderen Beschreibstoffen (Holz, Metall, Leder, Textilien, Knochen) allerdings nur geringe Bedeutung zu, die zum Teil durch ihre weit schlechtere Erhaltung bedingt ist. Auch der für die Buchschrift (§ 9) bevorzugte Papyrus gehört zu den vergänglichsten Schreibmaterialien und hat sich nur durch die Gunst des trockenen Klimas in größerer Menge erhalten. Da der weitaus größte Teil der erhaltenen Papyri noch unveröffentlicht in Museumsbeständen ruht, bleiben quantitative Schätzungen provisorisch. Nach einer Berechnung Poseners sind uns von mindestens 9600 m Verwaltungsakten aus dem Totentempel des Neferirkarê (um 2446–2427 v. Chr.) nur 13,5 m erhalten, und diese Fragmente sind fast der einzige nennenswerte Papyrusfund aus dem Alten Reich, so daß von den Papyri dieser Epoche bestenfalls 1/100 000 erhalten ist. Für die jüngeren Epochen ist das Verhältnis kaum günstiger, da die neuaufkommenden Totenbücher (§ 36 c) zwar die Mehrzahl des Erhaltenen stellen, zugleich aber den ursprünglichen Bestand anschwellen lassen. Vollständige Papyrusrollen sind nur in geringer Anzahl erhalten, als längste der Große Papyrus Harris im British Museum mit 40,5 m Länge. Man benennt Papyri in der Regel nach ihrem Entdecker, Erstbesitzer oder Aufbewahrungsort und zitiert den Text nach Kolumnen und Zeilen. In älterer Zeit wurde meist nur die Vorderseite (*recto:* waagerechte Fasern) beschrieben, im Neuen Reich und später wegen des steigenden Bedarfs oft auch die Rückseite (*verso:* senkrechte Fasern).

Schreibgerät der Buchschrift war der Binsenstengel, dessen Ende pinselartig zerfasert und in einem kleinen Wassernapf befeuchtet wurde. Die Tinte wurde aus Ruß (für Schwarz) oder Ocker (für Rot, *Rubrum*) hergestellt, für Illustrationen verwendete man auch andere

Farben; dazu konnte sogar der Gebrauch von Blattgold in Papyri des Neuen Reiches und der Spätzeit nachgewiesen werden (Sh. Alexander, JEA 51, 1965, 48–52). Das vollständige Gerät der Schreiber (Holzpalette, Binsen, Farben und Wassernapf) ist nicht nur als Schriftzeichen, sondern auch in vielen Originalen überliefert.

Wegen der Kostbarkeit des Papyrus begegnet die Tilgung und Wiederverwendung *(Palimpsest)* von Handschriften relativ häufig. Aus dem gleichen Grund wurden für Schülerarbeiten und für andere kurzfristige Aufzeichnungen Ostraka verwandt, also Kalksteinsplitter oder Topfscherben, deren Größe zwischen wenigen cm^2 und 88,5 × 31,5 cm (Ashmolean-Ostrakon des Sinuhe, Kalkstein) schwankt. Ein besonders reiches Material an Ostraka mit Texten des täglichen Lebens und mit Abschriften von Literaturwerken haben die französischen Grabungen in Deir el-Medina zutage gefördert (vgl. § 95).

J. Černý, Paper and Books in Ancient Egypt, London 1952; M. Weber, Beiträge zur Kenntnis des Schrift- und Buchwesens der alten Ägypter, 1969. Die Statistik zu den Papyri bei G. Posener, Histoire et Égypte ancienne, Annales (Économies. Sociétés. Civilisations) 17, 1962, 631–646, das Archiv wurde veröffentlicht von P. Posener-Kriéger und J. L. de Cénival, The Abu Sir Papyri, London 1968 (Text), und P. Posener-Kriéger, Les archives du temple funéraire de Néferirkarê-Kakai, Kairo 1976 (Kommentar).

§ 13. Sprachliche Stellung des Ägyptischen

Seitdem C. R. Lepsius um 1860 den Begriff der „hamitischen" Sprachen eingeführt hat, wurde das Ägyptische als Mischform zwischen der semitischen und hamitischen Sprachfamilie angesehen, bis sich nach dem Zweiten Weltkrieg die Auffassung durchsetzte, daß die semitischen und „hamitischen" Sprachen (letztere: Berbersprachen, Kuschitensprachen, Hausa) einen einzigen Sprachstamm bilden, zu dem auch das Ägyptische als einer der drei oder vier Hauptzweige gehört. Umstritten bleibt einstweilen die genaue Gliederung dieses großen Sprachstammes; auch die geschichtliche Differenzierung und Abhängigkeit bleibt in vielfacher Hinsicht fragwürdig. Obgleich das Ägyptische bei weitem die älteste schriftlich fixierte Sprache des Hamito-Semitischen bildet, weicht es von der hypothetischen Urform dieses Sprachstammes stärker ab als die in wesentlich jüngerer Zeit aufgezeichneten „hamitischen" Sprachen; der Konjugation fehlen die sonst typischen präfigierenden Verbalformen, und auch die Pluralbildung weicht wie in den Berbersprachen vom üblichen Schema ab. Für den Wortschatz ergibt sich in den „elementaren" Bereichen (Körperteile, Verwandtschaft und soziale Gliederung, wichtigste Tätigkeiten und Eigenschaften des Menschen) ein gemeinsamer hamito-semitischer (oder: afroasiatischer) Grundstock, dessen Untersuchung und Abgrenzung noch im Gange ist.

> Die meisten der in § 15 genannten Grammatiken gehen auch auf die sprachliche Stellung des Ägyptischen ein, vor allem G. Lefebvre, der in seiner vorbereitenden Studie Sur l'origine de la langue égyptienne, CdE 11, 1936, 266–292 einen vorzüglichen Abriß der Forschungsgeschichte und des damaligen Standes der Untersuchung gegeben hat. Seitdem brachten neue Ansatzpunkte zur Weiterentwicklung der Frage vor allem M. Cohen, Essai comparatif sur le vocabulaire et la phonétique du Chamito-Sémitique, Paris 1947, und O. Rössler in mehreren Aufsätzen, zuletzt „Das Ägyptische als semitische Sprache", in: F. Altheim-R. Stiehl, Christentum am Roten Meer I (1971), S. 263–326. Vgl. ferner J. Vergote, De verhouding van het Egyptisch tot de Semietische talen, Brüssel 1965, W. v. Soden, Zur Methode der semit.-hamit. Sprachvergleichung, Journ. Semit. Studies 10, 1965, 159–177; A. Loprieno, Das Verbalsystem im Ägyptischen und im Semitischen, 1986, K. Petráček, Altägyptisch, Hamitosemitisch, 1988; D. Cohen (Hrsg.), Les langues chamito-sémitiques, Paris 1988.
> Zur vergleichenden Untersuchung des ägyptischen und semitischen Wortschatzes haben A. Ember, Egypto-Semitic Studies (1930, rund 500 Etymologien) und F. Calice, Grundlagen der ägyptisch-semitischen Wortvergleichung (1936, 948 Etymologien) die Grundlagen gelegt. Welche Unsicherheiten und Probleme hier noch bestehen (nur ein Zehntel bis ein Fünftel der aufgestellten Etymologien kann als sicher gelten!), zeigt gut der zusammenfassende Aufsatz von W. Vycichl, Grundlagen der ägyptisch-semitischen Wortvergleichung, MDAIK 16, 1958, 367–405. Speziell das Viehzuchtvokabular untersuchte P. Behrens, Sprache und Geschichte in Afrika 6, 1984/85, 135–216.

§ 14. Zur Struktur und Eigenart der Sprache

Unsere Terminologie, die an den klassischen Sprachen orientiert ist, erschwert den Zugang zur grundlegend anderen Sprachstruktur des Ägyptischen. Termini wie transitiv/intransitiv, Perfekt/Imperfekt, Dativ/Akkusativ sind nur bedingt anwendbar und können leicht zum Mißverständnis der ägyptischen Verbal- oder Nominalformen führen. Zwar gehört das Ägyptische wie die europäischen zu den flektierenden Sprachen, unterscheidet aber beim Verbum Aktionsarten statt Tempora und macht von Sätzen mit nichtverbalem Prädikat (Nominal- und Adverbialsätze) gern Gebrauch, wobei die Grenze zwischen verbal und nichtverbal durchaus fließend ist. Gegenüber den Sprachen des klassischen Altertums hat das Ägyptische einen Numerus mehr (Dual, der aber schon im Mittelägyptischen zurücktritt) und ein Genus (Neutrum) weniger; die Kasusdeklination fehlt. Zeitfremdheit und „Gegenstandsbezogenheit" der ägyptischen Sprache geben dem subjektiven Empfinden des Sprechenden keinen Raum und verhindern in der älteren Schriftsprache Bildungen wie Konjunktiv oder Irrealis. In der jüngeren Schriftsprache läßt sich eine zunehmende Tempusbildung durch Hilfsverba beobachten (22 Tempora im Koptischen). Wie schwierig es ist, die genaue Bedeutung der ägyptischen Flexionsformen in unserer Sprache und Terminologie wiederzugeben, zeigt u. a. die schwankende Bezeichnung des „Pseudopartizips" („Altes Perfekt, Zustandsform, Stativ") oder die anhaltende Diskussion um das Wesen der „emphatischen" Formen. Dabei zeigt sich immer wieder, daß eine Verbesserung unserer Einsicht in den Sprachbau und damit auch unserer Übersetzung ägyptischer Texte nicht durch radikale Umgestaltung der Terminologie zu erreichen ist, sondern nur durch sorgfältige, historisch differenzierte Untersuchung der einzelnen grammatischen Phänomene. Bei mancher festen „Regel" unserer Grammatiken bleibt der Verdacht, daß sie nur eine optimale statistische Wahrscheinlichkeit erfaßt und damit u. U. den wahren Sachverhalt verschleiert, statt ihn aufzudecken.

A. H. Gardiner, Some Aspects of the Egyptian Language, Proceed. of the British Academy 23 (1937); W. Schenkel, Einführung in die altägypt. Sprachwissenschaft, 1990.
Größere spezielle Untersuchungen: K. Sethe, Das ägyptische Verbum, 3 Bde, 1899–1902; ders., Der Nominalsatz im Ägyptischen und Koptischen, 1916 (ASAW 33 Nr. 3); B. Gunn, Studies in Egyptian Syntax, Paris 1924; H. J. Polotsky, Études de syntaxe copte, Kairo 1944; W. Westendorf, Der Gebrauch des Passivs in der klassischen Literatur der Ägypter, 1953; H. J. Polotsky, Egyptian Tenses, Jerusalem 1965; H. Satzinger, Die negativen Konstruktionen im Alt- und Mittelägypt., 1968 (MÄS 12); W. Schenkel, Die altägypt. Suffixkonjugation, 1975 (ÄgAbh 32); J. Osing, Die Nominalbildung des Ägyptischen, 1976; E. Doret, The Narrative Verbal System of Old and Middle Egyptian, Genf 1986.
Lehrreich ist auch ein Vergleich griech. und ägypt. Ausdrucksweise in den mehrsprachigen Dekreten: F. Daumas, Les moyens d'expression du Grec et de l'Égyptien, Kairo 1952.

§ 15. Die Schriftsprache und ihre zeitlichen Stufen

Ägypten bietet die einzigartige Gelegenheit, die Entwicklung einer Sprache in ihrer schriftlich fixierten Form über mehr als vier Jahrtausende zu verfolgen. Diese Schriftsprache differenziert sich zeitlich in mehrere deutliche Stufen, die zum Teil einander ablösen, zum Teil auch nebeneinander in Gebrauch bleiben, aber jeweils im ganzen Land einheitliche Form haben. Die Umgangssprache, die vielleicht schon früh in Dialekte der einzelnen Landesteile aufgespalten war, ist vor dem Koptischen nur in Ausnahmefällen greifbar.

> B. H. Stricker, De indeeling der Egyptische taalgeschiedenis, Leiden 1945 (in Auseinandersetzung mit älteren Auffassungen von K. Sethe). Zur Frage der vorkoptischen Dialekte vgl. J. Vergote, CdE 36, 1961, 237–249 und A. Loprieno, Göttinger Miszellen 53, 1982, 75–95.

Innerhalb der Schriftsprache werden in der Regel die folgenden Phasen unterschieden:

a) *Altägyptisch* (rund 3000–2140 v. Chr.), von den ältesten erhaltenen Inschriften bis zum Ende des Alten Reiches. Da längere Texte erst mit dem Beginn der 4. Dynastie (um 2575) einsetzen (Biographie des *Mṯn* in Berlin), ist das knappe und in seiner Orthographie schwer durchschaubare Inschriftenmaterial der drei ersten Dynastien „sprachlich recht unergiebig" (E. Edel) und gibt keine Berechtigung, eine „archaische" Phase vor dem Altägyptischen anzunehmen. Wichtigster Textzeuge des Altägyptischen sind die Pyramidentexte (§ 36a). Dazu kommen zahlreiche biographische, juristische und religiöse Inschriften der Beamten, königliche Erlasse und Briefe; in hieratischer Schrift haben sich nur wenige altäg. Texte erhalten.

> Grundlegend E. Edel, Altägyptische Grammatik, Rom 1955/64 (= AnOr 34 und 39); Sander-Hansen, Studien zur Grammatik der Pyramidentexte, Kopenhagen 1956 (Analecta Aegyptiaca 6); J. P. Allen, The Inflection of the Verb in the Pyramid Texts, Malibu 1984.
> Die wichtigsten hieroglyphischen Inschriften dieser Sprachperiode hat K. Sethe zusammengestellt: Urkunden des Alten Reichs, 1933 (Urk. I); seitdem hat sich das Material stark vermehrt, vor allem durch die Veröffentlichung der Grabungen von H. Junker und Selim Hassan in Gîza (§ 95). Das archaische Textmaterial bei P. Kaplony, Die Inschriften der ägypt. Frühzeit (§ 74).

b) *Mittelägyptisch* (rund 2140–1360 v. Chr.) ist die von der Ersten Zwischenzeit bis zur Amarnazeit, also in der 9. bis 18. Dynastie herrschende Schriftsprache, die auch nach ihrer Ablösung durch das Neuägyptische für Königsinschriften und religiöse Texte bis ans Ende der altägyptischen Kultur in Gebrauch geblieben ist und z. B. noch in den ptolemäischen und römischen Tempelinschriften verwendet wurde. Daher sind die meisten religiösen Texte Ägyptens und die Mehrzahl der bedeutenden Literaturwerke in Mittelägyptisch abgefaßt, und der Anfänger wird sich in der Regel zunächst mit dieser „klassischen" Sprachstufe vertraut machen. Die Unterschiede zum Altägyptischen sind relativ gering: Tonverlagerung vom ersten auf den zweiten Bestandteil grammatischer Verbindungen; Vereinfachung der Orthographie und lautliche Veränderungen wie z. B. Zusammenfall von stimmhaftem und stimmlosem s; Fortfall der alten absoluten Personalpronomina und weitgehend auch der Dualformen; Hervortreten des indirekten Genitivs und der Relativadjektiva; vermehrter Gebrauch von Hilfsverba und damit stärkere Differenzierung in der Aussage wie in der Erzählung.

Es fehlen Untersuchungen über die sprachliche Entwicklung innerhalb des Mittelägyptischen, vor allem zur Schriftsprache der 18. Dynastie, in die bereits neuägyptische Bildungen eindringen. Auch das Mittelägyptisch der späten Texte ist bisher nur in einem Einzelfall (Dendera) untersucht.

Die lange Zeit „klassische" Ägyptische Grammatik von A. Erman (1894, [4]1928) wurde zunächst durch die beiden großen Grammatiken von A. H. Gardiner (Egyptian Grammar, 1927, London [3]1957) und G. Lefebvre (Grammaire de l'égyptien classique, 1940, Kairo [2]1955) ersetzt; Gardiners Grammatik ist didaktisch, nicht systematisch aufgebaut, besonders reich an Beispielen und von allen Grammatiken immer noch am besten zum Selbstunterricht geeignet, während Lefebvre den Stoff streng systematisch aufbaut, Beispiele sparsamer verwendet, aber der Syntax besondere Sorgfalt widmet. Um eine Berücksichtigung der Einsichten von Polotsky bemühen sich zwei neuere Grammatiken: E. Graefe, Mittelägypt. Grammatik für Anfänger, 1987, [3]1990, und W. Schenkel, Materialien zur Vorlesung. Einführung in die klassich-ägypt. Sprache und Schrift, 1987 (neu als Tübinger Einführung in die klassisch-ägypt. Sprache und Schrift, 1991), doch vermißt man immer noch eine „ideale", verständliche Anfänger-Grammatik. Als kurze Einführungen werden vor allem verwendet H. Brunner, Abriß der mittelägypt. Grammatik, 1961, [2]1967, und G. Englund, Introduction to Pharaonic Egyptian, Uppsala 1975 (neu als Middle Egyptian. An Introduction, Uppsala 1988). Gute Dienste können beim Studium des Mittelägyptischen auch die umfassende Altägyptische Grammatik von Edel (oben § 15a) und W. Westendorf, Grammatik der medizinischen Texte (1962) leisten, als spezielle Untersuchung vgl. noch F. Junge, Syntax der mittelägypt. Literatursprache,

1978; P. Vernus, Future at Issue. Tense, Mood and Aspect in Middle Egyptian, New Haven 1990. Für das früheste Mittelägyptisch vgl. W. Schenkel, Frühmittelägyptische Studien (1962), für das späteste H. Junker, Grammatik der Denderatexte (1906).
Mittelägyptische Textsammlungen, die speziell dem Gebrauch im Unterricht dienen: K. Sethe, Ägyptische Lesestücke zum Gebrauch im akadem. Unterricht (^{3}1959, dazu ders., Erläuterungen zu den Ägyptischen Lesestücken, ^{2}1960) und A. de Buck, Egyptian Readingbook, Leiden 1948. Reiche Textsammlungen ferner in den von K. Sethe begonnenen, von W. Helck fortgeführten Urkunden der 18. Dynastie (Urk. IV, die ersten vier Bände mit Heft 1–16 als Nachdruck 1961 wieder verfügbar) und in den Heften der Bibliotheca Aegyptiaca, welche die Fondation Égyptologique Reine Élisabeth in Brüssel herausgibt.

c) *Neuägyptisch* und *Demotisch* (14. Jahrhundert v. bis 3. Jahrhundert n. Chr.) wird in vereinzelten Spuren als Umgangssprache des späten Mittleren Reiches greifbar, von Echnaton um 1360 v. Chr. zur Schriftsprache erhoben, seit der 26. Dynastie mit demotischen Schriftzeichen (§ 10) geschrieben und in dieser Form bis zum Ende der altägyptischen Kultur in Gebrauch. Die frühere Trennung in zwei Sprachstufen ist heute aufgegeben. Hervorstechende Unterschiede zum Mittelägyptisch sind der bestimmte und unbestimmte Artikel, die vermehrte Bildung von Tempora mit Hilfsverben, die Änderung der Possessivbezeichnung und die Umschreibung der Ordinalzahlen, der Rückgang im Gebrauch der Partizipien, die Wiederverwendung des Aleph prostheticum (wie im Altägyptischen) und die neuen Negationsformen.

A. Erman, Neuaegyptische Grammatik, ^{2}1933 ist, obgleich in vieler Hinsicht überholt, bis heute nicht ersetzt; J. Černý u. S. I. Groll, A Late Egyptian Grammar, Rom 1975, ^{3}1984, behandeln nicht die literar. Texte. Zum frühen Neuägyptisch F. Behnk, Grammatik der Texte aus El Amarna, Paris 1930, zum Demotischen F. Lexa, Grammaire démotique, Prag 1949; P. du Bourguet, Grammaire fonctionelle et progressive de l'Egyptien démotique, Louvain 1976; E. Bresciani, Nozioni elementari di grammatica demotica, Mailand 1978; s. auch § 10. Wichtige Einzeluntersuchungen: K. Sethe, Das Verhältnis zwischen Demotisch und Koptisch, ZDMG 79, 1925, 290–316; F. Hintze, Untersuchungen zu Stil und Sprache neuägyptischer Erzählungen, 2 Bde, 1950 u. 1952; P. J. Frandsen, An Outline of the Late Egyptian Verbal System, Copenhagen 1974; B. Kroeber, Die Neuägyptizismen vor der Amarnazeit, 1970; H. Satzinger, Neuägypt. Studien, 1976 (Tempus-System); J. H. Johnson, The Demotic Verbal System, Chicago 1976 (SAOC 38).
Textsammlungen in der Bibliotheca Aegyptiaca (vgl. § 15b) und W. Erichsen, Demotische Lesestücke, 2 Bde 1937 u. 1940.

d) *Koptisch* ist, in der Nachfolge des Neuägyptischen, die Umgangssprache der Spätzeit. In seiner schriftlichen Formung, mit griechischen Buchstaben und sieben demotischen Zusatzzeichen geschrieben, verdrängt es im 3. und 4. Jahrhundert mit dem Siegeszug des Christentums die Schriftsprache des Demotischen und bleibt auch nach der arabischen Eroberung als Sprache der christlichen Ägypter bis ins 18. Jahrhundert lebendig. Anders als die früheren Sprachstufen ist das Koptische keine einheitliche Schriftsprache, sondern in mehrere Dialekte aufgesplittert, unter denen nur das Saïdische und das Bohairische größere Verbreitung und durch ihre Standardisierung den Rang einer Schriftsprache erreicht haben. Die Fülle griechischer Lehn- und Fremdwörter macht neben der Schrift und Orthographie den stärksten Unterschied zum Neuägyptisch-Demotischen aus, während sich in der Grammatik die früheren Tendenzen fortsetzen und u. a. in einem ausdrucksreichen System von 22 Tempora gipfeln.

Bahnbrechend waren die Grammatiken von L. Stern (1880) und G. Steindorff (1894). Neben den neueren Grammatiken von W. Till, Koptische Grammatik (Saïdischer Dialekt), 1955, [4]1970; ders., Koptische Dialektgrammatik, [2]1961; J. Vergote, Grammaire copte, Louvain 1973, ist als Einführung vor allem T. O. Lambdin, Introduction to Sahidic Coptic, Macon 1983, geeignet. Grundlegend für das Tempussystem H. J. Polotsky, Études de syntaxe copte, Kairo 1944.

§ 16. Wortschatz

Ein erstes brauchbares Wörterbuch der ägyptischen Sprache wurde 1841 in recht unvollständiger Form aus dem Nachlaß von J. F. Champollion veröffentlicht (Dictionnaire égyptien en écriture hiéroglyphique); frühere provisorische Versuche in dieser Richtung gehen bis auf das Jahr 1830 zurück (Th. Young, Rudiments of an Egyptian Dictionary). 1867/82 gab dann H. Brugsch sein lange Zeit grundlegendes Hieroglyphisch-demotisches Wörterbuch in 7 Bänden heraus, das durch den Strom neuentdeckter Texte und durch die raschen Fortschritte der ägyptischen Philologie schneller als erwartet veraltete. 1897 begann eine von den deutschen Akademien ins Leben gerufene Kommission mit der Vorbereitung eines neuen, umfassenden Wörterbuches, das sich am Thesaurus Linguae Latinae orientierte und fast alle namhaften Ägyptologen aus dem In- und Ausland zur Mitarbeit gewinnen konnte; treibende Kraft dieses Unternehmens waren A. Erman, der während der Vorarbeiten mehrere Abhandlungen „Zur ägyptischen Wortforschung" vorlegte (1907ff.), und sein Mitarbeiter H. Grapow. 1926/31 erschienen die autographierten 5 Bände des Werkes, gefolgt von den getrennt veröffentlichten Belegstellen, einem Indexband (Bd. 6, 1950) und einem rückläufigen Wörterbuch (Bd. 7, 1963). Der jüngste Nachdruck des Werkes erschien 1992.

Für dieses Berliner „Wörterbuch der aegyptischen Sprache" wurde das gesamte Textmaterial vom Alten Reich bis zu den ptolemäischen Tempeln (aber ohne die demotischen Texte!) verzettelt, das um 1920 bekannt war (insgesamt fast 1,5 Millionen Zettel). Da die Verzettelung nicht weitergeführt, neue Wörter und verbesserte Bestimmungen der bekannten Wörter nicht systematisch gesammelt wurden, ist auch dieses monumentale Werk längst veraltet. Der Plan, als Fortsetzung zunächst Spezialwörterbücher zu schaffen, ist nur für die medizinischen Texte verwirklicht worden. Der Zustrom an neuem Material und der stetige Fortschritt bei der Bestimmung von Wortbedeutungen und -verwandtschaften haben dazu geführt, daß kaum eine der 2786 Seiten des Berliner Wörterbuches heute unverändert bestehen kann, so daß das Bedürfnis nach einem neuen Wörterbuch immer dringender wird, doch sind entsprechende Pläne noch fern von der Realisierung. Als Interimslösung gab D. Meeks eine Année lexicographique heraus, von der jedoch nur drei Jahrgänge erschienen (für 1977–79, Paris 1980–82). Die § 5 behandelten bibliographischen Hilfsmittel können Beiträge zum Lexikon, die ja meist in andere Arbeiten eingebettet sind, nur bruchstückhaft erfassen, so daß man immer noch auf eigene lexikalische Sammlungen angewiesen bleibt.

Statt des alten Handwörterbuches von Erman und Grapow steht dem Anfänger jetzt wieder ein modernes, zuverlässiges Handwörterbuch zur Verfügung, das den gebräuchlichen Wortschatz der mittelägyptischen Texte (rund 5400 Wörter) erfaßt und durch seine (sehr unvollständige) Bibliographie zu den Wörtern wie durch seine Verbesserungen gegenüber dem Berliner Wörterbuch auch für den Fortgeschrittenen nützlich ist: R. O. Faulkner, A Concise Dictionary of Middle Egyptian, Oxford 1962. Für den Wortschatz des Neuägyptischen L. H. Lesko, A Dictionary of Late Egyptian, 5 Bde, Berkeley 1982–90, für die demotischen Texte W. Erichsen, Demotisches Glossar, Kopenhagen 1954, für das Koptische W. E. Crum, A Coptic Dictionary, Oxford 1939; W. Westendorf, Koptisches Handwörterbuch, 1965–77; J. Černý, Coptic Etymological Dictionary, Cambridge 1976; W. Vycichl, Dictionnaire étymologique de la langue copte, Leuven 1983. Den Wortschatz der medizinischen Texte erfassen H. v. Deines und W. Westendorf, Wörterbuch der medizinischen Texte, 2 Bde, 1961, und H. v. Deines und H. Grapow, Wörterbuch der ägyptischen Drogennamen, 1959.

Den Wortschatz der literarischen Texte untersuchte W. Westendorf (in: H. Grapow, Der stilistische Bau der Geschichte des Sinuhe, 1952, S. 122–124) am Beispiel der Erzählung des Sinuhe: in diesem langen Text sind 727 Wörter verwendet, davon 395 nur je einmal (Gesamttext 2699 Wörter); an der Spitze stehen, außer den Präpositionen, die Verba „geben" und „machen". Weitere statist. Auswertungen gaben W. Barta für das „Gespräch des Lebensmüden" (MÄS 18, 1969, 122-125) und für die Unterweltsbücher (Komparative Untersuchungen zu vier Unterweltsbüchern, 1990, S. 104ff.), F. Hintze zur Pianchi-Stele (ZÄS 102, 1975, 100-122, mit prinzipiellen Überlegungen). Untersuchungen zu Fremd- oder Lehnwörtern gibt es in größerem Umfang nur für die semitischen Wörter im Ägyptischen, die vor allem im Neuägyptischen eine große Rolle spielen, vgl. außer den § 13 genannten Arbeiten zur Wortvergleichung die Zusammenstellung semitischer und allgemein „asiatischer" Lehn- und Fremdwörter bei W. Helck, Die Beziehungen Ägyptens zu Vorderasien (^{2}1971), S. 505-575. In letzter Zeit haben vor allem die ugaritischen Texte neue Möglichkeiten zur Identifizierung von Lehnwörtern, etwa in der militärisch-waffentechnischen Fachsprache, erschlossen.

§ 17. Vokalisation

Die Vokale des Ägyptischen sind nur im Koptischen (§ 15 d), also in der jüngsten Sprachstufe, erhalten. Für die frühere Zeit geben Umschreibungen ägyptischer Namen und Wörter in griechischen, akkadischen und hethitischen Texten Hinweise auf die Vokalisierung, doch führen auch sie nicht vor das Neue Reich (1551-1070) zurück. Es scheint jetzt gesichert, daß es im Neuägyptischen die Vokale a, e, i und u gab und daß ein Teil der langen Vokale zwischen 1200 und 800 v. Chr. seine Qualität verändert hat: ā wurde zu ō, ū zu ē, während ī und ē unverändert blieben. G. Fecht ist es neuerdings gelungen, für eine ganze Reihe von Namen und Titeln des Neuen Reiches, insbesondere der Amarnazeit, gut begründete Vokalisationen zu erschließen, die unserer konventionell-künstlichen Aussprache ägyptischer Wörter zweifellos vorzuziehen sind. Ein Beispiel: Die Aussprache „Nofretete" ist unmöglich, da es im Neuen Reich kein o gab, „Nefertiti" wäre korrekte Konvention, „Naftēta" (Fecht und bereits Edel, JNES 7, 1948, 14) kommt der zeitgenössischen Ausprache so nahe als möglich. Ob es, bei der noch kleinen Zahl relativ sicherer Vokalisationen, schon jetzt sinnvoll ist, ein Mischsystem von korrekter und konventioneller Aussprache zu verwenden, scheint fraglich, zumal die genaue Qualität der keilschriftlich überlieferten Vokale nicht immer feststeht.

K. Sethe, Die Vokalisation des Aegyptischen, ZDMG 77, 1923, 145-207; E. Edel, Zur Vokalisation des Neuägyptischen, MIO 2, 1954, 30-43; G. Fecht, Wortakzent und Silbenstruktur, 1960 (ÄgFo 21); ders., ZÄS 85, 1960, 84-91 (Amarna-Namen); Osing, Nominalbildung (§ 14), S. 10-30; E. Edel, Neue Deutungen keilschriftlicher Umschreibungen ägypt. Wörter, SBÖAW 1980.

§ 18. Metrik

Über die Erforschung von Wortakzent (auf der letzten oder vorletzten Silbe) und Satzakzent (expiratorisch) konnte G. Fecht die wesentlichen Regeln der ägyptischen Metrik erarbeiten. Sie erweist sich als akzentuierend: die Zahl der Hebungen, nicht die Zahl der Silben, bestimmt den „Vers", der in der Regel zwei- oder dreihebig, selten vierhebig ist. Überraschend ist der Nachweis, daß fast das gesamte ägyptische Textmaterial, bis hin zu Briefen und Titulaturen, metrisch geformt ist. Sprachliche Formulierung bedeutete für den Ägypter metrisch bestimmte, gebundene Rede. Äußerlich wird der metrische Aufbau jedoch nur in wenigen Texten durch „Verspunkte" oder stichische Schreibung sichtbar gemacht. Die gültigen Regeln haben sich nur einmal, zwischen dem Alten und dem Mittleren Reich, durch die Verschärfung des expiratorischen Akzents in einigen Punkten geändert. Die metrische Analyse ägyptischer Texte hat erst in den letzten Jahren eingesetzt; doch wird man bei künftigen Übersetzungen auch dort, wo auf eine metrische Gliederung verzichtet wird, zumindest die Bedeutung der Verseinteilung für den Sinnzusammenhang berücksichtigen müssen.

G. Fecht, Literarische Zeugnisse zur „Persönlichen Frömmigkeit" in Ägypten, Abh. der Heidelberger Akad. d. Wiss. 1965/1, mit einer Liste der Regeln S. 28–38; ausführlicher ders., im HO ²I, 2 (1970), Kap. 19, und im LÄ s. v. Prosodie; zur Problematik G. Burkard, SAK 10, 1983, 79–118.

LITERATUR UND MUSIK

§ 19. Allgemeines, Anthologien

Abgrenzung, Analyse und Geschichte der ägyptischen „Literatur" stecken noch in den Anfängen. Bisher hat man sich zumeist damit begnügt, als „Literatur" geltende ägyptische Werke in Form einer Anthologie zusammenzustellen. G. Maspero gab 1882 eine erste Sammlung von Übersetzungen ägyptischer Literaturwerke heraus, die ihre Unentbehrlichkeit im französischen Sprachraum bis zu der knapper gefaßten, aber besser fundierten Anthologie von G. Lefebvre (1949) bewahrt hat; im deutschen Sprachraum ist die Anthologie von A. Erman (1923) an Breite der Auswahl bis heute nicht ersetzt, und eine neue, moderne Auswahl und Übersetzung ägyptischer Literatur ist dringend zu wünschen. Während sich die drei genannten Anthologien auf literarische Werke beschränken, greifen die Sammlungen von Breasted und Pritchard über diesen Rahmen hinaus und beziehen Texte aller Art mit ein, soweit sie für die ägypt. Geschichte oder für das Alte Testament und seine Umwelt von Bedeutung sind. Wenn, wie es scheint, in ägyptischen Texten fast nur metrisch geformte Sprache begegnet (§ 18), dürfen wir den Begriff „Literatur" nicht zu eng fassen, sondern müssen neben theologischen, politischen und wissenschaftlichen Werken auch Briefe und Biographien mit einbeziehen. Die ägyptische Bezeichnung „Schriften" oder „Schriften der Vorfahren", die am ehesten mit unserem Literaturbegriff vergleichbar ist, scheint auf jede aktuelle schriftliche Äußerung der „Vorfahren", auch auf Akten und Listen, anwendbar zu sein; doch sind gerade die terminologischen Fragen noch zu wenig untersucht.

Die Unschärfe der literarischen Termini, die Verquickung von politisch-kultureller Geschichte und Literaturgeschichte, die Konstruktion von „Autoren" und ein abwegiger „Entwicklungs"-Gedanke haben dem ersten Versuch, die Geschichte der ägyptischen Literatur darzustellen (M. Pieper 1927), den Erfolg versagt. Auch neueren Versuchen stehen große Schwierigkeiten entgegen: die ungleichmäßige Erhaltung von Literaturwerken in den einzelnen Epochen, die Unzulänglichkeit vieler gebräuchlicher Termini der Literaturwissenschaft für das ägyptische Material (etwa im Falle des „Sinuhe"!) und der Mangel an Vorarbeiten auf diesem weiten Feld. Daß das Wagnis trotzdem lohnt, zeigt die neueste Darstellung von H. Brunner (1966), der in knapper Form die Hauptepochen kennzeichnet und vor allem das Mittlere Reich als die „klassische" Blütezeit ägyptischer Literatur herausarbeitet, in welcher sich die Fülle der Gattungen entfaltet und der Sprachstil zur Vollendung gelangt. Feinere Differenzierung wird in Zukunft vor allem für die rasche Entwicklung in der 12. und 18. Dynastie und für die Spätzeit notwendig sein; daneben gilt es, die verschiedenen Ausdrucksformen ägyptischer Literatur zu bestimmen und abzugrenzen und, nicht zuletzt, unsere Kenntnis und unser Verständnis der Texte stetig zu fördern. Welche literarischen Schätze die geduldige Arbeit an zerstreuten Fragmenten zutage fördern kann, hat vor allem G. Posener für die erzählende und belehrende Literatur in seinen „Recherches littéraires" eindrucksvoll gezeigt.

Anthologien: G. Maspero, Les contes populaires de l'Égypte ancienne, Paris 1882, [4]1911; A. Erman, Die Literatur der Aegypter, 1923; G. Lefebvre, Romans et contes égyptiens de l'époque pharaonique, Paris 1949; E. Bresciani, Letteratura e poesia dell' antico Egitto, Turin 1969; W. K. Simpson, The Literature of Ancient Egypt, New Haven u. London 1972; M. Lichtheim, Ancient Egyptian Literature, 3 Bde, Berkeley/Los Angeles/London 1973–80; C. Lalouette, Textes sacrés et textes profanes de l'ancienne Égypte, 2 Bde, Paris 1984–87; E. Hornung, Gesänge vom Nil. Dichtung am Hofe der Pharaonen, 1990. – In weiterem Rahmen J. H. Breasted, Ancient Records of Egypt, 5 Bde, Chicago 1906–07 (Neudruck 1962) und J. B. Pritchard, Ancient Near Eastern Texts Relating to the Old Testament, Princeton 1950, [3]1969 (der ägyptische Teil von J. A. Wilson).
Summarische *Übersichten* in Kindlers Literatur Lexikon I, 1965, 163–217 und vollständiger im HO I, 2. Abschnitt (1952, [2]1970), außerdem im Rahmen der Kulturgeschichte von W. Wolf (§ 69).
Geschichte: M. Pieper, Die aegyptische Literatur, in: Handbuch der Literaturwissenschaft, 1927 (dazu A. Hermann, ZDMG 83, 1929, 44–66); S. Donadoni, Storia della letteratura egiziana antica, Mailand 1957 ([2]1968); H. Brunner, Grundzüge einer Geschichte der altägyptischen Literatur, 1966, [4]1986.
Speziellere Untersuchungen (außer den §§ 20ff. genannten) und neues Material: B. van de Walle, La transmission des textes littéraires égyptiens, Brüssel 1948; G. Posener, Recherches littéraires, RdE 6, 1951, 27–48 und folgende Bände; R. Caminos, Literary Fragments in the Hieratic Script, Oxford 1956; S. Herrmann, Zur Überlieferungsgeschichte mittelägyptischer Literaturwerke, 1957 (mit A. Hermann, OLZ 54, 1959, 252–263).
Der Reichtum ägyptischer Literatur spiegelt sich in einer Fülle an überlie-

ferten Buchtiteln, von denen schon H. Brugsch über 200 gesammelt hat (Die Aegyptologie S. 154); für eine neue, vollständigere Sammlung siehe S. Schott (hrsg. von E. Schott), Bücher und Bibliotheken im alten Ägypten, 1990.

§ 20. Ägyptische Sonderformen: Lehren

Zwei umfangreiche Literaturgattungen haben schon die Ägypter durch eigene Fachausdrücke aus der Masse überlieferter Schriften herausgehoben: die „Lehren" und die Unterweltsbücher. Die Lehren (modern häufig als Weisheits- oder Lebenslehren bezeichnet) werden echten oder fiktiven Autoren zugeschrieben und treten damit aus der sonstigen Anonymität ägypt. Literatur (wie ägypt. Kunst überhaupt!) heraus. Ein hochgestellter, später auch rangniedriger Beamter gibt seinem Schüler („Sohn", vgl. § 61) konkrete Anweisungen, wie er sich in bestimmten Situationen gegen Vorgesetzte, Gleichgestellte und Untergebene oder auch gegen Gottheiten zu verhalten hat. Die Fülle der Lebenserfahrung wird zu Sinnsprüchen „geknotet", deren Überlieferung wir in einigen Fällen über Jahrtausende verfolgen können; eine Unterweisung reiht sich an die andere, schildert eine festumrissene Situation und zieht die Folgerung. In der 18. Dynastie lockert die Lehre des Anii die dahinströmende Unterweisung durch einen Dialog zwischen Lehrer und Schüler auf, aber gerade hier vertritt der Lehrer eine bereits im System festgelegte, nicht mehr pragmatisch offenstehende Weisheit. In der religiösen Einstellung lassen sich, auch wenn es stets um die Verwirklichung der Maat (§ 60) geht, in der langen Geschichte ägypt. „Lehren" deutliche Wandlungen feststellen, während die Stilgeschichte noch zu untersuchen bleibt.

Die älteste, nicht erhaltene Lehre wird Imhotep, dem höchsten Beamten König Djosers (um 2600 v. Chr.), zugeschrieben, die jüngste, das „Demotische Weisheitsbuch" des Pap. Insinger, stammt aus spätptolemäischer Zeit. Zwei der Lehren werden einem verstorbenen König (Achthoes III. bzw. Amenemhât I.) in den Mund gelegt und nehmen damit eine Mittelstellung zwischen der Weisheitsliteratur und dem in vielerlei Formen auftretenden „politischen" Schrifttum (§ 23) ein. Als erfolgreichster Autor tritt uns ein Beamter namens Cheti entgegen, der am Hofe König Sesostris' I. (1971–1926) wirkte und außer der jüngeren der beiden politischen Lehren noch die beliebte „Satire der Berufe" und vielleicht den Nilhymnus geschrieben hat; seine satirische Lehre zum Lobe des Schreiberstandes (und damit des Beamtentums) wurde in den Schulen des Neuen Reiches immer wieder gelesen und abgeschrieben und ist uns daher in über 100 Ostraka und Papyri überliefert. Alle größeren Lehren liegen in meist guten Editionen vor, auch zahlreiche Einzelfragen der Weisheitsliteratur sind untersucht, und eine zusammenfassende Darstellung wurde jetzt von H. Brunner vorgelegt.

Allgemein: H. Brunner, Altägyptische Weisheit. Lehren für das Leben, 1988 (als „Die Weisheitsbücher der Ägypter" 1991 in Neuauflage; Einführung und Übersetzung aller bekannten Lehren); Sammelband Les sagesses du Proche-Orient ancien, Paris 1963 (mit reicher Bibliographie von J. Leclant S. 18–26!); E. Hornung und O. Keel (Hrsg.), Studien zu altägyptischen Lebenslehren, 1979 (OBO 28); ferner die § 19 genannten Übersichten.
Editionen der einzelnen Lehren und die wichtigsten speziellen Untersuchungen dazu findet man in dem genannten Werk von H. Brunner. Eine neue Bearbeitung der Lehre für Merikare gibt jetzt J. F. Quack, Studien zur Lehre für Merikare, 1992.
Neuere Untersuchungen zur *Ausstrahlung* der ägypt. Lehren: G. E. Bryce, A Legacy of Wisdom. The Egyptian Contribution to the Wisdom of Israel, Lewisburg u. London 1979; M. Lichtheim, Late Egyptian Wisdom Literature in the International Context, 1983 (OBO 52).
Zum Fortleben einzelner Sprüche auf ägypt. Boden bis in römisch-koptische Zeit: H. Brunner, Ptahhotep bei den koptischen Mönchen, ZÄS 86, 1961, 145–147 und ders., Ein weiteres Djedefhor-Zitat, MDAIK 19, 1963, 53.

§ 21. Unterweltsbücher

Während Lehren aus allen Epochen der ägypt. Literaturgeschichte überliefert sind, blieb die Gattung der Unterweltsbücher (oder „Jenseitsführer") auf das Neue Reich beschränkt, obgleich sie an Vorbilder aus den Sargtexten des Mittleren Reiches anknüpft und bis zum Beginn der Ptolemäerzeit tradiert wird. Untersuchungen über ihre weitere Ausstrahlung bis in die christlich-apokalyptische Literatur sind im Gange. Thema ist die nächtliche Unterweltsfahrt des Sonnengottes, die in seine morgendliche Verjüngung und Wiedergeburt mündet; dichterische Visionen der Jenseitsorte und ihrer seligen oder verworfenen Bewohner schildern das Totenreich in all seinen Schrecknissen wie in seiner Verheißung und wagen sich hinab bis zum Abgrund des Nichtseins. Als älteste illustrierte Bücher verschmelzen diese Unterweltsvisionen Wort und Bild zu einer ausgewogenen Einheit, in der eine Schilderung des eigentlich unsagbaren und nicht darzustellenden Jenseits überhaupt erst möglich wird. Nachdem die Unterweltsbücher in der Ägyptologie lange Zeit als abstrus verfemt waren, hat Alexandre Piankoff (1897–1966) wieder den Weg zu ihrer literarischen und religiösen Auswertung geöffnet. Alle Texte liegen jetzt in Erstveröffentlichung vor, die Übersetzung, Bearbeitung und Auswertung dauert an. Besonderes Interesse findet die Bildwelt dieser Bücher in der modernen Tiefenpsychologie.

> Allgemein, mit weiterer Literatur: E. Hornung, Ägyptische Unterweltsbücher, 1972 (^{4}1992 als „Die Unterweltsbücher der Ägypter"). Vom Amduat des Neuen Reiches erscheint eine neue Textausgabe: E. Hornung, Texte zum Amduat, Genf 1987ff. (AH 13–15), zu den Papyri der 21./22. Dynastie A. F. Sadek, Contribution à l'étude de l'Amduat, 1985 (OBO 65); zum Pfortenbuch E. Hornung, Das Buch von den Pforten des Jenseits, 1979–84 (AH 7–8) und demnächst eine Untersuchung von J. Zeidler; zum verwandten Text der Sonnenlitanei vgl. § 24. Zu allgemeinen Aspekten noch W. Barta, Die Bedeutung der Jenseitsbücher für den verstorbenen König, 1985 (MÄS 42) und ders., Komparative Untersuchungen zu vier Unterweltsbüchern, 1990; zur psycholog. Deutung I. Clarus, Du stirbst, damit du lebst, 1979, und G. Schoeller, Isis. Auf der Suche nach dem göttlichen Geheimnis, 1991.

Zur übrigen religiösen Literatur (Pyramiden- und Sargtexte, Totenbuch) vgl. § 36.

§ 22. Märchen, mythische Erzählung, Drama

Wie die Unterweltsbücher tief in der religiösen Erfahrung verwurzelt, lassen sich die ägyptischen „Märchen" nur schwer als eigene Gattung abgrenzen. In ihrer grundlegenden Anthologie unterscheidet E. Brunner-Traut Märchen, mythische Erzählungen, Fabeln, Schwänke und Zauber- und Wundergeschichten. Den ersteren, die in zwei Fällen (Schiffbrüchiger, Papyrus Westcar) in eine novellistische Rahmenhandlung eingebettet sind, ist die Vermischung von irdischem Geschehen und göttlichem Wirken gemeinsam, die Begegnung des Menschen mit göttlichen Wesen. Wo nur Gottheiten handelnd auftreten (List der Isis, Streit von Horus und Seth, Augenmythen, usw.), müssen wir von mythischer Erzählung sprechen, die hier in volkstümlichem Gewand erscheint, während die eigentlichen Mythen niemals in fortlaufender Erzählung fixiert, sondern nur in der Anspielung und in der rituellen Wiederholung sichtbar werden (§ 34). Aus der rituellen Vergegenwärtigung eines Mythos erwachsen Fest- und Mysterienspiele und damit religiöse Dramen, bei deren Aufführung neben Priestern auch hohe Beamte im Auftrag und in Vertretung des Königs mitwirken. Die ältesten dramatischen Fragmente (Dramat. Ramesseumpapyrus, Schabaka-Stein) reichen wahrscheinlich bis ins Alte Reich zurück, während vollständige „Textbücher" aus keinem Zeitraum der altägypt. Geschichte erhalten sind.

Bezeichnend ist, daß uns die erhaltenen Märchen, mythischen Erzählungen, Dramen und Fabeln jeweils nur in *einer* Handschrift überliefert sind; sie wurden mündlich tradiert und nur in Ausnahmefällen schriftlich festgehalten. Von den populären Tiermärchen hat sich aus pharaonischer Zeit keine einzige Textniederschrift erhalten, aber sie lassen sich, wie z. B. der „Katz-Mäuse-Krieg", in den Illustrationen von Papyri und zahlreichen Bildostraka des Neuen Reiches greifen. Auch ägypt. Sprichwörter sind uns nur durch ihre Zitierung in den „Lehren" (§ 20) oder in Briefen zufällig erhalten – etwa die bezeichnende Prägung „Besser ist das halbe Leben als der ganze Tod" in einem der Briefe des Hekanacht (§ 26).

> E. Brunner-Traut, Altägyptische Märchen, 1963 (in: „Die Märchen der Weltliteratur", mit Quellen-Nachweisen und Bibliographie, [8]1989); K. Schüssler, Märchen und Erzählungen der Alten Ägypter, 1980. – Zu den *Tiermärchen* vor allem E. Brunner-Traut, Ägypt. Tiermärchen, ZÄS 80, 1955, 12–32 und dies., Altägypt. Tiergeschichte und Fabel, 1967, [6]1980. – Zum *Drama:* K. Sethe, Dramatische Texte zu altägypt. Mysterienspielen, 1928 (UGAÄ 10); É. Drioton, Le théâtre égyptien, Kairo 1942; ders., Pages d'égyptologie, Kairo 1957. S. 217–362; Versuch einer modernen Aktualisierung: H. W. Fairman, The Triumph of Horus. An Ancient Egyptian Sacred Drama, London 1974. – Eine Sammlung der verstreuten ägypt. *Sprichwörter* steht noch aus, vgl. einstweilen B. Gunn, Some Middle Egyptian Proverbs, JEA 12, 1926, 282–284; B. H. Strikker, Egyptische spreekwoorden, OMRO 50, 1969, 17f.; M. Lichtheim, Demotic Proverbs, in: Grammata Demotika (FS E. Lüddeckens, 1984), S. 125–140.

§ 23. Biographie und politische Literatur

Der älteste fortlaufende Text, den wir aus Ägypten besitzen, ist die Autobiographie eines Beamten (Metjen, um oder kurz nach 2600 v. Chr.), erstes Glied einer dichtgefügten Kette von Lebensbeschreibungen, die bis an den Ausgang der ägypt. Kultur reicht. Ursprünglich nicht zur Lektüre bestimmt, sondern als eine Art ideale Lebenssumme im Grabe angebracht, wenden sie sich später auch unmittelbar an einen

§ 23. Biographie und politische Literatur 47

Leser, d. h. Besucher des Grabes. Formal, inhaltlich und phraseologisch zeigen die Biographien manche Anklänge an die „Lehren" (§ 20), und die beiden erhaltenen königlichen Lehren nehmen, wie in gewisser Weise auch der Große Papyrus Harris (Rechenschaftsbericht Ramses' III.), eine Stellung zwischen den beiden Gattungen ein: lehrhaft, aber mit einer Vielzahl biographischer Einzelheiten ziehen sie eine „Summe" des königlichen Wirkens und verkünden ein politisches Programm.

Damit sind wir bereits im Gebiet der *politischen* Literatur, die mit der „Umsturzliteratur" der Ersten Zwischenzeit (vor allem die „Admonitions" – Mahnworte und Klagen des Ipuwer) ihren Anfang nimmt, im Mittleren Reich ihre größte Blüte entfaltet und selbst die erzählende Literatur überschattet, um dann wieder an Bedeutung zu verlieren. Mit ihr tauchen als neue Literaturformen die Klagen (berühmtestes Beispiel der „Beredte Bauer") und die Prophezeiungen (z. B. Neferti) auf, aber zur Diskussion und letztlichen Bestätigung der Weltordnung bedient sie sich auch der traditionellen Gattungen: der Lehre, der Biographie und sogar des Märchens. Selbst das berühmteste Literaturwerk Ägyptens, das schon für die Schulen des Neuen Reiches ein „klassischer" Text war, ist ein Erzeugnis der „politischen" Literatur: die Erzählung des *Sinuhe,* 1863 von Chabas in einem Berliner Papyrus entdeckt und inzwischen aus sieben weiteren Papyri und 25 Ostraka bekannt. Formal ist dieses komplexe Werk, in das auch Hymnen eingestreut sind, keiner Gattung eindeutig zuzuweisen; als Rahmen dient die Form der Autobiographie, aber in diesen engen Rahmen ist eine breite epische Schilderung gespannt, die Anklänge bis hin zum „Schelmenroman" (so A. Hermann) zeigt. Die „politische" Literatur Ägyptens, der es um die Möglichkeit und Problematik irdisch-staatlicher Ordnung geht, hat keine propagandistischen Machwerke hervorgebracht – die Bezeichnung „Propaganda" sollte man überhaupt vermeiden! –, sondern, dem Mittelalter vergleichbar, hochstehende höfische Dichtung.

Im Neuen Reich lebt diese höfisch-politische Dichtung in den offiziellen Denksteinen der Pharaonen, ihren Berichten über Bauten und Siege („Poetische Stele" Thutmosis' III., Gedicht auf die Kadesch-Schlacht) und in Form der „Königsnovelle" weiter, in welcher der König gegen den Widerstand seiner Berater die richtige Entscheidung durchsetzt. Das gesteigerte Interesse an geschichtlichen Vorgängen und ihrer Einmaligkeit führt einerseits zu höchst detaillierten Feldzugsberichten, wie sie vor allem von Kamose, Thutmosis III. und Amenophis II. vorliegen, andererseits zu einer Blüte der „historischen" Erzählung, die sich gern anekdotenhaft einer berühmten Gestalt der Vergangenheit zuordnet (Neferkarê und Sisene, Die Einnahme von Joppe). Ausläufer und zugleich Höhepunkt dieser erzählenden „historischen" Literatur des Neuen Reiches ist ein (echtes oder fiktives?) Aktenstück: der Bericht des Gesandten Wenamun über seine Reise nach Byblos (um 1080 v. Chr.), zugleich eine Perle ägypt. Humors, voll ironischen Abstands zum Zeitgeschehen. Den Biographien der Spätzeit geht es stärker als früher um die religiösen Probleme, um das Verhältnis zur Gottheit; nur wenige bemühen sich um historisch-politische Aktualität, so vor allem Udja-Horresnet, ein „Kollaborateur" der Perserzeit (um 500 v. Chr.).

Zur *„politischen"* Literatur grundlegend G. Posener, Littérature et politique dans l'Égypte de la XIIe dynastie, Paris 1956. Ferner R. J. Williams, Literature as a Medium of Political Propaganda in Ancient Egypt, in: The Seed of Wisdom (Fs Meek, 1964), S. 14–30.
Metjen-Biographie: K. Gödecken, Eine Betrachtung der Inschriften des Meten, 1976 (ÄgAbh 29). Zur *Autobiographie:* E. Edel, Untersuchungen zur Phraseologie der ägypt. Inschrieen des Alten Reiches, 1944 (MDAIK 13); J. Janssen, De traditioneele Egyptische autobiografie vóór het Nieuwe rijk, 2 Bde, Leiden 1946 (Phraseologie; vgl. ergänzend Clère, BiOr 4, 1947, 1–5 und 135–138); E. Otto, Die biographischen Inschriften der ägypt. Spätzeit, Leiden 1954 (PrÄg 2); K. Jansen-Winkeln, Ägypt. Biographien der 22. und 23. Dynastie, 1985; M. Lichtheim, Ancient Egyptian Autobiographies Chiefly of the Middle Kingdom, 1988 (OBO 84); J. Assmann, Stein und Zeit (1991), Kap. VII.
Sinuhe: A. H. Gardiner, Notes on the Story of Sinuhe, Paris 1916; H. Grapow, Der stilistische Bau der Geschichte des Sinuhe, 1952; A. Hermann, Sinuhe – ein ägyptischer Schelmenroman?, OLZ 48, 1953, 101–109; R. Koch, Die Erzählung des Sinuhe, Brüssel 1990 (Text). Übersetzung in den meisten Anthologien (§ 19), dazu noch E. Blumenthal, Altägypt. Reiseerzählungen, 1982, ^{2}1984.
Mahnworte: A. H. Gardiner, The Admonitions of an Egyptian Sage, Leipzig 1909 (ergänzend A. Erman, SBPAW 1919, 804–815); J. Spiegel, Soziale und weltanschauliche Reformbewegungen im Alten Ägypten, 1950 (verbesserte Übersetzung, aber umstrittene Deutung auf aktuelles politisches Geschehen); R. O. Faulkner, JEA 50, 1964, 24–36 und 51, 1965, 53–62 (neue Verbesserungen und Übersetzung); J. van Seters, JEA 50, 1964, 13–23 (Umdatierung in die Zweite Zwischenzeit, fraglich); G. Fecht, Der Vorwurf an Gott in den „Mahnworten des Ipu-wer", 1972.
Beredter Bauer (Klagen des Oasenbewohners Chu-en-Inpu): F. Vogelsang, Kommentar zu den Klagen des Bauern, 1913 (UGAÄ 6); A. H. Gardiner, The Eloquent Peasant, JEA 9, 1923, 5–25; É. Suys, Etude sur le conte du fellah plaideur, Rom 1933 (AnOr 5); R. B. Parkinson, The Tale of the Eloquent Peasant, Oxford 1991 (Text).

Neferti-Weissagung: W. Helck, Die Prophezeiung des Nfr.tj, 1970; E. Blumenthal, ZÄS 109, 1982, 1–27.
Königsnovelle: A. Hermann, Die ägypt. Königsnovelle, 1938 (LÄS 10); ders., OLZ 55, 1960, 252–255 (Fortleben in demotischer Literatur); S. Herrmann, Die Königsnovelle in Ägypten und Israel, Wiss. Zs. Karl-Marx-Univ. Leipzig, Gesellschafts- und Sprachwiss. Reihe 3, 1953/54, 51–62.
Wenamun: M. A. Korostovtsev, Puteschestvie Un-Amuna v Bibl, Moskau 1960 (Text); E. Edel, in: K. Galling, Textbuch zur Geschichte Israels, ²1968, S. 41–48; H. Goedicke, The Report of Wenamun, Baltimore u. London 1975; E. Blumenthal, Reiseerzählungen (vgl. bei Sinuhe).
Kadesch-Texte: Th. von der Way, Die Textüberlieferung Ramses' II. zur Qades-Schlacht, 1984 (HÄB 22).

§ 24. Lyrische Formen (Liebeslieder, Hymnik)

An lyrischen Formen besitzen wir aus Ägypten vor allem Hymnen und die mit ihnen formal z. T. verwandten Liebeslieder des Neuen Reiches; daneben die besondere Gattung der „Harfnerlieder" und, schon am Rande der Literatur, Arbeitslieder und Zaubersprüche. Die reiche Überlieferungskette ägypt. Hymnendichtung reicht von den Pyramidentexten (§ 36; um 2350 v. Chr.) bis zum Tempel von Esna aus den ersten nachchristlichen Jahrhunderten und ist vor allem von J. Assmann erschlossen worden; bedeutendste Blütezeit ist das Neue Reich mit seinen zahllosen und kunstvollen Sonnenhymnen (u. a. Aton-Hymnus Echnatons, Leidener Amunhymnus). Objekt von Hymnen können neben den verschiedensten Gottheiten auch der König, heilige Gegenstände und Städte sein. Das Gebet läßt sich als eigene literarische Form nur dort eindeutig vom Hymnus abgrenzen, wo es, ähnlich wie das Liebeslied, von der persönlichen Situation oder von der subjektiven Stimmung eines einzelnen ausgeht. Der Ägypter selbst scheint Hymnen und verwandte Formen nicht nach formalen Kriterien, sondern nach ihrer Funktion zu unterscheiden; die auf den Jenseitsglauben bezüglichen Hymnen hebt er als „Verklärungen" ab, andere Hymnengruppen als „Lobpreis" oder „Morgenlied". Durch ein besonderes Zusammenspiel von Wiederholung und Wechsel des hymnischen Anrufes entsteht die vor allem im Kult unentbehrliche Form der Litanei, die in der 18. Dynastie im Litaneien-Zyklus der „Sonnenlitanei" ihre kunstvollste Ausprägung erreicht.

Hymnen: J. Assmann, Ägyptische Hymnen und Gebete, 1975; A. Barucq u. F. Daumas, Hymnes et prières de l'Egypte ancienne, Paris 1980; J. Assmann, Sonnenhymnen in thebanischen Gräbern, 1983.
Liebeslieder: S. Schott, Altägypt. Liebeslieder, 1950; A. Hermann, Altägypt. Liebesdichtung, 1959 (mit Übersicht über den Formenkreis ägypt. Lyrik S. 66ff.); J. L. Foster, Love Songs of the New Kingdom, New York 1974; M. V. Fox, The Song of Songs and the Ancient Egyptian Love Songs, Madison 1985.
Harfnerlieder: M. Lichtheim, The Song of the Harpers, JNES 4, 1945, 178–212; E. F. Wente, Egyptian „Make Merry" Songs Reconsidered, JNES 21, 1962, 118–128 (mit H. Brunner, JNES 25, 1966, 130f.); J. Assmann, in: Fragen an die altägypt. Literatur (1977), S. 55–84.
Arbeitslieder: A. Erman, Reden, Rufe und Lieder in den Grabdarstellungen des Alten Reiches, APAW 1918 Nr. 15; Fortsetzung durch W. Guglielmi, Reden, Rufe und Lieder auf altägypt. Darstellungen ... vom Mittl. Reich bis zur Spätzeit, 1973.
Zum *Zauberspruch* vgl. die allgemeinen Arbeiten § 37 und A. Erman, Zaubersprüche für Mutter und Kind, APAW 1901.
Sonnenlitanei: A. Piankoff, The Litany of Re, New York 1964 (Bollingen Series XL, 4); E. Hornung, Das Buch der Anbetung des Re im Westen, 1975–76 (AH 2–3); W. Schenkel, Das Stemma der altägypt. Sonnenlitanei, 1978.

§ 25. Briefe

In den weiteren Rahmen ägypt. Literatur müssen auch die zahlreich erhaltenen Briefe gerechnet werden, für die sich früh bestimmte Formen herausgebildet haben. In den Schreiberschulen gab es echte oder fiktive „Musterbriefe" als Vorbild. Absender und Empfänger werden stets genannt, während ein Datum in der Regel fehlt. Königsbriefe galten als „Weisung" an den Empfänger und sind durch ihre Aufnahme in Literaturwerke oder durch ihre „Veröffentlichung" in Beamtengräbern vereinzelt erhalten (Pepi II. an Horchuf, Sesostris I. an Sinuhe, Amenophis II. an Usersatet). Die bisher ältesten Originalbriefe (auf Papyrus) stammen aus dem späten Alten Reich (5. und 6. Dynastie). Meist geht es im Inhalt um Verwaltungsprobleme der Beamtenschaft, aber oft auch um die persönlichen Angelegenheiten relativ kleiner Leute, wie im interessanten Dossier des Totenpriesters und Grundbesitzers Hekanacht aus der 11. Dynastie. Selbst Analphabeten können als Absender auftreten, indem sie ihre Briefe diktieren oder von berufsmäßigen Schreibern entwerfen lassen; als Adressaten von Beschwerdebriefen begegnen auch Verstorbene und in demotischen Briefen sogar Gottheiten.

A. M. Bakir, Egyptian Epistolography from the 18th to the 21st dynasty, Kairo 1970; W. Helck, Altägypt. Aktenkunde des 3. und 2. Jahrt. v. Chr., 1974 (MÄS 31); J. Černý, Late Ramesside Letters, Brüssel 1939 (Bi Aeg IX; Übersetzung und Kommentar von E. F. Wente, Late Ramesside Letters, SAOC 33, 1967); W. Helck, Eine Stele des Vizekönigs Wśr-St.t, JNES 14, 1955, 22–31 (Amenophis II. an seinen Kriegskameraden Usersatet); T. G. H. James, The Hekanakhte Papers, New York 1962 (Hekanacht-Dossier); R. A. Caminos, A Tale of Woe, Oxford 1977 („Moskauer Literar. Brief"); H.-W. Fischer-Elfert, Die satirische Streitschrift des Pap. Anastasi I, 1986 (ÄgAbh 44).
Älteste Originalbriefe: G. Möller, Hierat. Paläographie I Taf. I (Pap. Berlin 11301); B. Gunn, ASAE 25, 1925, 242–255; B. Grdseloff ASAE 48, 1948, 505–512.
Briefe an Verstorbene: A. H. Gardiner und K. Sethe, Egyptian Letters to the Dead, London 1928 (Ergänzungen JEA 16, 1930, 19ff. und 20, 1934, 157ff.); W. K. Simpson, JEA 52, 1966, 39–52; G. Fecht, MDAIK 24, 1969, 105–128. – *An Gottheiten:* Abd el-Gawad Migahid, Demotische Briefe an Götter, 1986.

§ 26. Wechselwirkung mit der Umwelt

Im Neuen Reich lassen sich gelegentlich Motive der vorderasiatischen Literatur in Ägypten greifen (vor allem in der mythischen Erzählung vom unersättlichen Meer), ohne für die ägypt. Literatur besondere Bedeutung zu erlangen. Dagegen sind die demotischen Erzählungen der ptolemäischen und römischen Zeit stark von der hellenistischen Literatur beeinflußt und spiegeln darin die „Mischkultur" dieser Zeit. Der demotische Setna-„Roman" ist im zentralen Motiv des Zaubererwettstreits der einheimischen Tradition verpflichtet, bedient sich aber selbst in der Unterwelts-Schilderung griechischer Motive, die noch gehäufter in den Heldenerzählungen aus dem „Sagenkreis des Königs Petubastis" wiederkehren. Kennzeichnend für diese Vermischung beider Welten, die an das Nebeneinander ägyptischer und griechischer Stilelemente in den Reliefs des Petosiris-Grabes (§ 88) erinnert, ist der Titel „Ägypter und Amazonen", den A. Volten einer dieser Erzählungen gegeben hat. Andererseits finden ägyptische Motive und Formulierungen, vor allem aus den Sprüchen der „Weisheitslehren" (§ 20), aus der Märchen- und erzählenden Literatur (§ 22) und den Unterweltsbüchern (§ 21), ja selbst aus der „politischen" Literatur (§ 23), in reichem Maße Eingang in die Literatur der hellenistischen und frühchristlichen Zeit. Die Zahl von Parallelen wächst stetig, doch muß in jedem Einzelfall sorgfältig geprüft werden, ob tatsächlich eine Übernahme des Motivs vorliegt; stets ist mit der Möglichkeit zu rechnen, daß archetypische Formen unabhängig voneinander in verschiedenen Gebieten der Welt auftreten.

Unersättliches Meer: G. Posener, La légende égyptienne de la mer insatiable, Annuaire de l'Institut de Philologie et d'Histoire Orientales et Slaves 13, 1955, 461–478.
Demotische Literatur: F. Ll. Griffith, Stories of the High Priests of Memphis, Oxford 1900 (Setna-Roman); W. Spiegelberg, Der Sagenkreis des Königs Petubastis, 1910; A. Volten, Ägypter und Amazonen, 1962; E. Bresciani, Der Kampf um den Panzer des Inaros, 1964.
Zur „Strahlkraft" der ägypt. Literatur u. a.: G. Lefebvre, Bata et Ivan, CdE 25, 1950, 17–26 (ägypt. Motive in Rußland); E. Brunner-Traut, Die Geburtslegende der Evangelien im Lichte ägyptolog. Forschungen, ZRGG 12, 1960, 97–111; dies., Saeculum 10, 1959, 161 ff. (Tiermärchen, Fabel); E. Blumenthal und S. Morenz, ZÄS 93, 1966, 21–29 (Fortwirken der „politischen" Liter. Ägyptens); W. Burkert, Von Amenophis II. zur Bogenprobe des Odysseus, Grazer Beiträge 1, 1973, 69–78; zur Weisheitsliteratur vgl. § 20.

§ 27. Stilistik

Zur stilistischen Kunst der Ägypter liegen bereits mehrere Untersuchungen (vor allem von H. Grapow) vor; sie erhalten durch die von G. Fecht entdeckten metrischen Regeln (§ 18) jetzt neue Aspekte und müssen in dieser Richtung ergänzt werden. Literaturwerke aller Gattungen arbeiten mit dem elementaren Ausdrucksmittel des *Parallelismus membrorum* („Dir wird Gerste gedroschen, dir wird Weizen gemäht"), dem parallelen Aufbau zweier Verse, der sich über drei- und viergliedrige Formen bis zur Litanei ausweiten kann und auch dem beliebten „Kehrsatz" („Du gehörst zu ihm, er gehört zu dir") als Grundlage dient. Schönstes Beispiel für den Parallelismus im Strophenbau sind die „Gedichte" im „Gespräch des Lebensmüden", deren Wirkung allerdings stärker auf der Verdichtung des sprachlichen Ausdrucks im Bild und auf der Reihung solcher Bilder beruht. Der Wirklichkeitsgehalt, den das sprachliche Bild wie jedes Bild für den Ägypter besitzt, übersteigt weit die Realität, die wir der Metapher zubilligen; Bilder der Sprache können, etwa in der Amarnazeit, in solche der bildenden Kunst umgesetzt werden. Sehr selten verwenden ägypt. Werke den Reim, etwas häufiger die Alliteration; lieber verbinden sie äußeren Anklang und inneren Sinnzusammenhang im Wortspiel, das schon im Mythos der Welterklärung dient und dort wie hier als Stilform ein Geflecht von Beziehungen zwischen Dingen und Gedanken herstellt.

Übersicht mit älterer Literatur: W. Guglielmi, im LÄ s. v. Stilmittel. *Kehrsatz:* W. Westendorf, Der Rezitationsvermerk ṯs-pḫr, Ägyptolog. Studien für H. Grapow (1955), S. 383–402. – *Reim:* K. Sethe, Ein altägypt. Fingerzählreim, ZÄS 54, 1918, 16–39 und zuletzt G. Fecht, ZÄS 91, 1964, 25. – *Wortspiel:* C. E. Sander-Hansen, Die phonetischen Wortspiele des ältesten Ägyptischen, AcOr 20, 1948, 1–22; S. Morenz, Wortspiele in Ägypten, Fs J. Jahn (1957), S. 23–32; J. Assmann, Ägypten (1984), S. 102–135.

§ 28. Musik

Zum Vortrag vieler ägypt. Literaturwerke, insbesondere der Hymnen, Litaneien und Lieder, gehörten Gesang und instrumentale Begleitung (vor allem durch Harfen-, Leier- und Flötenspiel). Da der Ägypter für „rezitieren" und „vorsingen" das gleiche Wort gebraucht, ist der Nachweis einer musikalischen Begleitung oft schwierig oder unmöglich, für den Bereich des Kultes und der Feste aber gesichert. Dem ägyptischen Musiker stand ein reich differenziertes Instrumentarium zur Verfügung, Originale sind durch die Gunst des Klimas und durch ihre Verwendung als Grabbeigabe in großer Zahl erhalten. Curt Sachs und Hans Hickmann, denen in den letzten Jahrzehnten die Rekonstruktion der altägypt. Musik in erstaunlichem Ausmaß gelungen ist, haben die Instrumente der Museen in Berlin und Kairo veröffentlicht und interpretiert. Zur Vokal- wie zur Instrumentalmusik gehören Cheironomen, die mit ihren Handzeichen die Melodie führten; sogar Ansätze zur Mehrstimmigkeit finden sich. Die größeren Tempel besaßen eigene Tempelchöre, zu denen die Frauen der vornehmsten Beamten gehörten. Am Königshof gab es zu allen Zeiten Berufsmusiker in geachteter Stellung, so daß die Musikgeschichte Ägyptens in weit stärkerem Maße als die Geschichte der bildenden Kunst auch der Persönlichkeit einzelner Künstler Raum geben kann.

Das Material hat vor allem H. Hickmann in zahlreichen Aufsätzen und Monographien zusammengetragen; Zusammenfassungen zu einzelnen Stichworten geben seine Beiträge zum Lexikon „Die Musik in Geschichte und Gegenwart" und zu Helck-Otto, Kleines Wörterbuch der Aegyptologie, 1956. In neuerer Zeit hat Hickmann auch mehrere Gesamtübersichten vorgelegt, etwa: Musicologie Pharaonique, Kehl 1956; Musik-

geschichte in Bildern II 1 (1961). Dazu L. Manniche, Music and Musicians in Ancient Egypt, London 1991 (Überblick).
Auswahl wichtiger Einzelbeiträge: C. Sachs, Die Musikinstrumente des alten Ägyptens, 1921 (Berliner Sammlung); H. Hickmann, Instruments de musique, Kairo 1949 (im Catalogue Général des Kairoer Museums); ders., La trompette dans l'Égypte ancienne, Kairo 1946; ders., Le problème de la notation musicale dans l'Égypte ancienne, BIE 36, 1955, 489–531; ders., La chironomie dans l'Égypte pharaonique, ZÄS 83, 1958, 96–127; ders., Terminologie musicale de l'Égypte ancienne, BIE 36, 1955, 583–618; ders., Le métier de musicien au temps des Pharaons, ²Kairo 1954; L. Manniche, Ancient Egyptian Musical Instruments, 1975 (MÄS 34); dies., Musical Instruments from the Tomb of Tut'ankhamun, Oxford 1976; R. D. Anderson, Musical Instruments, London 1976 (Brit. Museum); Ch. Ziegler, Catalogue des instruments de musique égyptiens, Paris 1979 (Louvre).

§ 29. Tanz

Die zahlreichen ägypt. Tanzdarstellungen sind von I. Lexová und E. Brunner-Traut gesammelt und gedeutet worden; zusätzlich hat H. Hickmann das Verhältnis des Tanzes zur begleitenden Musik untersucht und einige Tänze rekonstruiert. Deutlich ist der Tanz noch in seiner religiösen Tiefe zu greifen, als Selbstdarstellung und als Antwort des Menschen auf die Gegenwart einer Gottheit – die morgendliche Wiederkehr des Sonnengottes regt die ganze Schöpfung zum Tanze an, und selbst am Grabe des Verstorbenen wird getanzt. Die einzeln oder in Gruppen Tanzenden sind meist Frauen, seltener Männer; kultische Einzeltänze gab es auch für den König, dargestellt aber erst in römischer Zeit. Die Tanzbewegungen reichen zu allen Zeiten von gemessenem Schreiten über kühne Schwünge und Sprünge bis zur Akrobatik.

I. Lexová, Ancient Egyptian Dances, Prag 1935; E. Brunner-Traut, Der Tanz im alten Ägypten, 1938 (ÄgFo 6); H. Hickmann, La danse aux miroirs, BIE 37, 1956, 151–190 (Rekonstruktion); H. Wild im Sammelband Sources orientales VI (Les danses sacrées), Paris 1963, S. 33–117. Eine sehr gründliche, reich dokumentierte Übersicht über die ägypt. Tänze vom Alten bis zum Neuen Reich bei J. Vandier, Manuel (§ 84) Bd. IV, S. 391–486. – Besondere kultische Tänze: H. Kees, Der Opfertanz des ägypt. Königs, 1912 (Nachträge ZÄS 52, 1915, 61–72 und NAWG 1938, 21–30); H. Junker, MDAIK 9, 1940, 1–39 (Muu-Tanz beim Begräbnis); O. Keel, Die Weisheit spielt vor Gott (1974), S. 38 ff. (akrobatische Tänze).

RELIGIÖSE WELT

§ 30. Allgemeines

So elementar wie die Kenntnis der ägypt. Sprache ist für alle Bereiche der Ägyptologie das Verständnis der ägypt. Religion. Selbst Wirtschaft, Recht und Wissenschaft kann man in Ägypten nicht verstehen, ohne ihre Verflechtung mit der religiösen Gedankenwelt zu berücksichtigen, und die Archäologie stößt überall auf Formen, die dieser Gedankenwelt entspringen. Einer so folgenreichen Bedeutung gegenüber ist die ägypt. Religion bisher nur unvollkommen erforscht. Von H. Brugsch, Religion und Mythologie der alten Ägypter (1888), über A. Erman, Die Religion der Ägypter (1905, ^{3}1934), bis zu S. Morenz, Ägyptische Religion (1960), führt durch die Gesamtdarstellung der ägypt. Religion ohne Zeifel eine aufsteigende Linie, welche der Eigengesetzlichkeit religiöser Phänomene immer besser gerecht wird und dem Sinngehalt der ungetrübten Primärquellen stetig näherkommt; aber von einer tragfähigen Formenlehre, wie sie Erman für die ägypt. Sprache und Schäfer für die ägypt. Kunst geschaffen haben, sind wir in der ägypt. Religion noch weit entfernt. Dazu kommt, daß wichtige und umfangreiche Quellengruppen wie Sargtexte, Unterweltsbücher und Tempelinschriften bisher nur in geringem Maße für Gesamtdarstellungen und Einzeluntersuchungen herangezogen wurden; ihre bessere Berücksichtigung wird unser gegenwärtiges Bild der ägypt. Religion sicher verändern.

Gegen jede der drei genannten „klassischen" Darstellungen der ägypt. Glaubenswelt ist der berechtigte Vorwurf erhoben worden, sie folgten nur den „Höhenlinien" und würden die Niederungen der Magie und des Volksglaubens meiden. Allzu nah liegt gerade im religiösen Bereich die Gefahr, in der Vergangenheit nur Bestätigung der eigenen Anschauung zu suchen und das Quellenmaterial entsprechend zu filtern. Nichts wäre jedoch müßiger, als Unbefangenheit und Voraussetzungslosigkeit zu fordern; selbst Erman, heute als Vertreter einer positivistischen Fehlbewertung ägyptischen Denkens eingestuft, fühlte sich als „unbefangener Beobachter" der religiösen Phänomene, und niemand wird gern auf diese Fiktion verzichten. Kinder unserer Zeit sind wir auch dann, wenn uns heute gerade das Andersartige und Ungewohnte wertvoll erscheint, das uns provoziert und unser Denken auf neue Bahnen zwingt. Um fruchtlose gelehrte Phantastereien zu vermeiden, sollten diese Bahnen innerhalb der Markierungen verlaufen, welche die Primärquellen setzen; hier ist die ägyptische Religionsforschung auf Philologie und Archäologie angewiesen. Dabei gewinnt in jüngster Zeit die religiöse Ikonographie zunehmend Beachtung, weil sie in Ergänzung zu den Texten wertvolle Einsichten vermitteln kann.

Von zwei Seiten her ist das Verständnis der ägypt. Religion zu allen Zeiten (schon in der Antike!) bedroht gewesen: zum einen von ständigen Versuchen, ihre Phänomene in ein starres Schema, in ein *System* zu pressen (wie Brugsch), zum anderen durch die *Wertung* dieser Phänomene von einer anderen religiösen Haltung her (wie Erman). Die erste Gefahr hat Henri Frankfort gebannt; seit er mit der „Vielheit der Zugänge" *(multiplicity of approaches)* und der daraus folgenden „Vielheit der Antworten" den komplexen Charakter der ägyptischen Religion sichtbar werden ließ, ist jeder neue Versuch einer Schematisierung zum Scheitern verurteilt; es mag seine Berechtigung haben, wenn französische Forscher nach dem Vorbild von G. Jéquier von ägypt. „Religionen" im Plural sprechen, doch ist gerade Jéquier der Gefahr erlegen, bei der Unterteilung wieder zu schematisieren.

Eine der schmerzlichsten Lücken in der Ägyptologie bildet das Fehlen einer zuverlässigen ägypt. Religionsgeschichte. Nur sie könnte tragfähige Maßstäbe zur Wertung der ägypt. Religion und ihrer Phänomene setzen. Obgleich schon Maspero und seine Schüler nachdrücklich verlangten, in der verwirrenden Vielfalt der religiösen Erscheinungswelt geschichtlich und geographisch zu differenzieren, wird Religions*geschichte* in der Ägyptologie immer noch zu wenig oder zu summarisch betrieben. Wie in der Literatur Ägyptens (§ 19) hat die geschichtliche Fragestellung auch in der ägypt. Religion mit der ungleichmäßigen Quellenlage und mit dem Mangel an Vorarbeiten zu ringen; dennoch sollte sie bei der Untersuchung religiöser Fragen nicht vernachlässigt werden, damit über Einzelergebnisse und über die Darstellung der Religion in einzelnen Epochen allmählich die Religionsgeschichte Ägyptens klarere Umrisse gewinnt.

> Von den Gesamtdarstellungen kann als beste Einführung in Wesen und Erscheinungswelt S. Morenz, Ägyptische Religion, 1960 (Die Religionen der Menschheit Bd. 8, ²1977) empfohlen werden, ergänzt durch den Sammelband S. Morenz, Religion und Geschichte des Alten Ägypten, 1975. Durch seine reichhaltige Bibliographie und die klare Darstellung des erreichten Forschungsstandes wie der noch bestehenden Kontroversen zeichnet sich J. Vandier, La religion égyptienne, Paris 1944 (²1949,

Sammlung „Mana"), immer noch vor den anderen Gesamtdarstellungen aus. Die jüngeren Darstellungen sind nachhaltig von der komplexen Betrachtungsweise in H. Frankfort, Ancient Egyptian Religion, New York 1948, beeinflußt, die unser Verständnis einen großen Schritt vorwärtsgebracht hat. Einen Einstieg bietet jetzt J. Assmann, Ägypten. Theologie und Frömmigkeit einer frühen Hochkultur, 1984, einen knappen Überblick H. Brunner, Grundzüge der altägypt. Religion, 1983. Unentbehrlich für jede Beschäftigung mit Details des großen Gebietes ist immer noch H. Bonnet, Reallexikon der ägypt. Religionsgeschichte, 1952, ²1971. Zur Wissenschaftsgeschichte und zu methodischen Fragen vgl. K. Koch, Das Wesen altägypt. Religion im Spiegel ägyptolog. Forschung, 1989.

§ 31. Gottesbild, Götterglaube

Noch um 1880 war die *communis opinio* der führenden Religionsforscher, daß die ägypt. Religion von einem ursprünglichen „reinen" Monotheismus erst sekundär zur Vielheit des Polytheismus „entartet" sei. Bessere Einsicht in die geschichtliche Entwicklung entzog dieser Ansicht bald darauf jeglichen Boden; so konnte sich auch die von W. Schmidt entwickelte Theorie des „Urmonotheismus" in unserem Fach nicht durchsetzen, jedoch gab es auch weiterhin Versuche, den ägypt. Polytheismus als „vordergründig" zu entwerten und dahinter ein monotheistisch zu verstehendes „Anonymes Göttliches" nachzuweisen. Während die Verehrung einer Gottheit sich bis zur Monolatrie, zur ausschließlichen Hinwendung, steigern kann, bleibt die Vielheit göttlicher Erscheinung im Bewußtsein der Ägypter stets präsent, und nur den Glauben Echnatons, der als frühester Religionsstifter von der modernen Wissenschaft wiederentdeckt wurde, darf man allenfalls „monotheistisch" nennen. Aber vielleicht ist es für die Zukunft fruchtbarer, hier von komplementären Begriffen einer mehrwertigen Logik zu sprechen, in welcher der Singular „Gott" und sein Plural, wie es die ägypt. Texte zeigen, einander nicht ausschließen.

Für das ägypt. Pantheon selbst besitzen wir die reichhaltige Bestandsaufnahme von H. Kees (1941) und eine Reihe von neueren Götter-Monographien; dazu kommen die gehaltvollen Artikel über ägypt. Gottheiten in den Reallexiken von Bonnet, Pauly/Wissowa und Roscher, sowie im RAC und im LÄ. Die Forschung von anderthalb Jahrhunderten hat ein ungeheures Material zum ägypt. Götterglauben zusammengetragen, und doch tritt uns bisher keine der ägypt. Gottesgestalten in so klar umrissener Gestalt entgegen wie etwa die „Götter Griechenlands" bei W. F. Otto. Diese Unschärfe wurzelt im henotheistischen Gottesbild der Ägypter; der Wesensgehalt einzelner Gottheiten überschneidet sich, kann sich jederzeit erweitern oder differenzieren, kann ganz oder teilweise mit anderen verschmelzen (Synkretismus) und erhält dadurch den Charakter des Fließenden, nie ganz abgeschlossenen. Aber auch falsche Fragestellungen hemmen unsere Einsicht, wenn sie sich z. B. damit begnügen wollen, das Wesen der Gottheiten aus bestimmten Weltbereichen („Erdgott", „Muttergottheit"), Kultorten oder gar politisierenden Priesterschulen „abzuleiten". Schon Brugsch hat die „ägyptische Priesterschmiede" ironisch glossiert, und heute wissen wir, daß der ägypt. Priesterschaft zu einer selbständigen „Religionspolitik" die organisatorischen Voraussetzungen fehlten (§ 45). Bis in neueste Arbeiten wirkt die kulttopographische Methode nach, wie sie vor allem H. Kees ausgebildet hat; sie hat eine Reihe von Lokalkulten sauber herausgearbeitet, aber bei der Wesensbestimmung der „großen" Gottheiten ihre Grenze erreicht. Bereits in den archaischen Inschriften und Personennamen begegnet uns ein Kreis von universalen Gottheiten, die im ganzen Land verehrt werden und nicht aus den Gegebenheiten einzelner Kultorte erklärt werden können. Aber auch die Herkunft universaler Götter, die erst im Laufe des Alten Reiches greifbar werden (Re, Osiris, Amun), läßt sich bei der augenblicklichen Quellenlage nicht bestimmen; jedes Jahrzehnt bringt neue Hypothesen darüber, ohne unser Verständnis zu fördern. Die komplexe Natur der ägypt. Gottheiten kann sich nur einer komplexen Methodik erschließen, die möglichst viele Faktoren berücksichtigt und weniger nach der Herkunft dieser Gottheiten als nach ihrer Bedeutung für den ägyptischen Menschen fragt.

In geschichtlicher Zeit reicht die Skala göttlicher Erscheinungsformen vom unbelebten Gegenstand (Thron, Strick, Gewässer) über Pflanze und Tier bis zur Menschengestalt. K. Sethe und S. Schott konnten die letztere als die jüngste erweisen und den Prozeß einer „Vermenschlichung der Mächte" zu Beginn der Geschichte herausarbeiten. Die für Ägypten typische Mischgestalt aus Menschenleib und Tierkopf tritt schon in der Frühzeit auf und beruht auf dem Prinzip der Austauschbarkeit von Kopf und Attribut: Was Gottheiten anderer Kulturkreise als Attribut in der Hand tragen, setzt der Ägypter auf das Haupt oder an die Stelle des Kopfes; er kennt aber auch das umgekehrte Prinzip, einen unbelebten Gegenstand oder ein belebtes Wesen in einem aufgesetzten Menschenkopf zu personifizieren. In solchen Mischwesen hat der Ägypter demnach keine andere Gottesvorstellung als andere Kulturen, sondern einen anderen, uns ungewohnten Stil der Darstellung verwirklicht; daher schwankt die Ikonographie mancher

§ 31. Gottesbild, Götterglaube 59

Gottheiten (Hathor, Anubis, Horus) zwischen mehreren Möglichkeiten. Neue, auch ausländische Gottheiten und vergöttlichte Sterbliche können zu allen Zeiten ins ägypt. Pantheon aufgenommen werden.

H. Kees, Der Götterglaube im alten Aegypten, 1941, ⁵1983; E. Hornung, Der Eine und die Vielen. Ägyptische Gottesvorstellungen, 1971, ⁴1990 (verbesserte engl. Ausgabe: Conceptions of God in Ancient Egypt, Ithaca 1982); G. Hart, A Dictionary of Egyptian Gods and Goddesses, London 1986; C. Traunecker, Les dieux de l'Egypte, Paris 1992.
Einzelne Gottheiten: K. Sethe, Amun und die acht Urgötter von Hermopolis, APAW 1929, Nr. 4; K. Mysliwiec, Studien zum Gott Atum, 1978–79 (HÄB 5); A. M. Badawi, Der Gott Chnum, 1937; Sch. Allam, Beiträge zum Hathorkult (bis zum Ende des Mittleren Reiches), 1963 (MÄS 4); C. J. Bleeker, Hathor and Thoth, Leiden 1973; M. Münster, Untersuchungen zur Göttin Isis vom Alten Reich bis zum Ende des Neuen Reiches, 1968 (MÄS 11); F. Le Corsu, Isis. Mythe et mystères, Paris 1977; J. Vandier, Iousâas et (Hathor)-Nébet-Hétépet, RdE 16, 1964, bis 18, 1966 (drei Aufsätze); C. J. Bleeker, De beteekenis van de egyptische Godin Maat, Leiden 1929; H. Junker, Der sehende und blinde Gott *(Mḫntj-irti* und *Mḫntj-n-irtj)*, SBBAW 1942 Heft 7; C. J. Bleeker, Die Geburt eines Gottes, Leiden 1956 (Min und sein Fest); W. Guglielmi, Die Göttin Mr.t. Entstehung und Verehrung einer Personifikation, Leiden 1991 (PrAeg 7); R. El-Sayed, La déesse Neith, Kairo 1982; A. Rusch, Die Entwicklung der Himmelsgöttin Nut zu einer Totengottheit, 1922 (MVAG 27, 1); E. Otto und M. Hirmer, Osiris und Amun. Kult und heilige Stätten, 1966; J. G. Griffiths, The Origins of Osiris and his Cult, Leiden ²1980; M. Sandman Holmberg, The God Ptah, Lund 1946; S.-E. Hoenes, Untersuchungen zu Wesen und Kult der Göttin Sachmet, 1976; D. Valbelle, Satis et Anoukis, Mainz 1981; J. Quaegebeur, Le dieu égyptien Shai dans la religion et l'onomastique, Löwen 1975; A. de Buck, Plaats et betekenis van Sjoe in de Egyptische theologie, Amsterdam 1947; H. te Velde, Seth, God of Confusion, Leiden 1967 (PrAeg 6, ²1977); Cl. Dolzani, Il Dio Sobk, Rom 1961; I. W. Schumacher, Der Gott Sopdu, der Herr der Fremdländer, 1988 (OBO 79); H. A. Schlögl, Der Gott Tatenen, 1980 (OBO 29); P. Boylan, Thoth, the Hermes of Egypt, London 1922; H. Spiess, Untersuchungen zum Gott Thot, 1991.
Andere Problemkreise: F. Abitz, König und Gott. Die Götterszenen in den ägypt. Königsgräbern von Thutmosis IV. bis Ramses III., 1984 (ÄgAbh 40); J. Baines, Fecundity Figures. Egyptian Personifications and the Iconology of a Genre, Warminster 1985; W. Barta, Untersuchungen zum Götterkreis der Neunheit, 1973 (MÄS 42); B. Begelsbacher-Fischer, Untersuchungen zur Götterwelt des Alten Reiches, 1981 (OBO 37); W. Helck, Betrachtungen zur großen Göttin und den ihr verbundenen Gottheiten, 1971; S. Morenz, Die Heraufkunft des transzendenten

Gottes in Ägypten, SBSAW 109/2, 1964; ders., Gott und Mensch im alten Ägypten, 1964, ²1984; E. Otto, Gott und Mensch nach den ägypt. Tempelinschriften der griech.-röm. Zeit, AHAW 1964 Nr. 1; F. Dunand u. Ch. Zivie-Coche, Dieux et hommes en Égypte, Paris 1991.
Zu *Echnaton* J. Assmann, Die „Häresie" des Echnaton, Saeculum 23, 1972, 109–126, und zur Reaktion der Ramessidenzeit ders., Re und Amun. Die Krise des polytheistischen Weltbilds im Ägypten der 18.–20. Dynastie, 1983 (OBO 51).
Ausländische Gottheiten im Pantheon: R. Stadelmann, Syrisch-palästinensische Gottheiten in Ägypten, Leiden 1967 (PrAeg 5); W. Helck, Zum Auftreten fremder Götter in Ägypten, OrAnt 5, 1966, 1–14.
Vergöttlichte Menschen: E. Otto, Gehalt und Bedeutung des ägypt. Heroenglaubens, ZÄS 78, 1943, 28–40; D. Wildung, Imhotep und Amenhotep, 1977 (MÄS 36); ders., Egyptian Saints. Deification in Pharaonic Egypt, New York 1977.

§ 32. Vorstellungen über Tod und Jenseits

Da die Quellen der Ägyptologie überwiegend aus Grabanlagen stammen, können die ägypt. Vorstellungen über Tod und Jenseits an einem besonders reichhaltigen textlichen und archäologischen Material erarbeitet werden. H. Kees hat Grundlagen und Entwicklung dieser Vorstellungen bis zum Ende des Mittleren Reiches dargestellt; das Jenseits der Pyramidentexte (§ 36a), von K. Sethe und anderen besonders gründlich erforscht, steht im Vordergrund dieser wie der meisten Darstellungen, während die Auswertung der jüngeren Textgruppen der Sargtexte (§ 36b) und Unterweltsbücher (§ 21) erst viel später eingesetzt hat. Seit den ältesten Zeiten erscheint das Jenseits nicht nur als Land der Verheißung, in welchem der Tote ein „Gott" wird und ein neues, gesteigertes Dasein beginnt, sondern auch als eine Welt voller Gefahren, die bis zur völligen Auslöschung des Toten reichen; einen Katalog dieser Todesgefahren hat J. Zandee erarbeitet. Um solchen Gefahren zu begegnen, bedarf es baldiger und intensiver Vorbereitung für die Jenseitsreise – daher die Sorgfalt, die der Ägypter auf die Ausstattung des Grabes, auf die Herrichtung des Leichnams (Mumifizierung) und auf die Versorgung des Toten mit allem Nötigen verwendet. Ziel der Jenseitsreise ist in den Pyramidentexten der Himmel, während sich im Neuen Reich die Unterwelt als Totenreich durchgesetzt hat; nur dem frei beweglichen Ba (§ 33) des Verstorbenen steht auch weiterhin der Himmel offen, aber nur in der Tiefe der Unterwelt ist die erhoffte Regeneration möglich. Im Neuen Reich, das hier an Vorstufen innerhalb der Sargtexte anknüpft, wird die Topographie des unterweltlichen Jenseits reich ausgemalt und vor allem das alte Nebeneinander von Verheißung und Gefahr in ein System gebracht; das Totengericht scheidet Selige von Verdammten, die an höllischen Straforten gepeinigt und aus dem Sein verstoßen werden. Zusammenfassende Darstellungen des unterschiedlichen Jenseitsschicksals im Neuen Reich fehlen noch, die § 21 genannten Texte, das Totenbuch und die Sonnenlitanei bieten jedoch eine Fülle an Einzelheiten, wobei als Leitfaden die nächtliche Unterweltsfahrt des Sonnengottes dient. Auch das reiche Material zum Jenseitsglauben der Spätzeit, in der sich eine stets latente und nun erstarkende Skepsis in die traditionellen Vorstellungen mischt, ist noch nicht gesammelt und nur in Einzelfällen ausgewertet. Da viele ägypt. Vorstellungen im Jenseitsglauben der spätantiken und frühchristlichen Zeit fortzuwirken scheinen, öffnet sich hier ein wichtiges, aber durch sein komplexes Material auch schwieriges Forschungsfeld.

Der Tod gehört für den Ägypter zu den Bedingungen des Seins; daher sind für ihn auch Gottheiten sterblich. Nur für die Verdammten ist der Tod endgültiges Ende, für alle anderen Wesen aber eine Schwelle zwischen zwei Lebensabschnitten, eine Verjüngung und reinigende Erneuerung des Lebens. Neben dieser positiven Deutung lebt allerdings auch eine negative Einstellung immer wieder auf, für die der Tod ein gewaltsamer „Räuber", das Schicksal der Abgeschiedenen ungesichert und beklagenswert ist.

H. Kees, Totenglauben und Jenseitsvorstellungen der alten Ägypter, 1926, ^{5}1983; S. Morenz, Ägypt. Totenglaube im Rahmen der Struktur ägypt. Religion, Eranos-Jahrbuch 34, 1965 (1967), S. 399–446 (dazu E. Hornung, ZÄS 119, 1992, 72–78); A. J. Spencer, Death in Ancient Egypt, Harmondsworth 1982.
Einzeluntersuchungen: A. H. Gardiner, The Attitude of the Ancient Egyptians to Death and the Dead, Cambridge 1935; C. E. Sander-Hansen, Der Begriff des Todes bei den Ägyptern, Kopenhagen 1942; J. Zandee, Death as an Enemy, Leiden 1960; Ph. Derchain, La mort ravisseuse, CdE 33, 1958, 29–32; E. Lüddeckens, Untersuchungen über religiösen Gehalt, Sprache und Form der ägypt. Totenklagen, 1943 (MDAIK 11); K. Sethe, Zur Geschichte der Einbalsamierung bei den Ägyptern und einiger damit verbundenen Bräuche, SBPAW 1934, S. 211–239; J. Settgast, Untersuchungen zu altägypt. Bestattungsdarstellungen, 1963 (ADIK 3; vgl. auch S. Schott, GGA 218, 1966, 271–304); J. Spiegel, Die Idee vom Totengericht in der ägypt. Religion, 1935 (LÄS 2); J. Yoyotte im Sammelband Sources Orientales IV (Le jugement des morts), Paris 1961, S. 15–80; E. Hornung, Altägypt. Höllenvorstellungen, 1968 (ASAW); R. Grieshammer, Das Jenseitsgericht in den

Sargtexten, 1970 (ÄgAbh 20); Ch. Seeber, Untersuchungen zur Darstellung des Totengerichts im Alten Ägypten, 1976 (MÄS 35); Ch. Jacq, Le Voyage dans l'autre monde selon l'Egypte ancienne, Paris 1986; R. Germer, Mumien. Zeugen des Pharaonenreiches, 1991; E. Hornung, Die Nachtfahrt der Sonne, 1991.

§ 33. Religiöse Anthropologie

Neben der körperlichen Natur weist der Ägypter der Person des Menschen eine Vielzahl weiterer Komponenten zu: Ba, Ka, „Schatten" und Name. Beim Verstorbenen tritt noch der Ach hinzu, der aber seinerseits zusammengesetzt ist und offenbar die Existenzform der Seligen darstellt. Der Streit um die genaue Bedeutung und Übersetzung der verschiedenen Komponenten ist fast so alt wie die Ägyptologie. Trotz zahlreicher Ansätze und Kontroversen konnte die Natur von Ba, Ka und Ach bisher nicht befriedigend geklärt werden. Der Ka ist als Doppelgänger (Maspero), Schutzgeist (Steindorff), Lebenskraft (Erman), „Mana" (Moret) und „Selbst" oder „Persönlichkeit" (Gardiner) des Menschen gedeutet worden; Einigkeit scheint jetzt weitgehend darüber zu herrschen, daß er eine belebende Kraft darstellt, eine Art gesteigerte Potenz, in der sich sein Wesen jedoch nicht erschöpft. Im Ba sieht man allgemein ein bewegliches Prinzip, das Gottheiten und Verstorbenen eignet und zur äußeren Manifestation dieser Wesen werden kann, ohne seine Natur genauer definieren zu können. Schwierigkeiten bietet auch die Vorstellung vom „Schatten" des Menschen, der im Jenseits eine wichtige Rolle spielt; auch der höchst differenziert gedachte Jenseitsleib des Menschen bedarf einer gesonderten Untersuchung. Während das Herz trotz seiner zentralen Bedeutung als Träger des Willens, Denkens und der anderen seelisch-geistigen Funktionen stets primär ein Organ bleibt und als solches auch den verschiedenen Komponenten (z. B. dem Ba: Lebensmüder Z. 40) wie Entwicklungsstufen (ḫprw: Totenbuch Spruch 30) der Persönlichkeit eignen kann, bildet der Name eine besondere, in ihrer Verletzbarkeit wie Nützlichkeit durchaus materielle Komponente von Mensch und Gottheit als Person. Durch Nennung des Namens wird Sein geschaffen, durch Bewahrung des Namens über den Tod hinaus erhalten.

Ägyptische Eigennamen, von H. Ranke gesammelt (§ 48), sind für die religiöse Anthropologie von grundlegendem Aussagewert. Die elementare Frage nach dem Selbstverständnis des Menschen steht allerdings so wenig im Blickpunkt der Ägyptologie, daß unsere bisherigen

Nachschlagewerke (Bonnet, Helck-Otto, Posener) auf ein Stichwort „Mensch" verzichten (auch das LÄ bietet mit „Menschenbild" nur einen Teilaspekt) und die Gesamtdarstellungen der ägypt. Religion das Problem allenfalls am Rande erwähnen. Diese Forschungslücke gilt es bald zu schließen, weil sonst auch das Verhältnis des Ägypters zu seiner Umwelt, von den Gottheiten bis zur unbelebten Natur, nicht deutlich wird. Wie sehr dabei geschichtlich zu differenzieren ist, zeigt der Bedeutungswandel des Wortes rmt von einer Selbstbezeichnung des Ägypters zur universalen Vokabel „Mensch" im Neuen Reich.

E. Hornung, Fisch und Vogel: Zur altägypt. Sicht des Menschen, Eranos-Jahrbuch 52, 1983, 455–496.
Zu den einzelnen Fragen: L. J. Cazemier, Oud-Egyptiese voorstellingen aangaande de ziel, Wageningen 1930 (Ka und Ba); L. Greven, Der Ka in Theologie und Königskult der Ägypter des Alten Reiches, 1942 (ÄgFo 17, dazu Morenz, DLZ 74, 1953, 333–337); U. Schweitzer, Das Wesen des Ka im Diesseits und Jenseits der alten Ägypter, 1956 (ÄgFo 19); A. Piankoff, Le »cœur« dans les textes égyptiens, Paris 1930; H. W. Obbink, De magische beteekenis van den naam inzonderheit in het Oude Egypte, Amsterdam 1925 (zur Bedeutung des Namens jetzt auch A. Piankoff, The Litany of Re, New York 1964, S. 3ff., vgl. ferner § 48); A. Rupp, Der Zwerg in der ägypt. Gemeinschaft, CdE 40, 1965, 260–309; E. M. Wolf-Brinkmann, Versuch einer Deutung des Begriffes „ba" anhand der Überlieferung der Frühzeit und des Alten Reiches, 1968; L. V. Žabkar, A Study of the Ba Concept in Ancient Egyptian Texts, Chicago 1968; B. George, Zu den altägypt. Vorstellungen vom Schatten als Seele, 1970; A. Rupp, Vergehen und Bleiben, 1976 (zum Person-Begriff); G. Englund, Akh – une notion religieuse dans l'Egypte pharaonique, Uppsala 1978; zum Verhältnis zu den Ausländern vgl. § 50; die ägypt. Aussagen über den Menschen als „Bild Gottes" (seit der Ersten Zwischenzeit, mit starker Häufung im Neuen Reich) untersucht B. Ockinga, Die Gottebenbildlichkeit im alten Ägypten und im Alten Testament, 1984.

§ 34. Mythologie

Die ägypt. Mythologie überliefert einen reichen, durch hohes Alter ausgezeichneten Schatz an Mythenmotiven *(Mythologemen)* und gestattet deutlicher als jede andere Kultur einen Einblick in die Mythenbildung zu Beginn der Geschichte. Denn erst durch die „Vermenschlichung der Mächte" (K. Sethe, S. Schott) an der Schwelle zwischen Vorgeschichte und Geschichte werden die Götter zu Personen, zu handelnden und leidenden Gestalten des Mythos, der überall dort, wo seine Bildersprache verstanden wird, die Welt von ihren Ursprüngen her deutet. Das pharaonische Ägypten gehört zu jenen Kulturen, die bis zuletzt mit und aus dem Mythos und seiner Vergegenwärtigung in Kult, Fest und Geschichte gelebt haben und dort als Kronzeugen aufzurufen sind, wo nach der Bedeutung des Mythos für den Menschen gefragt wird.

Es liegt im Wesen des Mythos, daß er nicht als fortlaufende Erzählung schriftlich festgehalten wird. In den populären mythischen Erzählungen des Neuen Reiches (§ 22) ist er bereits gebrochen, unverbindlich geworden, bei den antiken Überlieferern stehen nicht mehr die Bilder, sondern ihre Deutung im Vordergrund. Vor der Spätzeit (Schrein von Saft el-Henna, Augenmythen) hat sich ein erzählter Mythos („Vernichtung des Menschengeschlechts") nur im „Buch von der Himmelskuh" erhalten. Ein Schöpfungsbericht fehlt, aber aus zahllosen Anspielungen formt sich ein reicher Mythenkreis um Weltschöpfung und Urzeit, die ohnehin zentrale Themen aller Mythologie sind. Auch der Mythenkreis um Osiris und Horus ist ausführlich erst in der deutenden Erzählung von Plutarch überliefert und muß für die frühere Zeit aus einzelnen Fragmenten rekonstruiert werden. Ähnlich fragmentarisch ist unsere Überlieferung über den „Drachenkampf" des Sonnengottes gegen Apophis. Damit bleibt der ägypt. Mythenforschung kein anderer Weg, als die verstreuten Andeutungen, die sich vor allem in den großen Spruchsammlungen, in Hymnen und Ritualen häufen, zu sammeln, geschichtlich zu differenzieren (denn auch der Mythos wandelt sich!) und einzelne Mythen aus ihnen versuchsweise nachzubauen.

S. Schott, Mythe und Mythenbildung im alten Ägypten, 1945 (UGAÄ 15), der mit Mythenbildung zu Beginn der Geschichte rechnet. J. Assmann dagegen (Die Verborgenheit des Mythos in Ägypten, Göttinger Miszellen 25, 1977, 7–43) verschiebt sie auf das Mittl. Reich und läßt für das Alte Reich nur Götterkonstellationen gelten. Zur Diskussion vgl. J. Baines, Egyptian myth and discourse, JNES 50, 1991, 81–105 und zum Verhältnis von Mythos und Geschichte U. Luft, Beiträge zur Historisierung der Götterwelt und der Mythenbeschreibung, Budapest 1978.
Schöpfungsvorstellungen: Bester Überblick von S. Sauneron und J. Yoyotte im Sammelband Sources Orientales I (La naissance du monde), Paris 1959, S. 17–91 (dt. Die Schöpfungsmythen, 1964); ferner J. P. Allen, Genesis in Egypt, New Haven 1988. – *„Vernichtung des Menschengeschlechts":* E. Hornung, Der ägypt. Mythos von der Himmelskuh, 1982 (OBO 46, ²1991). – *Mythenkreis um Osiris:* Th. Hopfner, Plutarch über Isis und Osiris, 2 Bde., Prag 1940–41 (Nachdruck 1967); J. Assmann, Ägypten (1984), S. 117–177. – *Augenmythen:* F. de Cenival, Le mythe de l'œil du soleil, Sommerhausen 1988. – Andere späte Traditio-

nen: J. Vandier, Le papyrus Jumilhac, Paris 1961; H. Sternberg, Mythische Motive und Mythenbildung in den ägypt. Tempeln und Papyri der griech.-röm. Zeit, 1985; H. Beinlich, Das Buch vom Fayum, 1991 (ÄgAbh 51).

§ 35. Kult und Fest

Altägypt. Religion ist im wesentlichen Kultreligion. Dabei ist mehrfach, vor allem durch S. Schott und E. Otto, die Priorität des Rituals vor dem Mythos und die nachträgliche „mythische Bearbeitung" von Ritualen behauptet und belegt worden; zu fragen bleibt, ob damit nicht der Unterschied zwischen den Bausteinen und dem fertigen Gebäude verwischt wird, also zwischen Mythologemen (Elementen „mythischen Denkens") und Riten (Elementen des Kultes) auf der einen und ihrer Formung im Mythos oder Ritual auf der anderen Seite. Sicher ist, daß der Mythos sekundär alte Riten an sich zieht, um sich zu aktualisieren; aber erst auf seinem Hintergrund schließen sich die Riten zum Ritual zusammen, indem seine Bilder zur Handlung, seine Personen zu menschlichen Rollenträgern werden. Das Ritual hält im Großen wie im Kleinen die Weltordnung aufrecht, die der Mythos begründet.

Durch ihre schriftliche Überlieferung, die bereits im Alten Reich einsetzt, haben sich zahlreiche ägypt. Rituale im Wortlaut, z. T. auch mit Vermerken über den Handlungsablauf, erhalten. Wir kennen die Zeremonien, mit denen der Priester im täglichen Kult der Tempel für das Götterbild sorgte, wir kennen spezielle Rituale aus dem Umkreis der Bestattung, der königlichen Aktivität und vor allem der Feste. Andere Rituale, etwa für die berühmten „Osirismysterien" in Abydos, sind uns wie die Mythen nur durch Andeutungen bekannt und nur in Umrissen wiederherzustellen; auch in Abydos handelt es sich um ein dramatisches Festritual, echte „Mysterien" und entsprechende Initiation bringt erst die hellenistische Zeit. Mit M. Alliot lassen sich die Rituale in regelmäßigen Alltagskult, regelmäßigen Feiertagskult und besondere Rituale zu den mehrtätigen Hochfesten einteilen; auch die Geschichte scheint in ägyptischer Sicht eine festliche Form des Kultes zu sein (§ 70), Jagd und Krieg werden rituell gesteuert. Vollziehender des Rituals ist in der Theorie und in den Darstellungen der Tempel stets der König, doch treffen wir zu allen Zeiten Priester und Beamte, denen er seine kultischen Funktionen überträgt.

S. Schott, Ritual und Mythe im altägypt. Kult, StG 8, 1955, 285–293; E. Otto, Das Verhältnis von Rite und Mythus im Ägyptischen, SBHAW 1958/1; G. Roeder, Kulte und Orakel im alten Ägypten, 1960.

Wichtige *Rituale* in Auswahl: A. Moret, Le rituel du culte divin journalier, Paris 1902; K. Sethe, Dramatische Texte zu altaegypt. Mysterienspielen, 1928 (UGAÄ 10); M. Alliot, Le culte d'Horus à Edfou au temps des Ptolémées, Kairo 1949/54; H. H. Nelson, JNES 8, 1949, 201–232 und 310–345; S. Schott, Die Deutung der Geheimnisse des Rituals für die Abwehr des Bösen (Abh. Mainz 1954 Nr. 5); E. Otto, Das ägypt. Mundöffnungsritual, 2 Bde 1960 (ÄgAbh 3); Ph. Derchain, Rites égyptiens I (Le sacrifice de l'oryx), Brüssel 1962; ders., Le Papyrus Salt 825 (B. M. 10051), rituel pour la conservation de la vie enÉgypte, 2 Bde Brüssel 1965; B. Altenmüller, Reinigungsriten im ägypt. Kult, 1968; J. Assmann, Liturgische Lieder an den Sonnengott, 1969; ders., Der König als Sonnenpriester, 1970; J.-C. Goyon, Rituels funéraires de l'ancienne Égypte, Paris 1972; A. R. David, Religious Ritual at Abydos, Warminster 1973; C. Husson, L'offrande du miroir dans les temples égyptiens, Lyon 1977; Ph. Germond, Les invocations à la bonne année au temple d'Edfou, 1986 (AH 11); M.-L. Ryhiner, L'offrande du lotus dans les temples égyptiens de l'époque tardive, Brüssel 1986; B. Strikker, Het Zonne-Offer, Amsterdam 1989.

Feste: W. Wolf, Das schöne Fest von Opet, 1931; S. Schott, Altägypt. Festdaten (Abh. Mainz 1950 Nr. 10); ders., Das schöne Fest vom Wüstentale (ibid. 1952 Nr. 11); C. J. Bleeker, Die Geburt eines Gottes, Leiden 1956 (Minfest); H. Schäfer, Die Mysterien des Osiris in Abydos unter König Sesostris III., 1904 (UGAÄ 4, 2; zum Abydosritual noch W. Helck, ArOr 20, 1952, 72–85 und S. Morenz, Die Zauberflöte, 1952, S. 72ff.); ungedruckte Dissertationen zum Wag-Fest (E. Winter, Wien 1951) und Sokarfest (G. Wohlgemuth, Göttingen 1957; zu diesem Fest auch G. A. Gaballa und K. A. Kitchen, The Festival of Sokar, Or 38, 1969, 1–76); C. J. Bleeker, Egyptian Festivals, Leiden 1967; E. Hornung und E. Staehelin, Studien zum Sedfest, 1974 (AH 1); J. Assmann (Hrsg.), Das Fest und das Heilige, 1991. Zum Fortleben F. Bilabel, Die gräko-ägyptischen Feste, Neue Heidelberger Jahrbücher 1929, 1ff. und R. Merkelbach, Isisfeste in griech.-röm. Zeit, 1963.

§ 36. Religiöse Literatur (Pyramiden- und Sargtexte, Totenbuch)

Als die ägypt. Religion die Notwendigkeit spürte, dem Kult durch schriftliche Aufzeichnung größere Wirksamkeit zu verleihen, konnte sich seit dem Ende der 5. Dynastie ein reiches religiöses Schrifttum entfalten, das dem Verstorbenen auf die Jenseitsreise in jeweils wechselnder Auswahl mitgegeben wurde. Die geschichtliche Abfolge ihrer Aufzeichnung in Pyramiden, auf Särgen und auf Papyrus gestattet die klare Abgrenzung von drei großen Spruchsammlungen:

a) *Pyramidentexte:* 1880/81 bei der Öffnung von Pyramiden der

§ 36. Religiöse Literatur 67

5. und 6. Dyn. in Saqqâra entdeckt und sogleich in ihrer Bedeutung als damals älteste Quelle zur ägypt. Religion erkannt (erste wiss. Mitteilung von H. Brugsch, ZÄS 19, 1881, 1–15). Zunächst wurden die Texte der einzelnen Pyramiden von G. Maspero veröffentlicht (Rec. trav. 3, 1882 bis 14, 1893, gesammelt in: Les inscriptions des Pyramides de Saqqarah, Paris 1894), dann nach sorgfältiger Kollation spruchweise neu herausgegeben von K. Sethe (Die altägypt. Pyramidentexte, 4 Bde 1908–22, Nachdruck 1960 und 1969). Seitdem werden die Pyr., eine ältere „Kapitel"-Einteilung von Graf Schack-Schackenburg ablösend, nach Sprüchen und Paragraphen der Setheschen Textausgabe zitiert. Durch die Arbeiten von G. Jéquier in Saqqâra-Süd konnten die 714 Sprüche der Setheschen Ausgabe 1928–36 um weitere Varianten und eine Reihe neuer Sprüche vermehrt werden; zusätzliche Fragmente aus den Pyramiden der 6. Dynastie förderten seit 1951 Lauer, Garnot und Leclant zutage. Die von Sethe nachgelassene Übersetzung und Kommentierung der Sprüche 213 bis 582 ist posthum in 6 Bänden veröffentlicht worden (Übersetzung und Kommentar zu den altägypt. Pyramidentexten 1935–62) und bildet immer noch die zuverlässigste Grundlage für jede Beschäftigung mit den Pyr.; ihr Reichtum an Einzelbeobachtungen, die oft auch andere Texte und Vorstellungen erhellen, wird jetzt durch die Indices in Band VI aufgeschlossen. Die älteren vollständigen Übersetzungen von L. Speleers (1934) und S. A. Mercer (1952) sind jetzt ersetzt durch R. O. Faulkner, The Ancient Egyptian Pyramid Texts, Oxford 1969. In photographischer Wiedergabe liegen nur die Texte aus der Unas-Pyramide vor: A. Piankoff, The Pyramid of Unas, New York 1968. Sekundärliteratur zu einzelnen Stellen gibt C. Crozier-Brelot, Textes des Pyramides. Index des citations, Paris 1971 (und Neuauflagen). Wieweit die Sprüche das königliche Begräbnisritual und seine Abfolge spiegeln, bleibt umstritten; Forschungen von H. Ricke und S. Schott in dieser Richtung wurden von J. Spiegel (Das Auferstehungsritual der Unas-Pyramide, ÄgAbh 23, 1971) und H. Altenmüller (Die Texte zum Begräbnisritual in den Pyramiden des Alten Reiches, ÄgAbh 24, 1972) fortgeführt. O. Firchow hat literarische Aspekte der Pyr. untersucht (Grundzüge der Stilistik in den altägypt. Pyramidentexten, 1953), J. P. Allen die Sprache (The Inflection of the Verb in the Pyramid Texts, Malibu 1984), W. Barta die Beziehung zum König (Die Bedeutung der Pyramidentexte für den verstorbenen König, MÄS 39, 1981), Th. G. Allen eine hilfreiche Konkordanz zu den Pyr. und den beiden anderen großen Spruchsammlungen geschaffen und zugleich alle späteren, bis in griech.-röm. Zeit reichenden Vorkommen von Pyramidensprüchen

gesammelt (Occurrences of Pyramid Texts with Cross Indexes of These and Other Egyptian Mortuary Texts, SAOC 27, Chicago 1950; Ergänzungen JNES 17, 1958, 151).

b) *Sargtexte* kommen in der Ersten Zwischenzeit auf, als die Beamten und ihre Angehörigen die königlichen Pyramidensprüche übernehmen, vielfach umgestalten, ergänzen und eine Auswahl solcher Sprüche auf ihren Särgen anbringen lassen. Erstmals finden sich jetzt Spruchtitel und einzelne Illustrationen, letztere vor allem im Zweiwegebuch, einer besonderen Spruchfolge aus El-Berscheh zur topographischen Orientierung des Toten im Jenseits (zuerst 1903 von Schack-Schackenburg veröffentlicht, jetzt in CT VII Spruch 1029 bis 1185, bearbeitet von L. H. Lesko, The Ancient Egyptian Book of Two Ways, Berkeley 1972, und E. Hermsen, Die zwei Wege des Jenseits, OBO 112, 1991). Eine erste Sammlung des auf Särge in den verschiedensten Museen verstreuten Spruchgutes hat P. Lacau vorgenommen (Textes religieux, Rec. trav. 26, 1904 bis 37, 1915); nach dem Ersten Weltkrieg begannen Breasted und Gardiner mit den Vorbereitungen für eine vollständige Textedition, die dann von Adriaan de Buck (1892–1959) durchgeführt wurde und in 7 Bänden abgeschlossen vorliegt (The Egyptian Coffin Texts, Chicago 1935/61). Ein Schlüssel zur Verteilung der Sprüche ist L. H. Lesko, Index of the Spells of Egyptian Middle Kingdom Coffins and Related Documents, Berkeley 1979, für die Sekundärliteratur R. Grieshammer, Die altägypt. Sargtexte in der Forschung seit 1936, ÄgAbh 28, 1974. Inzwischen liegen zwei Übersetzungen aller Sprüche vor: R. O. Faulkner, The Ancient Egyptian Coffin Texts, 3 Bde, Warminster 1973–78, und P. Barguet, Les textes des sarcophages égyptiens du Moyen Empire, Paris 1986. Die weitere Auswertung wird immer noch durch das Fehlen eines Glossars erschwert; dazu ist die genaue Datierung einzelner Sargtext-Versionen noch fraglich.

c) *Totenbuch* nennt man seit C. R. Lepsius die meist auf Papyrus geschriebenen Totensprüche des Neuen Reiches und der Spätzeit. Lepsius veröffentlichte 1842 ein Exemplar des Turiner Museums aus ptolemäischer Zeit (fälschlich als „saïtische" Rezension bezeichnet; Neuausgabe durch B. de Rachewiltz, Il libro dei morti degli antichi egiziani, Mailand 1958) und führte die übliche Einteilung in „Kapitel" ein; da jedes Toten„buch" jedoch aus einzelnen Sprüchen in wechselnder Reihenfolge besteht, ist die Bezeichnung „Spruch" angemessener. Auf dem II. Internat. Orientalistenkongreß 1874 in London regte Lepsius die gesammelte Herausgabe aller Exemplare des Neuen Reiches (damals „thebanische" Rezension genannt) an, und so entstand

§ 36. Religiöse Literatur

die dreibändige Textedition seines Schülers E. Naville (Das aegypt. Todtenbuch der XVIII. bis XX. Dynastie, 1886), die bis heute nicht ersetzt ist. Naville benutzte für seine Ausgabe 71 Exemplare und konnte die Zahl der bekannten Sprüche von 165 (Lepsius) auf 184 erhöhen; inzwischen sind über 190 Sprüche und zahllose weitere Exemplare bekannt. Für eine dringend zu wünschende moderne Textausgabe wäre die Veröffentlichung der Museums-Bestände eine große Hilfe; bisher sind jedoch nur die Tb-Exemplare der Universität Chicago geschlossen veröffentlicht (T. G. Allen, The Egyptian Book of the Dead. Documents in the Oriental Institute Museum at the University of Chicago, OIP 82, Chicago 1960), während die Veröffentlichung des Londoner Bestandes, von E. A. W. Budge mit repräsentativen Handschriften begonnen, Fragment geblieben ist (A. W. Shorter, Catalogue of Egyptian Religious Papyri in the British Museum: Copies of the Book Pr(t)-m-hrw, Bd. I London 1938). Totenbücher finden sich nicht nur auf Papyrus, sondern auch auf Leder, auf Leichentüchern, Mumienbinden, Grabwänden und Ostraka. Für die Spätzeit sind neben Totenbüchern in kursiver Hieroglyphenschrift auch solche in hieratischer und demotischer Schrift zu berücksichtigen (z. B. F. Lexa, Das demot. Totenbuch der Pariser Nationalbibliothek, 1910).

Die erste kommentierte Übersetzung des ganzen Totenbuchs gaben Sir Peter Le Page Renouf und E. Naville, The Egyptian Book of the Dead. Translation and Commentary, London 1904; inzwischen liegen neuere Gesamtübersetzungen vor: P. Barguet, Le Livre des Morts des anciens égyptiens, Paris 1967; Th. G. Allen, The Book of the Dead or Going Forth by Day, Chicago 1974; E. Hornung, Das Totenbuch der Ägypter, 1979, ²1990; R. O. Faulkner, The Ancient Egyptian Book of the Dead, London 1985. Um die genauere Datierung für das Neue Reich hat sich I. Munro, Untersuchungen zu den Totenbuch-Papyri der 18. Dyn. Kriterien ihrer Datierung, London/New York 1988, bemüht, um den Bestand in den Gräbern M. Saleh, Das Totenbuch in den thebanischen Beamtengräbern des Neuen Reiches, 1984.

Während diese drei großen religiösen Spruchgruppen ihrer ursprünglichen Funktion im Totenritual weitgehend treu bleiben, schreiten die Unterweltsbücher des Neuen Reiches zu einer funktionsfreieren Schilderung des Jenseits fort, weshalb wir bereits im Rahmen der Literatur auf sie verwiesen haben (§ 21). In der 21./22. Dynastie werden neben Totenbuch- und Amduat-Papyri auch Mischformen und reine Bildpapyri verwendet (Proben bei A. Piankoff und N. Rambova, Mythological Papyri, Bollingen Series XL, 3, New York 1957, ein systemat. Überblick bei A. Niwiński, Studies on the Illustrated Theban Funerary Papyri of the 11th and 10th Centuries B. C., OBO 86, 1989). Das Totenbuch wird in römischer Zeit durch die kürzeren „Bücher vom Atmen" verdrängt; dazu J. C. Goyon, Le Papyrus du Louvre N. 3279, Kairo 1966 und ders., Rituels funéraires de l'ancienne Égypte, Paris 1972). Einen Überblick über die religiöse Literatur Ägyptens und ihre Stellung in der Religionsgeschichte geben J. Leipoldt und S. Morenz, Heilige Schriften, 1953; spezieller K. Sethe, Die Totenliteratur der alten Ägypter, SBPAW 1931 Nr. 18.

§ 37. Zauber

Die in § 36 behandelten großen Spruchsammlungen sind von Zaubersprüchen durchwoben, die dem Toten die Wege im Jenseits ebnen und gefährliche Wesen von ihm fernhalten sollen. Auch in vielen anderen religiösen und literarischen Texten Ägyptens wird gezaubert, und dies nicht nur in den Niederungen der Religion, sondern bis in die bedeutendsten Dichtungen hinein. Das Volk erfreut sich zu allen Zeiten an Berichten über besondere Zaubertaten, zur Schöpfung und Bewahrung der Weltordnung ist die Kraft des Zaubers unentbehrlich. Der Automatismus, mit welchem der Zauber wirkt, grenzt ihn vom Kult ab und rückt ihn in den Bereich der Technik; als ursprünglich wertfreie Kraftübertragung kann er zum Guten wie zum Bösen eingesetzt werden und entsprechend im Gewand einer „weißen" oder einer „schwarzen" Magie erscheinen. Wo er außer Kontrolle gerät, kann er die Welt, die er mit geschaffen hat, vernichten. Diesem komplexen Wesen des Zaubers sind die bisherigen Versuche, seine Aufgabe und Bedeutung in der ägypt. Religion darzustellen, nicht ganz gerecht geworden. Zu leicht wird er, von seinen Entartungserscheinungen angesteckt, zum „Krebsgeschwür" der Religion und zum Gegenbegriff der Ethik, obgleich es allein auf die Ethik dessen, der ihn handhabt, ankommt. Wie nachhaltig gerade hier die altägypt. Religion weiterwirkt, zeigen griechische und noch christliche (koptische) Zaubersprüche aus Ägypten.

Das Material ist zum Teil gesammelt bei F. Lexa, La Magie dans l'Égypte antique, 3 Bde, Paris 1925, eine neuere Auswahl bei J. F. Borghouts, Ancient Egyptian Magical Texts, Leiden 1978. Darstellungen im Überblick: S. Sauneron im Sammelband Sources Orientales VII (Le monde du sorcier), Paris 1966; Ch. Jacq, Egyptian Magic, Warminster 1985; A. Roccati (Hrsg.), La magia in Egitto ai tempi dei faraoni, Verona 1987; L. Kákosy, Zauberei im alten Ägypten, 1989; E. Hornung, Geist der Pharaonenzeit (1989), Kap. III. Zu den griech. Zaubertexten R. Merkelbach und M. Totti, Abrasax I–III, 1990–92.

§ 38. Persönliche Frömmigkeit

Die Begegnung des Ägypters mit der Wirkenswelt der Götter kann sich im offiziellen Kult (§ 35) und in der magischen Praxis (§ 37), aber auch in der persönlichen Frömmigkeit, im Erleben des einzelnen vollziehen. Insbesondere dann, wenn Gott als Nothelfer gesucht wird, kommt es zu spontanen Äußerungen des Frommen, die sich in Ägypten während der Ramessidenzeit häufen. Das Gebet ist seit alter Zeit in den Kult eingebaut, findet aber erst in dieser Zeit zu einer freieren, persönlichen Form. Da der Fromme in der Regel nur bei der festlichen Prozession den Götterbildern gegenübersteht und ihre Orakelentscheidung anrufen kann, wetteifern Mittlerwesen (vergöttlichte Verstorbene, heilige Tiere) und heilkräftige Stätten an Breitenwirkung im Glaubensdenken mit den großen Gottheiten. Wer sich an das Sichtbare hält, dem sind vor allem die heiligen Tiere nahe, die es in Ägypten seit der Vorgeschichte in Einzelexemplaren (Apis und andere heilige Stiere) wie im Kollektiv (Tempelherden) gegeben hat; in den Vordergrund des religiösen Lebens tritt der „Tierkult" jedoch erst seit der späten 18. Dynastie. Er ergreift dann neben den lebenden auch verstorbene Tiere, die sorgfältig einbalsamiert werden, und führt in der Spätzeit zu bizarren Auswüchsen eines „Reliquienkultes", der jedoch staatlich organisiert und verwaltet wurde. Wie beim Zauber muß auch beim Tierkult zwischen der ursprünglichen Funktion und späterer Übersteigerung unterschieden werden. Da zusammenfassende Arbeiten fehlen oder nicht ausreichen, ergeben sich die sehr unterschiedlichen Aspekte des Volksglaubens und der persönlichen Frömmigkeit erst aus einer Zusammenschau der verstreuten Literatur zu Einzelfragen.

Zum Versuch einer Zusammenschau bei G. Roeder, Volksglaube im Pharaonenreich (1952) vgl. S. Morenz, OLZ 49, 1954, 31–33; auch dem neueren Versuch von A. I. Sadek, Popular Religion in Egypt during the New Kingdom, 1987 (HÄB 27) fehlen wichtige Aspekte. In einen größeren Zusammenhang stellen die Volksfrömmigkeit J. Assmann, Weisheit, Loyalismus und Frömmigkeit, in: Hornung-Keel, Studien zu altägypt. Lebenslehren (§ 20), S. 11–72, und J. Baines, Practical Religion and Piety, JEA 73, 1987, 79–98; siehe ferner H. Brunner, Eine Dankstele an Upuaut, MDAIK 16, 1958, 5–19; ders., Die religiöse Wertung der Armut im Alten Ägypten, Saeculum 12, 1961, 319–344; G. Fecht, Literarische Zeugnisse zur „Persönlichen Frömmigkeit" in Ägypten, AHAW 1965, 1; G. Posener, RdE 27, 1975, 195–210 (Zeugnisse vor Amarna). – Zum *Gebet* siehe die Literatur zu Hymnen, § 24. – *Wallfahrten:* J. Yoyotte im Sammelband Sources Orientales III (Les pèlerinages), Paris 1960, S. 17 bis 74. – Zum *Orakel* zuletzt, mit weiterer Literatur, J. Černý bei R. A. Parker, A Saite Oracle Papyrus from Thebes, Providence 1962, S. 35–48, und J. Leclant, in: A. Caquot und M. Leibovici (Hrsg.), La divination I, Paris 1968, S. 1–23. – *Tierkult:* Th. Hopfner, Der Tierkult der alten Ägypter, 1913; H. Kees, Götterglaube (§ 31) S. 4–83; H. Bonnet, Reallexikon (§ 30) S. 812–824; D. Kessler, Die heiligen Tiere und der König, 1989. – *Schicksalsbegriff:* S. Morenz und D. Müller, Untersuchungen zur Rolle des Schicksals in der ägypt. Religion, ASAW 52, 1960.

Zur Priesterschaft vgl. § 45, zum Tempel § 89.

§ 39. Wechselwirkung mit der Umwelt

Wechselwirkungen zwischen der Religion der Ägypter und den Religionen ihrer Umwelt haben wir bereits bei der Übernahme asiatischer Götter in das ägypt. Pantheon (§ 31) und bei den Ausstrahlungen ägypt. Weisheit (§ 20) und ägypt. Jenseitsvorstellungen (§ 32) gestreift. Im Vordergrund des Interesses stehen seit den Anfängen der Ägyptologie die Parallelen zu Vorstellungen und Formulierungen des Alten Testaments. Eifrige Forschung hat inzwischen eine Fülle solcher Parallelen zusammengetragen, und es dürfte für manche Kapitel des A. T. (etwa Gen. 1 oder Prov. 8) möglich sein, neben beinahe jeden Vers entsprechende ägypt. Aussagen zu stellen. Darüber wird oft vergessen, daß es mit solcher Parallelisierung nicht getan ist, daß sich hinter formal ähnlichen oder sogar gleichen Aussagen gänzlich verschiedene Geisteshaltungen verbergen können. In jedem einzelnen Fall ist sorgfältig zu prüfen, welche religiösen Vorstellungen in der ägypt. Aussage einerseits und in der alttestamentlichen andererseits enthalten sind. Doch selbst wenn die Unterschiede, die dabei zutage treten, stärker als bisher betont werden, bleibt ein gemeinsames Gedankengut von beträchtlichem Umfang. Hier ist dann wieder zu sondern zwischen echter Übernahme, die in der Regel schwer zu beweisen und nach Ort und Zeit kaum festzulegen ist, und einer altorientalischen Gemeinsamkeit in weiterem Horizont, die für die späte Vorgeschichte gesichert scheint (§ 59), aber für die geschichtlichen Religionen Ägyptens und Vorderasiens noch nicht untersucht wurde.

Das Neue Reich ist eine Epoche intensiven Austausches in beiden Richtungen, die lange nachwirkt. In den hethitischen Nachfolgestaaten und in den Stadtstaaten Syriens, Phöniziens und Palästinas stößt man immer wieder auf religiöse Motive aus dem Niltal; in Ägypten hält sich zur gleichen Zeit die Verehrung asiatischer Gottheiten. Weit im Süden fühlt sich ein einheimisches Herrschergeschlecht im Sudân, das als 25. Dynastie („Äthiopen") Ägypten erobert, als orthodoxer Hüter ägypt. Religiosität. Eine neue Welle gegenseitigen Gebens und Nehmens bringt die Berührung Ägyptens mit Griechenland, mit dem Spätjudentum und schließlich mit dem Christentum. Ägyptisches und hellenistisches Gedankengut verschmilzt in der Gottesgestalt des Sarapis, der wie die Göttin Isis von der Verehrung römischer Legionäre durch ganz Europa getragen wird. Selbst das siegreiche Christentum, dem Sarapis und Isis schließlich weichen müssen, ist bereits mit ägypt. Vorstellungen durchsetzt, die allerdings in der Gnosis und in den apokryphen Schriften deutlicher hervortreten als in den kanonischen Schriften des Neuen Testaments. In positiver oder negativer Auseinandersetzung mit ägypt. Religiosität haben uns die antiken Autoren und die Kirchenväter eine Fülle an Beobachtungen (oft auch Fehldeutungen!) über die späteste Phase der ägypt. Religionsgeschichte überliefert, auf denen noch lange über die Wiederentdeckung der Primärquellen hinaus das abendländische Bild der ägypt. Religon beruht hat.

> Über den ganzen Umfang der Wechselwirkung unterrichtet am besten Kap. XI bei S. Morenz, Religion (§ 30). – Zum Komplex „Ägypten und die Bibel" Übersichten bei S. Morenz in RGG³ I 118–120; P. Montet, L'Égypte et la Bible, Neuchâtel 1959 (deutsch: Das alte Ägypten und die Bibel, 1960); K. A. Kitchen, Alter Orient und Altes Testament, 1965; ders., The Bible in its World, Exeter 1977; O. Keel, Die Welt der altoriental. Bildsymbolik und das Alte Testament. Am Beispiel der Psalmen, 1972, ⁴1984; ders., Jahwe-Visionen und Siegelkunst, 1977; ders., Das Hohelied, 1986; D. B. Redford, Egypt, Canaan, and Israel in Ancient Times, Princeton 1992. – Die Ausstrahlungen der ägypt. Religion in Vorderasien bedürfen noch der Sammlung und Bearbeitung, z. T. auch erst der Veröffentlichung. – Zu Griechenland vgl. S. Morenz, Ägypten und die altorphische Kosmogonie, in: Aus Antike und Orient (Fs. Schubart, 1950), S. 64–111. – Zum ägypt. Erbe im Spätjudentum und frühen Christentum J. Doresse, Des hiéroglyphes à la croix, Istanbul 1960. – Zur „Isismission" D. Müller, Ägypten und die griech. Isis-Aretalogien, ASAW 53/1, 1961; S. Morenz, Ägypt. Nationalreligion und sogenannte Isismission, ZDMG 111, 1962, 432–436, dazu zur Religion im griech.-röm. Ägypten den Sammelband Religions en Égypte hellénistique et romaine, Paris 1969, und die von M. J. Vermaseren herausgegebene Reihe Études préliminaires aux religions orientales dans l'Empire romain, Leiden 1961 ff. – Die griech. und latein. Quellen zur ägypt. Religion sind gesammelt und durch einen ausführlichen Index aufgeschlossen von Th. Hopfner, Fontes historiae religionis aegyptiacae, 1922–25.

DER STAAT UND SEINE STRUKTUR

§ 40. Königtum

Da Wort und Begriff des „Staates" dem Ägypter fehlen, steht im Mittelpunkt seines staatlichen Denkens die Institution des Königtums. Den sakralen Charakter dieser Institution hat A. Moret in einer grundlegenden Studie klar herausgearbeitet; ein differenzierteres Bild des „göttlichen Königtums" im Alten Orient verdanken wir H. Frankfort. Die seit Moret und Frankfort gern vertretene Zweinaturenlehre von Pharao als „wahrer Gott und wahrer Mensch" oder, kurz gesagt, als „Gottkönig", hat in jüngster Zeit berechtigte Zweifel und Einschränkungen ausgelöst. G. Posener hat bezeichnende Unterschiede zwischen der ägypt. Auffassung vom Wirken und Wesen der Götter und der Auffassung vom Königtum dargelegt. Gegen ihn ist zwar eingewandt worden, daß er den ägypt. König an einem zu idealen Gottesbild mißt, aber die Tatsache ist nicht mehr zu leugnen, daß der Ägypter der „Göttlichkeit" seines Königs relativ enge Grenzen setzt und von ihm oftmals anders spricht als von „echten" Gottheiten. Um zu einer neuen befriedigenden Deutung der widerspruchsvollen Phänomene zu gelangen, hat der Vf. im Rahmen seiner Interpretation des ägypt. Geschichtsbildes (§ 70) den Vorschlag gemacht, in Pharao einen Menschen zu sehen, der rituell die Rolle des Schöpfergottes spielt. In dieser Rolle trägt er göttliche Attribute, verfügt er über die Kräfte und Eigenschaften des Weltschöpfers; mit ihr ist der Kreis seiner Aufgaben abgesteckt: die am Anfang geschaffene Ordung der irdischen Welt immer wieder neu zu setzen und zu behaupten. Als Rollenbezeichnungen erhalten die früher hilflos beiseite geschobenen „Phrasen" zur „Verherrlichung" des Königs einen konkreten Aussagewert und eröffnen zugleich überraschende Einblicke in den geschichtlichen Wandel der Königsideologie. Andere Beiworte oder Titel des Königs bemühen sich, sein Verhältnis zur Gottheit auf eine feste Formel zu bringen, deren Inhalt sich unserer Forschung nur schwer erschließt. So ist die bisher selbstverständliche Annahme, daß die älteste Definition des Königs als „Horus" eine „Inkarnation" dieses Gottes meint, durch die Möglichkeit eines königlichen Rollenspiels wieder fragwürdig geworden. Klarer und in ihrem Aussagewert verwandt sind die jüngeren Definitionen des Königs als „Sohn" (4. Dynastie) und als „Bild" (17. Dynastie, mit Vorstufen in der 12. Dynastie) des Sonnengottes, d. h. des Weltschöpfers, die bis zu den Ptolemäern nachwirken. Die kanonische fünffältige Königstitulatur, die sich im Laufe des Alten Reiches herausgebildet hat, ist mehrfach untersucht worden, aber für unseren Einblick in Wesen und geschichtlichen Wandel des Königtums noch nicht voll ausgeschöpft; einen fruchtbaren Neuansatz bringt die bisher nur von H. Goedicke für das Alte Reich untersuchte Frage, in welchem Zusammenhang die einzelnen Königstitel verwendet werden. Auf eine zusammenfassende Behandlung warten neben den Beinamen und der Titulatur des Königs auch sein Ornat und das Hofzeremoniell; schließlich fehlt, obgleich das Sedfest (Erneuerungsfest des Königs) zu allen Untersuchungen des ägypt. Königtums mit herangezogen wird, eine echte Synthese und Deutung der verstreuten Einzeldarstellungen dieses Festes und seiner Riten. Die Unsicherheit im Detail, die das Fehlen so wesentlicher Teiluntersuchungen mit sich bringt, belastet alle umlaufenden Deutungen des Königtums und der staatlichen Struktur Ägyptens; sie müssen als Arbeitshypothesen immer wieder an den Primärquellen auf ihre Tragfähigkeit geprüft werden.

Von manchen Königen, insbesondere des Neuen Reiches, ist uns eine Vielzahl persönlicher Züge und Äußerungen überliefert; hier können Untersuchungen über die praktische Verwirklichung der Königsideologie in der Geschichte und über die menschliche Person der göttlichen Rollenträger ansetzen. Dazu besitzen wir von den meisten Herrschern des Neuen Reiches das höchst persönliche Zeugnis ihrer Mumie. Bisher liegen jedoch nur für wenige Regierungszeiten größere Monographien vor. Die meisten Könige bleiben bloße Namen und Daten, Material für Königslisten, wie sie schon die Ägypter selbst zusammengestellt haben (§ 71). Was wir an ägypt. Königen, ihren Namen, Titulaturen und Familienangehörigen kennen, haben zuerst C. R. Lepsius (1858) und E. Brugsch mit U. Bouriant (1887), dann am umfassendsten H. Gauthier (1907–17) in „Königsbüchern" zusammengetragen.

A. Moret, Du caractère religieux de la royauté pharaonique, Paris 1902; H. Frankfort, Kingship and the Gods, Chicago 1948 (Nachdruck 1978); H. Jacobsohn, Die dogmatische Stellung des Königs in der Theologie der alten Ägypter, 1939 (ÄgFo 8); G. Posener, De la divinité du Pharaon, Paris 1960 (Cahiers de la Société Asiatique XV; dazu H. Kees, OLZ 57, 1962, 476–478); E. Hornung, Geschichte als Fest, 1966; W. Barta, Untersuchungen zur Göttlichkeit des regierenden Königs, 1975 (MÄS 32); M. A. Bonhême und A. Forgeau, Pharaon. Les secrets du pouvoir, Paris 1988 (dt.: Pharao, Sohn der Sonne, 1989). – Zum Mythos von der *göttlichen Herkunft* Pharaos: H. Brunner, Die Geburt des Gottkönigs, 1964 (ÄgAbh 10, ²1986); J. Assmann, in: Funktionen und Leistungen des Mythos, 1982 (OBO 48), S. 13–61. Den geschichtl. Wandel im Verhältnis des Königs zur Gottheit behandelt S. Morenz, Die Heraufkunft des transzendenten Gottes in Ägypten, SBSAW 109/2, 1964 (dazu J. Zandee, ThLZ 91, 1966, 261–265). – Zu den Beinamen des Mittl. Reiches E. Blumenthal, Untersuchungen zum ägypt. Königtum des Mittl. Reiches, 1970; für das Neue Reich R. Moftah, Studien zum ägypt. Königsdogma im Neuen Reich, 1985, und E. Hornung, MDAIK 15, 1957, 120–132; für die spätere Zeit N.-C. Grimal, Les termes de la propagande royale égyptienne de la 19ᵉ dynastie à la conquête d'Alexandre, Paris 1986. S. Morenz, Die Erwählung zwischen Gott und König in Ägypten, Sino-Japonica (Fs A. Wedemeyer, 1956) S. 118–137 behandelt Aussagen über die gegenseitige „Liebe" bzw. „Erwählung" von Gottheit und König. Zur ägypt. Wertung des Königtums vgl. die § 82 genannte Arbeit von Rößler-Köhler, zur Mitregentschaft W. J. Murnane, Ancient Egyptian Coregencies, Chicago 1977.

Zur *Titulatur:* H. Müller, Die formale Entwicklung der Titulatur der ägypt. Könige, 1938 (ÄgFo 7); S. Schott, Zur Krönungstitulatur der Pyramidenzeit, NAWG 1956 Nr. 4; J. G. Griffiths, Remarks on the Horian Elements in the Royal Titulary, ASAE 56, 1959, 63–86; H. Goedicke, Die Stellung des Königs im Alten Reich, 1960 (ÄgAbh 2); W. Barta, Zur Konstruktion der ägypt. Königsnamen, ZÄS 114, 1987–116, 1989. – Zum *Ornat* fehlt immer noch eine zusammenfassende Arbeit. – Zum *Hofzeremoniell* vgl. einstweilen den Überblick bei H. Kees, Ägypten, 1933, S. 179–185, und A. Hermann, Jubel bei der Audienz, ZÄS 90, 1963, 49–66. – Zum Sedfest, dessen Erwähnung oft nur als Wunsch (auch für das Jenseits) und nicht als wirklich gefeiertes Fest zu verstehen ist, vgl. § 35. – Zum *rechtlichen Aspekt* des Königsamtes H. Brunner, Die Lehre vom Königserbe im frühen Mittleren Reich, Ägyptolog. Studien für H. Grapow (1955), S. 4–11.

Kurze Artikel zu einzelnen Königen bei P. Vernus und J. Yoyotte, Les Pharaons, Paris 1988. Zum „sportlichen" König W. Decker, Die physische Leistung Pharaos. Untersuchungen zu Heldentum, Jagd und Leibesübungen der ägypt. Könige, 1971. Zur gründlich untersuchten Mumie Ramses' II. L. Balout und C. Roubet, La momie de Ramsès II, Paris 1985. – *Königsbuch:* H. Gauthier, Le livre des rois d'Égypte, 5 Bde Kairo 1907–17 (MIFAO 17–21, mit Nachträgen Rec. trav. 40, 1923, 177–204 und Index BIFAO 15, 1918, 1–138) erfaßt alle damals bekannten Belege für Königsnamen mit Titulaturen, Datierungen und Familienangehörigen. Eine neue Zusammenstellung der Titulaturen bei J. von Beckerath, Handbuch der ägypt. Königsnamen, 1984 (MÄS 20), dazu für die 3. Zwischenzeit M.-A. Bonhême, Les noms royaux dans l'Egypte de la 3ᵉ Période Intermédiaire, Kairo 1987, und allgemein zu den Königslisten

D. B. Redford, Pharaonic King-Lists, Annals and Day-Books, Mississauga 1986. – Zum Fortleben D. Wildung, Die Rolle ägypt. Könige im Bewußtsein ihrer Nachwelt, 1969 (MÄS 17).

§ 41. Königsfamilie

Obgleich die Könige gern betonen, daß sie „schon im Ei" in ihr hohes Amt berufen wurden, datiert ihre göttliche Ausstrahlungskraft erst vom Zeitpunkt ihrer Thronbesteigung an. Die Prinzen spielen, von wenigen Ausnahmefällen abgesehen, während des Mittleren und Neuen Reiches keine politische oder kultische Rolle; selbst der Kronprinz und seine Funktion werden uns in der Regel nur in der Rückschau des Königs deutlich, und die zahlreiche Nachkommenschaft Ramses' II. verliert sich schon in der Enkel-Generation in völliges Dunkel. Im Alten Reich begegnet uns dagegen eine Art „Königsclan", der alle Schlüsselstellungen in Verwaltung und Priesterdienst mit Verwandten des Königshauses besetzt. Der genaue Grad der Verwandtschaft ist meist schwer zu bestimmen, da der Prinzentitel „Königssohn" (und entsprechend „Königstochter") auch Enkeln und Urenkeln von Königen verliehen wird; dazu tritt die noch ungeklärte Frage, ob der häufige Titel rḫ-njswt für entfernte Angehörige des „Königsclans" reserviert ist, so daß die genaue Struktur und der Umfang dieser Großfamilie erst noch erarbeitet werden müssen. Erst in der Dritten Zwischenzeit bildet sich als Ergebnis einer bewußten Familienpolitik wieder eine einflußreiche königliche Großfamilie heraus, die nun bis in feinste Verästelungen hinein greifbar wird. Eine besondere kultische und politische Rolle spielt in dieser Zeit und in den nachfolgenden Dynastien bis zur persischen Eroberung eine Reihe von Königstöchtern, die als „Gottesgemahlinnen" (des Amun) Oberägypten regieren und ihr Amt durch Adoption vererben.

In der 12. und später vereinzelt in der 18. und 21. Dynastie tritt der Thronfolger als Mitregent mit eigener Königstitulatur und eigener Datierung neben seinen Vater; die Ramessiden begnügen sich damit, dem Kronprinzen bestimmte Regalien zu übertragen. Es scheint, daß der älteste Sohn der Hauptgemahlin (in der Regel Schwester oder Halbschwester des Königs) für die Thronfolge bevorzugt wurde; Söhne der zahlreichen Nebengemahlinnen hatten nur dann legitime Aussicht auf den Thron, wenn ein solcher Anwärter fehlte. Die ägypt. Königin besitzt damit eine Schlüsselstellung für die königliche Erbfolge und wird vor allem beim Wechsel von einer Dynastie zur anderen als Trägerin der Legitimität zur beherrschenden Gestalt. Nicht selten nimmt dieser Einfluß politische Formen an, bis hin zur Übernahme des Königsamtes durch Nofrusobek, Hatschepsut und Tausret; doch muß auch die Stellung der Königin geschichtlich differenziert werden. In der 12. Dynastie und in der Spätzeit steht sie im Hintergrund des politischen Geschehens, im Alten und vor allem im Neuen Reich treten bedeutende Frauengestalten in den Vordergrund.

> Zur Königin W. Seipel, Untersuchungen zu den ägypt. Königinnen der Frühzeit und des Alten Reiches, 1980; L. Troy, Patterns of Queenship in Ancient Egyptian Myth and History, Uppsala 1986; Einzeldarstellung S. Ratié, La Reine-Pharaon, Paris 1972 (Hatschepsut). Über die Präliminarien einer königl. Heirat gibt das Amarna-Archiv (§ 79) Auskunft, allerdings nur für die Verbindung mit einer ausländ. Prinzessin. – Zu den Gottesgemahlinnen der 17. bis 26. Dyn.: C. E. Sander-Hansen, Das Gottesweib des Amun, Kopenhagen 1940; J. Yoyotte, Les vierges consacrées d'Amon thébain, CRAIBL 1961, 43–52; M. Gitton, Les divines épouses de la 18e dynastie, Paris 1984; E. Graefe, Untersuchungen zur Verwaltung und Geschichte der Institution der Gottesgemahlin des Amun, 1981 (ÄgAbh 37). – Prinzen: B. Schmitz, Untersuchungen zum Titel Sanjswt „Königssohn", 1976; M. Römer, Zum Problem von Titulatur und Herkunft bei den ägypt. „Königssöhnen" des Alten Reiches, 1977.

§ 42. Beamtentum, Verwaltung

Theoretisch ruht die schwere Aufgabe, den Bestand der Weltordnung im irdischen Bereich zu wahren, allein auf den Schultern des Königs. In der Praxis assistiert ihm die Beamten- und Priesterschaft des Landes; durch königlichen Auftrag legitimiert, regelt sie die Verwaltung und den Kult, dient der Person des Königs und vermittelt zwischen ihm und der Außenwelt. Aus bescheidenen, patriarchalischen Anfängen entwickelt sich im Laufe des Alten Reiches eine reich in Ressorts und komplizierte Rangfolgen gegliederte Bürokratie, deren Titelfülle unerschöpflich scheint; schon Brugsch hat über 2000 Titel und Berufsbezeichnungen gesammelt, nach K. Baer waren während des Alten Reiches etwa 1600 Titel in Gebrauch. Die mehrfach belegten Verwaltungsformen brachten keine anhaltende Straffung, doch führte die Spezialisierung zu keiner Erstarrung im Ressortdenken; die Laufbahn hoher Beamter, wie sie in Titelreihen und Autobiographien (§ 23) belegt ist, zeigt häufigen Wechsel zwischen den einzelnen Zweigen der Verwaltung. Entscheidend war zu allen Zeiten nicht das wechselnde Amt, sondern der Rang, der die Nähe zum König und den Anteil an dessen Machtfülle bestimmte. Selbst der Wesir (§ 43), die theoretische Spitze der Verwaltung, tritt bisweilen hinter anderen Beamten, wie den großen Vermögensverwaltern, Bauleitern und Generalissimi des Neuen Reiches, an Einfluß und Bedeutung zurück. Die Josephsgeschichte spiegelt eine durchaus reale Möglichkeit plötzlichen Aufstiegs, der von der sozialen Herkunft unabhängig ist und sich in der ägypt. Verwaltung mehrfach belegen läßt. Hier bricht politische Notwendigkeit ein sonst stark wirksames, mythisch wie juristisch begründetes Prinzip: die Vererbung des Amtes vom Vater auf den Sohn oder auf einen anderen Verwandten; dieses Prinzip wirkt sich zunächst nur in den rangniedrigen Ämtern aus, im Neuen Reich aber auch im Wesirat und im thebanischen Hohenpriesteramt: das erstere bleibt über 60 Jahre, das letztere noch länger in den Händen einer Familie. Aus der Spätzeit sind zahlreiche Urkunden über die Vererbung und den Verkauf von Ämtern erhalten. Für die erfreulich weit gediehene Erforschung der rechtlichen, politischen und wirtschaftlichen Aspekte des ägypt. Beamtentums sind vor allem die Arbeiten von H. Kees und W. Helck richtungweisend; die Geschichtsschreibung findet in ihnen eine tragfähige Grundlage, um in Zukunft den Einfluß der Beamtenschaft auf die Gestaltung des ägypt. Staatswesens stärker als bisher zu berücksichtigen.

> W. Helck, Untersuchungen zu den Beamtentiteln des ägypt. Alten Reiches, 1954 (ÄgFo 18); ders., Zur Verwaltung des Mittleren und Neuen Reichs, 1958 (PrAeg 3, dazu ein Register 1975 und ergänzend Leclant u. Heyler, OLZ 56, 1961, 117–129 und Černý, BiOr 19, 1962, 140–144); K. Baer, Rank and Title in the Old Kingdom, Chicago 1960 (wichtig für die Rangfolge der Titel); N. Strudwick, The Administration of Egypt in the Old Kingdom, London 1985; N. Kanawati, Governmental Reforms in Old Kingdom Egypt, Warminster 1980; W. A. Ward, Index of Administrative and Religious Titles of the Middle Kingdom, Beirut 1982 (mit Supplement von H. G. Fischer, New York 1985); L. Gestermann, Kontinuität und Wandel in Politik und Verwaltung des frühen Mittl. Reiches, 1987; M. Megally, Recherches sur l'économie, l'administration et la comptabilité égyptiennes à la 18e dynastie, Kairo 1977; G. Vittmann, Priester und Beamte im Theben der Spätzeit, 1978 (zur Verwaltung der „Gottesgemahlinnen" vgl. § 41). Monographien über einzelne Beamte finden sich zumeist nur in den Veröffentlichungen ihrer Gräber, vgl. aber zu Senenmut Ch. Meyer, Senenmut. Eine prosopographische Untersuchung, 1982, und P. F. Dorman, The Monuments of Senenmut, London/New York 1988.

§ 43. Wesirat

Unter den Beamten der Frühzeit scheinen die Siegelbewahrer den höchsten Rang einzunehmen. Seit dem Beginn des Alten Reiches trägt der ranghöchste Beamte dagegen den Titel $ṯ'tj$, für den sich die Übersetzung „Wesir" eingebürgert hat. In der 3. und 4. Dynastie werden nur Prinzen als Wesire eingesetzt, im ausgehenden Alten Reich ernennt der König auch nicht amtierende Titularwesire. Das Amt, mit dem eine besondere Amtstracht verbunden ist, erlischt erst mit der persischen Rückeroberung Ägyptens 343 v. Chr. Durch eine Art „Dienstvorschrift", die formal den „Lehren" (§ 20) nahesteht und in mehreren Wesirgräbern der 18. Dynastie aufgezeichnet ist, sind wir über den Aufgabenbereich des Wesirs gut unterrichtet. Neben der Koordinierung aller Verwaltungszweige und der Aufsicht über die staatlichen Monopole (vor allem den Außenhandel) war ihm als höchster richterlicher Instanz die Kontrolle der Rechtsprechung und der Archive anvertraut; auch priesterliche Funktionen sowie Bau- und Expeditionsleitung waren mit dem Amt verbunden, dagegen keine ausgesprochen militärischen Funktionen. Eine Teilung des Amtes in ein Wesirat für Ober- und eines für Unterägypten ist für das Neue Reich seit Thutmosis III. gesichert, für die 13. Dynastie noch unsicher. Der politische Einfluß der Wesire war starken Schwankungen unterworfen und muß für jeden Einzelfall, bei dem die Quellen ausreichen, gesondert untersucht werden.

> Dokumentation für die damals bekannten Amtsträger bei A. Weil, Die Veziere des Pharaonenreiches, 1908; verbesserte Zusammenstellungen für das Alte Reich bei Helck, Beamtentitel (§ 42) S. 134–142, und Strudwick, Administration (§ 42), für die 11./12. Dyn. bei M. Valloggia, BIFAO 74, 1974, 123–134, für die 13. Dyn. L. Habachi, SAK 11, 1984, 113–126, für das NR Helck, Verwaltung (§ 42). Zur Dienstvorschrift G. P. F. van den Boorn, The Duties of the Vizier, London/New York 1988, zur Funktion außer den genannten Werken von W. Helck noch A. Théodoridès, Le rôle du Vizir dans la Stèle Juridique de Karnak, Rev. Internat. des Droits de l'Antiquité, 3. Serie Bd. 9, 1962, 45–135. Zweifel an einer Teilung während der 13. Dyn. bei v. Beckerath, Zweite Zwischenzeit (§ 78) S. 95–97.

§ 44. Provinzialverwaltung im In- und Ausland

In der frühen geschichtlichen Zeit geht die Landesverwaltung von königlichen Domänen aus, welche die Abgaben stapeln und an die

Magazine der Residenz (bei Memphis) weiterleiten. Die Einteilung in „Gaue" wird in der 3. Dynastie greifbar und nimmt für Oberägypten spätestens zu Beginn der 4. Dynastie (Liste im Taltempel des Snofru) ihre endgültige Gestalt an. Der zeitlich begrenzte königliche Auftrag für Beamte in der Provinz weicht erst im Laufe der 5. Dynastie einem ortsgebundenen und erblichen Gaufürstentum, das in der Folgezeit seine Macht stetig erweitert und am Ende des Alten Reiches als stärkster politischer Faktor an die Stelle des Königtums treten kann. Diese Feudalherrschaft überdauert die Erste Zwischenzeit, zieht immer mehr königliche Privilegien an sich und wird erst von Sesostris III. endgültig beseitigt. In Zukunft laufen die Fäden der Provinzialverwaltung wieder in der Residenz und für die südliche Landeshälfte in Theben, für die nördliche in Memphis zusammen; die Grenze zwischen den beiden Landeshälften liegt meist nördlich von Assiût. Die Spitzen der Verwaltung in der Provinz sind jetzt die „Bürgermeister" der größeren Orte. Erst in der Dritten Zwischenzeit weicht die zentrale Verwaltung einer neuen Feudalherrschaft, die in der 26. Dynastie wieder abgebaut wird.

Die Verwaltung der im Neuen Reich eroberten Gebiete in Nubien und Syrien/Palästina trägt den unterschiedlichen Verhältnissen Rechnung und ist daher nicht für beide Bereiche einheitlich. Nubien wird bereits am Ende der 17. Dynastie einem Vizekönig („Königssohn") unterstellt, der seit Thutmosis IV. den vollständigeren Titel „Königssohn von Kusch und Vorsteher der südlichen Fremdländer" führt; das Amt erlischt zu Beginn der 21. Dynastie, als die Ägypter sich aus Nubien zurückziehen. Im Laufe der 18. Dynastie wird das bis zum 4. Katarakt eroberte nubische Gebiet in die beiden Provinzen Wawat (Unternubien) und Kusch (Obernubien) geteilt, die jeweils einem „Stellvertreter" des Vizekönigs unterstehen. Die ägypt. Verwaltung stützt sich hier in erster Linie auf die Festungen und ihre Kommandanten, einheimische Fürsten werden nur in geringem Maße herangezogen. Dagegen ruht die ägypt. Verwaltung in Asien vornehmlich auf den loyalen Stadtfürsten Syriens und Palästinas. In der Amarnazeit lassen sich drei Provinzen (W. Helck schlägt als Namen Amurru, Upe und Kanaan vor) nachweisen; ihre Gouverneure (ägypt. „Vorsteher der nördlichen Fremdländer", akkad. *rabişu*), die in den Städten Simyra, Kumidi und Gaza residieren, unterstehen keinem Vizekönig, sondern empfangen ihre Weisungen direkt von der Residenz. Während die nubischen Vizekönige und ihre Beamten eine Fülle von Inschriften hinterlassen haben, beschränkt sich das Material für die Verwaltung Syriens und Palästinas im wesentlichen auf die Amarnabriefe und ist daher noch mit mancher Unsicherheit behaftet.

Ägypten: W. Helck, Die altägypt. Gaue, 1974; E. Martin-Pardey, Untersuchungen zur ägypt. Provinzialverwaltung bis zum Ende des Alten Reiches, 1976, (HÄB 1).
Nubien: Aktuellste Liste der Vizekönige und weitere Literatur bei L. Habachi, LÄ s. v. Königssohn von Kusch.
Asien: Abdul Kader Mohammed, The Administration of Syro-Palestine during the New Kingdom, ASAE 56, 1959, 105–137; W. Helck, Die ägypt. Verwaltung in den syrischen Besitzungen, MDOG 92, 1960, 1–13; ders., Beziehungen (§ 59) S. 256–267; E. D. Oren, JSSEA 14, 1984, 37–56.

§ 45. Priestertum

Eine klare Trennung zwischen Priester- und Beamtentum ist für die ältere Zeit unmöglich. Ein besonderer Priesterstand bildet sich erst im Laufe des Alten Reiches, und gerade die höheren Priesterstellen können zu allen Zeiten mit verdienten Beamten besetzt werden. So sind dem politischen Einfluß der Priesterschaft durch den ernennenden König und seine übrigen Beamten enge Grenzen gesetzt; ausgesprochen „klerikale" Tendenzen finden sich erst in der Ramessidenzeit und erreichen ihren Höhepunkt im „Gottesstaat" der 21. Dynastie, als dem thebanischen Hohenpriester auch die weltliche Macht in Oberägypten zufällt. Zur Ausübung des Kultes muß sich der Priester als Beauftragter des Königs ausweisen, der allein als „Herr des Rituals" gilt; doch ist die Erblichkeit des Amtes (§ 42) im Priestertum besonders stark ausgeprägt. H. Kees hat in mehreren Untersuchungen gezeigt, wie Priesterämter schon im Neuen Reich und dann noch ausgeprägter in der Dritten Zwischenzeit als „Pfründen" betrachtet werden, die der materiellen Versorgung vornehmer Familien dienen.

Über Laufbahn und Hierarchie sind wir durch ausführliche Berichte (etwa den Lebenslauf des Hohenpriesters Bakenchons, 19. Dynastie) gut unterrichtet, während Angaben oder Schätzungen über die Gesamtzahl amtierender Priester an den größeren Heiligtümern fehlen. An der Spitze der Tempelpriesterschaft stehen die „Propheten" (so die griech. Bezeichnung, ägypt. „Gottesdiener"), denen ein „Prophetenvorsteher" übergeordnet werden kann. Große Tempel besitzen in hierarchischer Stufung einen „ersten" bis „vierten Propheten"; so bezeichnen wir den „Ersten Propheten des Amun von Karnak" als thebanischen „Hohenpriester", während die „Hohenpriester" in Memphis und Heliopolis besondere archaische Titel tragen („Oberster Leiter der Handwerker" oder „Größter der Schauenden"?). Unter den „Propheten" stehen die „Gottesväter" und die „Reinen" (Wab, Wêb), daneben gibt es besondere Titel für Totenpriester und Mitwirkende im Festritual. Schließlich gehören zum Tempelpersonal noch Schreiber, Sänger, Musikanten und zur Verwaltung des meist beträchtlichen, von den Königen durch immer neue Schenkungen vermehrten Tempelvermögens ein ranghoher Verwalter („Hausvorsteher") mit eigenem Beamtenstab. Die niedere „Stundenpriesterschaft" war in vier „Phylen" organisiert, die wechselweise Dienst taten. Im Kult weiblicher Gottheiten tragen häufig auch Frauen den „Propheten"-Titel. Da in den großen Tempeln stets mehrere Gottheiten verehrt wurden, können in den Titulaturen ihrer höheren Priester entsprechend viele Gottheiten erscheinen.

Übersichten bei H. Kees, Ägypten (1933) S. 242–263; S. Sauneron, Les prêtres de l'ancienne Égypte, Paris 1957, ²1967. Spezieller H. Kees, Das Priestertum im ägypt. Staat vom Neuen Reich bis zur Spätzeit, Leiden 1953, (PrAeg 1, Indices und Nachträge 1958); J. Leclant, Enquêtes sur les sacerdoces et les sanctuaires égyptiens à l'époque dite «éthiopienne», Kairo 1954; G. Vittmann, Priester und Beamte (§ 42); H.-B. Schönborn, Die Pastophoren im Kult der ägypt. Götter, 1976; F. von Känel, Les prêtres-ouâb de Sekhmet, Paris 1984. Zur Organisation der Phylen A. M. Roth, Egyptian Phyles in the Old Kingdom, Chicago 1991 (SAOC 48).
Thebanische Hohepriester der 17. bis 20. Dyn.: G. Lefebvre, Histoire des Grands Prêtres d'Amon de Karnak jusqu'à la XXIᵉ dynastie, Paris 1929; Fortsetzung bis zur 26. Dyn.: H. Kees, Die Hohenpriester des Amun von Karnak von Herihor bis zum Ende der Äthiopenzeit, Leiden 1964 (PrAeg 4). Memphitische Hohepriester: Ch. Maystre, Les grands prêtres de Ptah de Memphis, 1992 (OBO 113). Heliopolis: M. I. Moursi, Die Hohenpriester des Sonnengottes von der Frühzeit Ägyptens bis zum Ende des Neuen Reiches, 1972 (MÄS 26).

§ 46. Militärische Organisation

Die Aushebung von „Truppen" diente im Alten Reich meist der Durchführung von Bauvorhaben, Steinbruch- und Handelsexpeditionen, eigentliche Feldzüge waren selten. Militärische Aufgaben stehen am Rande der zivilen und erfordern keine gesonderte Organisation; wie Priester und Arbeiter werden die Soldaten noch im Neuen Reich in „Phylen" eingeteilt. Die inneren Auseinandersetzungen der Ersten Zwischenzeit förderten die Entstehung eines Berufssoldatentums, neue Waffentypen die Spezialisierung, und die gewaltigen militärischen Aufgaben des Imperiums im Neuen Reich waren ohne ein gut organisiertes und ausgebildetes Heer nicht durchzuführen. Die Militärbeamten gewinnen in der späten 18. Dynastie bedeutenden politischen Einfluß, während die „Frontoffiziere" kaum hervortreten. Trotz königlicher Belohnungen in Form von Edelmetall, Landbesitz und Sklaven, trotz der Hervorhebung persönlicher Heldentaten in der 18. Dynastie war das Ansehen des kämpfenden Soldaten wie des Offiziers zu allen Zeiten gering. Gern widmete sich der Ägypter der militärischen Organisation und überließ die Kampfaufgaben zum großen Teil ausländischen Söldnern; Nubier und Libyer begegnen schon im Alten Reich in ägypt. Diensten, im Neuen Reich kommen Neger, syrische Hilfstruppen und Seevölker, in der Spätzeit Juden und Griechen hinzu. Die Ausländer bilden selbständige Einheiten, ihre höheren Offiziere aber sind Ägypter.

Eine Gleichsetzung ägyptischer und moderner Dienstgrade kann nur mit Vorbehalten geschehen. So tragen hohe Offiziere sehr verschiedenen Ranges den Titel „Truppenvorsteher", den man in der Regel durch „General" wiedergibt. Der höchste Titel eines „Obersten Truppenvorstehers" oder „Generalissimus" wird im Neuen Reich meist vom Kronprinzen getragen. Während die kleinste taktische Einheit einen festen Bestand von 50 und die „Phyle" einen solchen von 200 bis 250 Mann hat, scheint die Mannschaftsstärke der größeren Einheiten je nach Bedarf zu wechseln. Nach dem Aufkommen des Streitwagens in der Hyksoszeit wird im Neuen Reich neben der „Infanterie" *(mnf't)* eine selbständige „Wagentruppe" mit eigenen Offizieren geschaffen; Reiter begegnen nur gelegentlich (als Kundschafter?). Die ägypt. Flotte, deren Flußschiffe sich z. B. in den Kämpfen gegen die Hyksos bewähren, operiert stets in engstem Zusammenwirken mit den Landtruppen.

Übersicht bei H. Kees, Ägypten (1933) S. 227–242 und R. O. Faulkner, Egyptian Military Organization, JEA 39, 1953, 32–47. Spezieller W. Helck, Der Einfluß der Militärführer in der 18. ägypt. Dynastie, 1939 (UGAÄ 14); L. Christophe, L'Organisation de l'Armée égyptienne à l'époque ramesside, Revue du Caire 20, 1957, 387–405; E. Komorzynski, Über die soziale Stellung des altägypt. Soldaten, ASAE 51, 1951, 111–122; A. R. Schulman, Military Rank, Title and Organization in the Egyptian New Kingdom, Berlin 1964 (MÄS 6, dazu J. Yoyotte und J. López, BiOr 26, 1969, 3–19); A. J. Spalinger, Aspects of the Military Documents of the Ancient Egyptians, New Haven/London 1982; A. Kadry, Officers and Officials in the New Kingdom, Budapest 1982; P.-M. Chevereau, Prosopographie des cadres militaires égyptiens de la Basse Epoque, Antony 1985; ders., RdE 38, 1987, 13–48 (für AR und 1. Zwischenzeit).

Wagentruppe: A. R. Schulman, The Egyptian Chariotry: A Reexamination, JARCE 2, 1963, 75–98; ders., Chariots, Chariotry, and the Hyksos, JSSEA 10, 1979/80, 105–153, – *Flotte:* T. Säve-Söderbergh, The Navy of the Eighteenth Egyptian Dynasty, Uppsala 1946. – Probleme und Methoden der *Kriegführung* im Alten Orient behandeln Y. Yadin, The Art of Warfare in Biblical Lands, 2 Bde New York 1963, und V. I. Avdiev, Voennaja Istorija Drevnego Egipta, Moskau 1959. – Zur *Polizei* W. Helck, Militärführer S. 57–59 und Verwaltung (§ 42) S. 73–76, zur paramilitärischen Truppe der *Matoi* Gardiner, Onomastica (§ 60) I 73*–89* und G. Posener, ZÄS 83, 1958, 38–43. – Zur *Bewaffnung* H. Bonnet, Die Waffen der Völker des Alten Orients, 1926, und W. Wolf, Die Bewaffnung des altägypt. Heeres, 1926.

§ 47. Rechtsprechung

Recht ist Verwirklichung der *Maat* (§ 60); wer Unrecht tut, schließt sich selbst aus der richtigen Ordnung der Dinge aus. Der Osirisprozeß vor dem Göttergericht in Heliopolis ist mythisches Vorbild dafür, wie ein Streitfall zugunsten der schwächeren, aber mit einem Rechtsanspruch auftretenden Partei nach dem Herkommen entschieden wird. Die ägypt. Ausdrücke für „richten" orientieren sich am Zivilrecht und zielen auf eine „Trennung" der beiden streitenden Parteien. Wo der Rechtsanspruch liegt, wird durch die Vorlage beweiskräftiger Urkunden, durch Eid und Zeugen entschieden.

Was Maat ist, weiß und entscheidet der König mit seinen Beamten, es bedarf dazu keiner Kodifizierung des geltenden Rechtes. Neues Recht wird durch königliche Dekrete geschaffen, der Wesir (§ 43) wacht als oberster Richter und Priester der Maat über die Durchführung und ist in allen Streitfällen die letzte mögliche Instanz. Hinweise auf königliche Entscheidung sind selten, doch bedarf es für Körperstrafen offenbar der Zustimmung Pharaos. Die Gerichtshöfe in der Residenz und in der Provinz rekrutierten sich aus der lokalen Beamtenschaft und unterstanden der Aufsicht des Wesirs; für wichtige Fälle konnten Sondergerichte gebildet werden. Mißstände in der Verwaltung und Rechtsprechung lösten im Neuen Reich lange königliche Dekrete und Ausführungsbestimmungen aus (Haremhab, Sethos I.), von einer umfassenden Sammlung der ägypt. Rechtsbestimmungen ist jedoch erst unter dem Perserkönig Dareios I. die Rede. Das Fehlen der Codices zwingt die Forschung, von den Originalprotokollen und -verträgen und damit von den zufällig erhaltenen Einzelfällen auszugehen. Durch die schriftliche Form aller Abmachungen, die Prozeßfreudigkeit der Ägypter und die Gunst des Klimas ist die Zahl der juristischen Papyrusurkunden (dazu „veröffentlichte" Urkunden in Gräbern, z. B. Hapdjefai und Mes) insgesamt sehr groß, jedoch unterschiedlich auf die einzelnen Zeitabschnitte verteilt. Das demotische (§ 10) Textmaterial ist besonders reich und für einzelne Teilgebiete wie Bürgschafts- und Eherecht bereits vorzüglich gesammelt, während es für die ältere Zeit weit schwieriger ist, aus den spärlichen, verstreuten Angaben die geltenden Rechtsnormen und ihre Verwirklichung zu rekonstruieren. Unsere Kenntnis des Strafrechts beruht im wesentlichen auf hochpolitischen Fällen, wie den Prozessen gegen eine Königin der 6. Dynastie, gegen die Mörder Ramses' III. und gegen die thebanischen Grabräuber, doch bieten die Urkunden der Ramessidenzeit noch Stoff genug für differenzierte Untersuchungen. Bestraft wurde im Neuen Reich mit Schlägen, Verstümmelung, Minderung oder Einziehung des Vermögens, Deportation und Zwangsarbeit; während man kein Bedenken hatte, dem Geständnis durch die Folter nachzuhelfen, blieb die Todesstrafe (Verbrennen oder Enthaupten am „Pfahl") theoretisch (Lehre für Merikarê) und praktisch auf Ausnahmefälle beschränkt.

Im Neuen Reich lassen sich in den Staatsverträgen Ägyptens mit dem Hethiterreich (Ramses II.) und den Mitanni (Thutmosis IV.), aber auch in gewissen „Spielregeln" der Kriegführung (Unantastbarkeit der Boten, Gewährung von freiem Abzug) und im Asylrecht Ansätze zu einem internationalen Recht greifen. Die königlichen Inschriften bemühen sich, Kriegszüge als Reaktion auf eine vorausgegangene „Empörung" zu rechtfertigen.

Gute Übersicht von E. Seidl im HO, 3. Ergänzungsband, Leiden 1964. Die ägypt. *Rechtsgeschichte* ist von Erwin Seidl in mehreren, einander ergänzenden Bänden behandelt worden: Einführung in die ägypt. Rechtsgeschichte bis zum Ende des Neuen Reiches, ^{2}1951 (ÄgFo 10); Ägypt. Rechtsgeschichte der Saiten- und Perserzeit, 1956 (ÄgFo 20, ^{2}1968); Ptolemäische Rechtsgeschichte, ^{2}1962 (ÄgFo 22). Vgl. ferner I. M. Lurje, Studien zum altägypt. Recht, 1971; B. Menu, Recherches sur l'histoire juridique, économique et sociale de l'ancienne Egypte, Versailles 1982.
Spezielle Untersuchungen: K. Sethe und J. Partsch, Demotische Urkunden zum ägypt. Bürgschaftsrechte, 1920; U. Kaplony-Heckel, Die demot. Tempeleide, 2 Bde, 1963 (ÄgAbh 6); J. A. Wilson, The Oath in Ancient Egypt, JNES 7, 1948, 129–156; G. R. Hughes, Saite Demotic Land Leases, Chicago 1952 (SAOC 28); E. Seidl, Zum jurist. Wortschatz der alten Ägypter, Fs F. Dornseiff (1953) S. 320–329; ders., Vom Erbrecht der alten Ägypter, ZDMG 107, 1957, 270–281; H. Goedicke, Untersuchungen zur altägypt. Rechtsprechung I, MIO 8, 1963, 333–367 („richten" im Alten Reich); T. Mrsich, Untersuchungen zur Hausurkunde des Alten Reiches, 1968 (MÄS 13); B. Menu, Le régime

juridique des terres et du personnel attaché à la terre, Lille 1970; H. Goedicke, Die privaten Rechtsinschriften aus dem Alten Reich, 1970; S. Allam, Das Verfahrensrecht in der altägypt. Arbeitersiedlung von Deir el-Medineh, 1973; D. Lorton, The Juridical Terminology of International Relations in Egyptian Texts, Baltimore/London1974; J. J. Perepelkin, Privateigentum in der Vorstellung der Ägypter des Alten Reiches, hrsg. R. Müller-Wollermann, 1986. – *Eherecht:* E. Lüddeckens, Ägypt. Eheverträge, 1960 (ÄgAbh 1; Nachträge AcOr 25, 1961, 238–249, zur jurist. Terminologie E. Seidl, ZDMG 113, 1963, 204–207); P. W. Pestman, Marriage and Matrimonial Property in Ancient Egypt, Leiden 1961. – *Strafen:* D. Lorton, The Treatment of Criminals in Ancient Egypt, JESHO 20, 1977, 2–64.
Berühmte „Fälle": T. E. Peet, The Great Tomb-Robberies of the Twentieth Egyptian Dynasty, 2 Bde, Oxford 1930 (ergänzend JEA 22, 1936, 169–193); R. Anthes, Das Bild einer Gerichtsverhandlung und das Grab des Mes aus Sakkara, MDAIK 9, 1940, 93–119; zur Verschwörung gegen Ramses III. A. de Buck, JEA 23, 1937, 152–164 und H. Goedicke, JEA 49, 1963, 71–92; zum „Elephantine-Skandal" T. E. Peet, JEA 10, 1924, 116–127 und S. Sauneron, RdE 7, 1950, 53–62, zur Paneb-Affäre S. Allam, Hieratische Ostraka und Papyri aus der Ramessidenzeit, 1973.

§ 48. Prosopographie, Namengebung

Die aus dem ptolemäischen Ägypten bekannten Personen sind, nach Verwaltungszweigen und Berufsgruppen geordnet, in der Prosopographia Ptolemaica von W. Peremans und E. Van't Dack gesammelt (Louvain 1950ff., zur Anlage des Werkes CdE 21, 1946, 267–269). Von einer ähnlich umfassenden Prosopographie des pharaonischen Ägypten sind wir noch weit entfernt, doch liegen wichtige Vorarbeiten in dieser Richtung bereits vor; W. Helck, Zur Verwaltung (§ 42), hat ein reiches prosopographisches Material für die Wesire, Schatzmeister, Obervermögensverwalter, Zentralverwalter der Scheunen, Schatzhausvorsteher und thebanischen Bürgermeister des Neuen Reiches gesammelt, H. Kees (§ 45) für die thebanische Priesterschaft des Neuen Reiches und der Dritten Zwischenzeit, Chevereau für das Militär (§ 46), F. Jonckheere und andere für die Ärzte (§ 64), D. Franke allgemein für das Mittlere Reich. Das von B. V. Bothmer und H. de Meulenaere betreute Corpus der Spätzeit-Plastik (§ 90) erfaßt auch das spätzeitliche Material zur Prosopographie, die ihrerseits für das Studium der Verwaltung, des Bevölkerungsaufbaus und der genealogischen Verbindungen unentbehrlich ist. Eine große Hilfe für solche Studien bietet einstweilen die von H. Ranke veröffentliche Sammlung und Auswertung der ägyptischen Personennamen, die jetzt durch das Demotische Namenbuch von E. Lüddeckens ergänzt wird; hier ist auch für die Religonsgeschichte ein wertvolles Material bereitgestellt, das bis zum Beginn des 3. Jahrtausends v. Chr. zurückreicht. Theophore (mit Gottesnamen zusammengesetzte) Eigennamen spiegeln die Bedeutung der Götter für das Leben des einzelnen und überliefern manche sonst nicht belegte Gottheit; eine große, noch wenig untersuchte Gruppe von Eigennamen enthält den Namen des regierenden Königs und damit eine willkommene Datierungsmöglichkeit. Außer seinem Rufnamen konnte der Ägypter noch einen zusätzlichen „schönen" Namen annehmen; abgekürzte „Koseformen" erscheinen oft in offiziellen Inschriften und werden seit der 5. Dynastie sogar für Könige üblich.

H. Ranke, Die ägypt. Personennamen, 3 Bde, 1935–77; ders., Grundsätzliches zum Verständnis der ägypt. Personennamen, SBHAW 1936/37 Nr. 3; J. J. Stamm, Probleme der akkadischen und ägypt. Namengebung, WdO 2, 1955, 111–119; H. de Meulenaere, Le surnom égyptien à la Basse Epoque, Istanbul 1966; P. Vernus, Le surnom au Moyen Empire, Rom 1986. – Die Personennamen der Frühzeit bei P. Kaplony, Inschriften (§ 74) I 379–672; für das MR D. Franke, Personendaten aus dem Mittl. Reich, 1984 (ÄgAbh 41), für die Spätzeit E. Lüddeckens, Demotisches Namenbuch, 1980ff. Theophore Namen: K. Hoffmann, Die theophoren Personennamen des älteren Ägyptens, 1915 (UGAÄ 7, 1); W. Helck, Zu den theophoren Eigennamen des Alten Reiches, ZÄS 79, 1954, 27–33. – Jedes Jahr bringt mit neuen Textveröffentlichungen auch bisher unbekannte Eigennamen, so daß die bisherigen Sammlungen laufend zu ergänzen sind. Zum Namen als Teil der Persönlichkeit § 33.

§ 49. Soziale Struktur, Unfreie

Die lange Zeit als selbstverständlich vorausgesetzte Zweiteilung der vorgeschichtlichen Bevölkerung in Nomaden und Bauern hat die soziale Struktur wohl zu stark vereinfacht und beginnt jetzt einem differenzierteren Bild zu weichen. Das ägyptische Material, das schon für die späte Vorgeschichte verschiedene Übergangsformen zwischen Bauern, Viehzüchtern und Nomaden, dazu ein reich ausgebildetes Handwerk und sogar eine erste Ausbeutung der Steinbrüche erkennen läßt, wäre eine neue, geographisch und geschichtlich differenzierte Untersuchung wert. In der Blütezeit des Alten Reiches ist für eine „freie" Schicht allenfalls bei rein nomadischen Stämmen Raum, doch fehlen dafür Quellen. „Freie" Bauern scheint es nicht zu geben, denn auf den durchweg staatlichen Gütern sind Landarbeiter, Handwerker und Hausangestellte alle in gleichem Maße vom König und den von ihm eingesetzten Verwaltern abhängig. Da auch der Handel staatlich ist (§ 55), fehlt eine Schicht selbständiger Kaufleute und Händler, und von „freien Berufen" kann ohnehin keine Rede sein. So weisen alle sozialen Schichten in der Blütezeit des Alten Reiches, wenn wir unsere modernen Kriterien anwenden, nur wechselnde Grade der Unfreiheit, der Abhängigkeit von königlicher Versorgung auf. Diese Unfreiheit steigert sich bei den Landarbeitern bis zu Formen, die man als „Hörigkeit" oder Sklaverei bezeichnen muß; schon in der 4. Dynastie können Landarbeiter, die der König seinen Beamten zugewiesen hat, zum verkaufbaren Eigentum werden. Doch spielt die Sklaverei im Alten Reich keine wirtschaftliche Rolle; die aufwendigen öffentlichen Arbeiten und Expeditionen wurden durch eine allgemeine Dienstpflicht ermöglicht, die besser mit der modernen Wehrpflicht als mit der antiken Sklaverei zu vergleichen ist.

Durch eine wachsende Zahl von königlichen Schutzdekreten und Privilegien entsteht im Bereich der Tempel und Totenstiftungen gegen Ende des Alten Reiches ein geschützter Privatbesitz; nach dem Zusammenbruch des Königtums von den bisherigen Bindungen befreit, geht aus den Wirren der Ersten Zwischenzeit eine neue Schicht freier Bauern, Handwerker und „Bürger" hervor, die ihren privaten Besitz an Land, Vieh, Häusern und Schiffen mit Stolz hervorhebt. Die weitere Entwicklung dieser besitzenden Schicht, die unter einem wieder erstarkenden Königtum vornehmlich vom Beamten- und Priesterstand getragen wird, ist noch kaum untersucht; auch von den sehr differenzierten sozialen Verhältnissen des Neuen Reiches läßt sich noch kein abschließendes Bild zeichnen. Trotz der wachsenden Zahl von Kriegsgefangenen, welche die Feldzüge des Mittleren und vor allem des Neuen Reiches einbringen, bleibt die wirtschaftliche Bedeutung der Sklaven gering. Syrische Sklaven waren offenbar für spezielle Arbeiten in Küche, Webstube und Brauerei beliebt und wurden dort Ägyptern vorgezogen; die steigende Nachfrage deckte ein regulärer Sklavenhandel. Da Sklaven bereits Eigentum besitzen, selbst Diener halten und Freie heiraten konnten, war der soziale Gegensatz zur „freien" Schicht gering, und die mehrfach bezeugte Freilassung beendete im wesentlichen nur das Besitzverhältnis.

W. Helck, Die soziale Schichtung des ägyptischen Volkes im 3. und 2. Jahrtausend v. Chr., JESHO 2, 1959, 1–36; O. D. Berlev, Les prétendus „citadins" au Moyen Empire, RdE 23, 1971, 23–48; A. M. Bakir, Slavery in Pharaonic Egypt, Kairo 1952 (Nachdruck 1978).

§ 50. Ausländer

Seit der 5. Dynastie lassen sich Nubier als Hausangestellte, Soldaten und Polizisten in Ägypten belegen; durch alle Wechselfälle der Geschichte sind sie bis zum heutigen Tage in diesen Funktionen begehrt geblieben. Die übrigen Ausländer, mit denen die Ägypter des Alten Reiches in Berührung kamen (§ 59), blieben für ihre Sozialstruktur ohne Bedeutung. Erst gegen Ende des Mittleren Reiches läßt sich eine breite Schicht asiatischer Sklaven in den verschiedensten Berufen nachweisen (§ 49); einzelne Asiaten können, vielleicht als Söldnerführer, während der Zweiten Zwischenzeit sogar das Königtum an sich reißen, und mit den Hyksos kommt Ägypten zum erstenmal unter die Herrschaft einer Dynastie von Fremdherrschern. Damit öffnet sich Ägypten stärker als bisher für ausländische Wesensart, die als fremd, ungeordnet und lächerlich gegolten hatte. Weltanschaulich gab es für den Ägypter stets nur tiefen Abscheu gegen alles Fremde, nicht zur ägypt. Ordnung Gehörige; in seinem praktischen Sinn aber bediente er sich des Fremden, oft Überlegenen und fand im Neuen Reich sogar Gefallen daran. Syrische Frauen vermittelten ihm eine neue, freiere Erotik, syrische Beamte bewährten sich in der Verwaltung und konnten in der Ramessidenzeit bis zu den höchsten Staatsämtern aufsteigen. Töchter asiatischer Fürsten wurden in den königlichen Harîm aufgenommen, ihre Söhne am Pharaonenhof erzogen; bisher konnte allerdings, trotz häufiger Versuche, noch keine königliche Hauptgemahlin als Ausländerin nachgewiesen werden.

Dieses Vordringen der Ausländer in der ägypt. Gesellschaft blieb nicht ohne Einfluß auf die religiöse Haltung der Ägypter. Spätestens in der Amarnazeit war für sie das Ausland nicht mehr chaotisch-unheimlich, sondern wie Ägypten der ordnenden Fürsorge der Götter unterstellt; diese Einsicht wirkt noch eine Weile nach („Verbrüderung" der Ägypter und Hethiter unter Ramses II.), aber mit der fast ununterbrochenen Fremdherrschaft seit der 22. Dynastie gewinnt die alte hochmütige Abneigung wieder die Oberhand und steigert sich bis zum fanatischen Fremdenhaß. Die Geschichte der Spätzeit ist erfüllt von ständigen Spannungen zwischen den ägyptischen, libyschen, griechischen und jüdischen Bevölkerungsteilen.

W. Helck Die Ägypter und die Fremden, Saeculum 15, 1964, 103–114 (zur geistigen Haltung); E. Otto, Anerkennung und Ablehnung fremder Kultur in der ägypt. Welt, Saeculum 19, 1968, 330–343; A. Theodoridès, Les relations de l'Egypte pharaonique avec ses voisins, RIDA 22, 1975, 87–140. A. Loprieno, Topos und Mimesis. Zum Ausländer in der ägypt. Literatur, 1988; D. Valbelle, Les Neuf Arcs, Paris 1990. – *Nubier:* H. G. Fischer, The Nubian Mercenaries of Gebelein, Kush 9, 1961, 44–80 (vor allem S. 76–79 zur nub. Kolonie in Ägypten). – Belege für *Asiaten* in Ägypten während des Neuen Reiches bei Th. Schneider, Asiatische Personennamen in ägypt. Quellen des Neuen Reiches, 1992 (OBO 114). – *Juden:* S. Herrmann, Israels Aufenthalt in Ägypten, 1970; dazu eine reiche Literatur über die Juden im hellenist. Ägypten, vgl. etwa V. Tcherikover, Hellenistic Civilization and the Jews (1959) Teil II; zum Antisemitismus J. Yoyotte, Les origines égyptiennes de l'antijudaisme, RHR 82, 1963, 133–143; H. Heinen, Ägypt. Grundlagen des antiken Antijudaismus, Trierer Theolog. Zs. 101, 1992, 124–149.

§ 51. Bevölkerung
(Statistik, physische Anthropologie)

Für exakte Angaben über die Bevölkerung des pharaonischen Ägypten reichen unsere Quellen nicht aus. Vorsichtige Schätzungen müssen in erster Linie von den Verhältnissen der griechisch-römischen Zeit ausgehen. Für diese überliefern antike Autoren eine Gesamtzahl von rund 7 Millionen (Diodor I 31, 8) oder 7½ Mill. ohne Alexandriner (Josephus, bell. jud. II 16). Damit dürfte zugleich ein Maximum für den Bevölkerungs-Höchststand im Neuen Reich gegeben sein; moderne Schätzungen liegen teils knapp darüber (A. Moret, Le Nil S. 547 Anm. 3: 8 Mill.; H. D. Schaedel, LÄS 6, 56: 8–9 Mill.), teils erheblich darunter (K. Baer, JARCE 1, 1962, 44: 4,5 Mill. in der Ramessidenzeit). Für noch frühere Zeit wird man mit wesentlich geringeren Zahlen rechnen müssen, vielleicht um 2 Millionen (so Hayes, Scepter of Egypt I 277 für das Mittlere Reich), doch sind alle Schätzungen höchst unsicher. Der erste moderne Zensus von 1821 ergab nur wenig über 2½ Millionen Einwohner.

Für die mittlere Lebensdauer und mittlere Lebenserwartung lassen sich wieder gewisse Anhaltspunkte im reicheren Material der griechisch-römischen Zeit finden. Aus 168 Lebensdaten auf Stelen vom Kom Abu Billu hat Hooper für das 3./4. Jahrh. n. Chr. eine mittlere Lebensdauer von knapp 33 Jahren errechnet; wegen der hohen Kindersterblichkeit lag die mittlere Lebenserwartung sicher unter 25 Jahren (25,4 nach Mumienetiketten: F. Baratte und B. Boyaval, CRIPEL 2, 1974, 161 f.). Aus pharaonischer Zeit liegen zahlreiche exakte Angaben über das erreichte Lebensalter vor (eine Zusammenstellung bei Jonckheere, CdE 30, 1955, 29–31), sind für den Zweck einer Statistik jedoch zeitlich und sozial zu weit gestreut; 110 Jahre bleiben ein erstrebtes, wohl nie erreichtes „Idealalter", während 80 Jahre und mehr in einigen Fällen gesichert sind.

Wegen der periodischen Überschwemmungen waren die Siedlungen sicher von Anfang an auf engstem Raum zusammengedrängt, eine großzügige Stadtplanung zeigt erst Achetaton, die Residenz Echnatons. Fast alle Stadtanlagen der pharaonischen Zeit sind mehrfach überbaut worden und daher für uns verloren; nur die sozialen Verhältnisse (§ 49) lassen es möglich erscheinen, daß schon zu Beginn der Geschichte kleine Stadtanlagen bestanden haben. Besonders ergiebig war in jüngster Zeit die Erforschung der Stadtanlagen von Elephantine und der „Ramsesstadt" im Ostdelta. Da die Könige während des Alten Reiches in wechselnden „Pfalzen" residierten, formt sich eine Stadtbevölkerung erst in den Wirren der Ersten Zwischenzeit; für das Neue Reich können wir mit mindestens drei Großstädten (Memphis, Theben, „Ramsesstadt") rechnen.

F. W. Rösing, Qubbet el Hawa und Elephantine. Zur Bevölkerungsgeschichte von Ägypten, 1990. – *Statistik:* T. Walck-Czernecki, La population de l'Égypte à l'époque Saïte, BIE 23, 1941, 37–62; F. A. Hooper, Data from Kom Abu Billou on the Length of Life in Graeco-Roman Egypt, CdE 31, 1956, 332–340; B. Boyaval, CdE 52, 1977, 345–351 (griech.-röm. Zeit). Für die frühere Zeit ausgewogene Berechnungen bei K. Butzer, Early Hydraulic Civilization in Egypt, Chicago 1976, S. 83 ff. Relative Zahlen für die einzelnen Gaue der ptolem. Zeit bei J. Bingen, CdE 21, 1946, 148, eine Alterspyramide bei Humbert und Préaux, Recherches sur le recensement dans l'égypte romaine (1952) S. 159. – *Idealalter:* J. Janssen, On the Ideal Lifetime of the Egyptians, OMRO 31, 1950, 33–44. – *Städte:* Eine gründliche Übersicht von M. Bietak im LÄ s. v. Stadt(anlage).

Der rassische Typus des alten Ägypters, der sich im heutigen Ägypten gelegentlich noch erhalten hat, ist das Ergebnis einer bereits vorgeschichtlichen Mischung der verschiedensten, vorwiegend mediterraniden und äthopiden Elemente; orientalide Einflüsse setzen sich in geschichtlicher Zeit fort. Dabei können, etwa in der Schädelbildung, sehr unterschiedliche Formen auftreten, ohne die häufige Annahme einer „Invasion" neuer Rassen nötig zu machen. Die meisten anthropologischen Untersuchungen stützen sich noch zu ausschließlich auf den problematischen Aussagewert der Skelettfunde, doch bietet gerade Ägypten mit seiner Mumifizierung und mit dem typisierten Menschenbild seiner Kunst willkommene Möglichkeiten einer Kontrolle, die für vorgeschichtliche Zeiten allerdings nicht möglich ist. Weitere Klärung der Methodik und der Details ist notwendig, um zu gesicherten Aussagen zu gelangen.

P. E. Newberry, Ägypten als Feld für anthropologische Forschung, 1928 (AO 27/1); H. Junker, Zu der Frage der Rassen und Reiche in der Urzeit Ägyptens, Anz. ÖAW 1949 Nr. 21; D. E. Derry, The Dynastic Race in Egypt, JEA 42, 1956, 80–85 (craniometr. Unterschiede zwischen Vorgeschichte und Geschichte); A. Wiercinski, Introductory Remarks concerning the Anthropology of Ancient Egypt, Bull. Société Geogr. d'Égypte 31, 1958, 73–84; E. Strouhal, Rassengeschichte Ägyptens, in: I. Schwidetsky (Hrsg.), Rassengeschichte der Menschheit (1975), S. 9–89.

§ 52. Familie, Stellung der Frau

Keimzelle von Staat und Gesellschaft war die engere Familie, die zumeist nur aus einem Ehepaar und seinen unmündigen Kindern bestand. Schon ein so enges Verwandtschaftsverhältnis wie „Onkel" oder „Vetter" mußte kompliziert umschrieben werden und hatte offenbar keine große Bedeutung. Einehe war selbst in den sozial führenden Schichten die Regel, Geschwisterehe vor der Römerzeit fast ganz auf das Königshaus beschränkt, das in der 18. und 19. Dynastie sogar Ehen mit der eigenen Tochter kennt. Von der hervorragenden Stellung der Frau berichtet noch Diodor (I 27), sie war dem Mann rechtlich nahezu gleichgestellt und durch Erklärungen, die bei der Eheschließung abgegeben werden („Eheverträge", § 47), auch finanziell in ihrer Unabhängigkeit gesichert; Scheidungsverträge sind bisher nur aus der Spätzeit bekannt. Erbrechtlich waren Söhne und Töchter gleichgestellt. Vornehmste Sohnespflicht war die Sorge um die jenseitige Existenz des Vaters, doch haben sich daraus nur im Königshaus Ansätze zu einem Ahnenkult entwickelt.

Die *Stellung der Frau* ist oft behandelt worden und in jüngster Zeit besonders intensiv: Nofret – Die Schöne. Die Frau im alten Ägypten, 1984 und 1985 (Ausstellungskataloge); C. Desroches Noblecourt, La femme au temps des pharaons, Paris 1986; B. S. Lesko (Hrsg.), Women's Earliest Records. From Ancient Egypt and Western Asia, Atlanta 1989. Zu weiblichen Titeln W. A. Ward, Essays on Feminine Titles of the Middle Kingdom, Beirut 1986. – *Geschwisterehe:* J. Černý, Consanguineous Marriages in Pharaonic Egypt, JEA 40, 1954, 23–29; H. Thierfelder, Die Geschwisterehe im hellenist.-römischen Ägypten, 1960. Zur Filiation, die in den einzelnen Epochen unterschiedlich umschrieben wird, K. Sethe, ZÄS 49, 1911, 95–99, ferner D. Franke, Altägypt. Verwandtschaftsbezeichnungen im Mittl. Reich, 1983.

§ 53. Das tägliche Leben

Durch die liebevollen, genauen Darstellungen seines irdischen Lebens, mit denen sich der Ägypter des Alten und Neuen Reiches in seinen Grabräumen umgibt, kennen wir aus seinem täglichen Leben eine Fülle von Einzelheiten, wie sie kein anderes Volk des Altertums in dieser Reichhaltigkeit hinterlassen hat. Seine Lebensgewohnheiten, seine Tätigkeiten im Haus und bei der Arbeit, sein Verhältnis zu den Personen und Dingen seiner Umgebung, seine nach den Gesetzen der Mode sich wandelnde Tracht und ihre Ergänzung durch Schmuck und Kosmetik, seine Freude an Sport, Spiel und Unterhaltung sind uns so greifbar nahe, wie es bei dem großen zeitlichen Abstand überhaupt sein kann. Daß sich solche höchst irdischen Details gerade in Gräbern finden, schafft die Einheit und Ausgeglichenheit seines Lebens, das bei aller Beschäftigung mit Jenseits und Bestattung doch freudig dem Diesseits, den Wundern und Annehmlichkeiten der Schöpfungswelt zugewandt war. Die an Zahl geringeren literarischen Quellen, Briefe und Dokumente des täglichen Lebens, bestätigen und ergänzen das farbenfrohe Gemälde der Grabbilder. Die Papyri und Ostraka aus Deir el-Medina (§ 95) erlauben es, das Leben dieser ramessidischen Handwerkersiedlung, das allerdings unter besonderen Bedingungen stand, für bestimmte Jahre fast Tag für Tag nachzuzeichnen und das Lebensschicksal einzelner Personen, vom Wesir bis zum Wasserträger, über lange Zeiträume zu verfolgen.

In wechselnder Auswahl ist das reiche Material in allen Kulturgeschichten (§ 69) berücksichtigt, mit stärkerem Nachdruck auf dem tgl. Leben bei P. Montet, So lebten die Ägypter vor 3000 Jahren, 1960; Waley-el-Dine Sameh, Alltag im Alten Ägypten, 1963; F. Daumas, La vie dans l'Egypte ancienne, Paris 1968; E. Brunner-Traut, Die Alten Ägypter. Verborgenes Leben unter Pharaonen, 1974, [4]1987; T. G. H. James, Pharaos Volk. Leben im alten Ägypten, 1988. – Zur *Tracht* H. Bonnet, Die ägypt. Tracht bis zum Ende des Neuen Reiches, 1917 (UGAÄ 7, 2); E. Staehelin, Untersuchungen zur ägypt. Tracht im Alten Reich, 1966 (MÄS 8).
Sport und Spiel: W. Decker, Sport und Spiel im Alten Ägypten, 1987. Zum *Brettspiel* T. Kendall, Passing through the Netherworld. The Meaning and Play of Senet, Boston 1978; E. Pusch, Das Senet-Brettspiel im alten Ägypten, 1979 (MÄS 38).

§ 54. Wirtschaft

Theoretisch sind alles Land, die Erträge, Bodenschätze, Produktionsmittel und Arbeitskraft Eigentum des Königs, der als universaler Hausvater seine Beamten und alles Volk mit dem Nötigen versorgt. Praktisch zweigt sich schon im Laufe des Alten Reiches durch königliche Gunsterweise privates Eigentum (§ 49) und damit eine begrenzte Privatwirtschaft ab, die durch den ersten Zusammenbruch der staatlichen Ordnung autark wird. In verschiedenen Wirtschaftszweigen, vor allem im Außenhandel und im Abbau der Steinbrüche, kann sich das königliche Monopol noch bis in die Spätzeit durchsetzen. Zwischen Krongut und Privatbesitz schiebt sich ein stetig anwachsendes Tempelvermögen; auf dem Höhepunkt dieser Entwicklung, in der 20. Dynastie, ist der größte Teil des Land- und Viehbesitzes durch königliche Schenkungen Eigentum der Tempel geworden. Hier wird einer der vielen Faktoren greifbar, die zum Zusammenbruch der staatlichen Versorgung und zur Wirtschaftskrise der Ramessidenzeit führten. Am Ende der 20. Dynastie ist Ägypten, viele Jahrhunderte lang die führende Wirtschaftsmacht der alten Welt, ein armes Land. Die Wirtschaftsgeschichte des Neuen Reiches, ihr wirtschaftlicher Auf- und Niedergang und seine komplexen Ursachen, dazu das schwer durchschaubare Verhältnis von staatlichem und privatem Eigentum sind vor allem von W. Helck und J. J. Janssen erforscht worden. Die Materialien dazu sind vorwiegend nach Besitzverhältnissen geordnet, machen aber auch die Fülle der Wirtschaftsgüter deutlich und bieten der Wirtschaftsgeschichte eine Detailkenntnis, die sie vor der Anwendung vereinfachender Schablonen bewahren kann.

W. Helck, Materialien zur Wirtschaftsgeschichte des Neuen Reiches, 6 Bde, 1961/69 (Abh. Mainz 1960 Nr. 10–11, 1963 Nr. 2–3, 1964 Nr. 4, 1969 Nr. 4, dazu Indices von I. Hofmann, 1970); ders.; Wirtschaftsgeschichte des alten Ägypten im 3. und 2. Jahrtausend v. Chr., Leiden 1975, und für die Spätzeit D. Meeks, Les donations aux temples dans l'Egypte du Ier millén. av. J. C., in: State and Temple Economy in the Ancient Near East (hrsg. E. Lipiński, Leuven 1979), II, 605–687; J. J. Janssen, Prolegomena to the Study of Egypt's Economic History during the New Kingdom, SAK 3, 1975, 127–185. Ferner: S. Morenz, Prestige-Wirtschaft im Alten Ägypten, SBBAW 1969 Nr. 4; M. Megally, Recherches sur l'économie, l'administration et la comptabilité égyptiennes à la XVIIIe dynastie, Kairo 1977; D. A. Warburton, Keynes'sche Überlegungen zur altägypt. Wirtschaft, ZÄS 118, 1991, 76–85.
Eine gute Übersicht über die *Rohstoffe* Ägyptens und ihre Ausbeutung im Altertum bei H. Kees, Ägypten (§ 69) S. 126ff. Grundlegend zum

Kataster im Neuen Reich A. H. Gardiner, The Wilbour Papyrus, 4 Bde Oxford 1941–52. Zu speziellen Fragen ferner A. Scharff, Ein Rechnungsbuch des königl. Hofes aus der 13. Dyn., ZÄS 57, 1922, 51–68; W. Helck, Wirtschaftliche Bemerkungen zum privaten Grabbesitz im Alten Reich, MDAIK 14, 1956, 63–75; B. Adams, Fragen altägypt. Finanzverwaltung nach Urkunden des Alten und Mittleren Reiches, 1956. Vgl. auch die folgenden §§, zur Sklaverei § 49, zu Edelmetallen § 57.

§ 55. Handel und Verkehr

Im schmalen, langgestreckten Niltal sind der Nil und die von ihm abzweigenden Kanäle naturgegebene Verkehrswege. Kürzere Strecken legt man zu Fuß oder in der Sänfte zurück, der Esel scheint nur als Lasttier zu dienen. Der zweirädrige, von einem Pferdepaar gezogene Wagen wird im Neuen Reich zur „Ausfahrt" des Königs und der hohen Beamten verwendet. Für weitere Strecken bedient man sich im Niltal wie im Delta des Schiffes und kann stromabwärts die Strömung, stromaufwärts den fast ständigen Nordwind ausnützen; Herodot (II 9) gibt für die Reisedauer Heliopolis – Theben (rund 750 km) 9 Tage an, was aber angezweifelt wird; nach anderen Angaben muß man eher mit 14 Tagen und mehr rechnen. In der östlichen und westlichen Wüste ebneten markierte Pisten die Wege zu Oasen, Bergwerken und Steinbrüchen; auch hier war der Esel das einzige Reit- und Lasttier, erst seit der Perserzeit setzte sich das Kamel durch.

Unter der Vorherrschaft staatlicher Versorgung konnte sich kein nennenswerter Binnen- und Zwischenhandel entwickeln; doch hat es sicher lokale Märkte gegeben, wo die oft beträchtlichen Überschüsse aus der Natural-Entlohnung (§ 57) gegen Fertigwaren getauscht wurden. Durch staatlichen Außenhandel wurden begehrte Rohstoffe importiert; sie galten ideologisch als „Geschenke" oder „Tribute" des Auslands, wurden aber mit ägypt. Erzeugnissen bezahlt. Listen und Darstellungen der „Tribute" geben einen guten Einblick in Umfang und Art des Imports, für den Export sind wir auf gelegentliche Funde und auf Erwähnungen im Amarna-Archiv (§ 79) angewiesen. Bezeichnend ist, daß unter den Handelsgütern auch lebende Wesen erscheinen, die ausschließlich kultische Bedeutung haben: Pygmäen aus Innerafrika, exotische Tiere (§ 63) aus Asien und Afrika.

Die Handelsbeziehungen sind in den § 59 genannten allgemeinen Darstellungen der Beziehungen Ägyptens zum Ausland mit berücksichtigt; dort auch Verzeichnisse der Handelsgüter. Speziell zum Handelsverkehr Ägypten – *Mesopotamien*: W. F. Leemans, Foreign Trade in the Old

Babylonian Period, Leiden 1960 (zusammenfassend JESHO 3, 1960, 21–37); zur mittelbabylon. Periode D. O. Edzard, JESHO 3, 1960, 38–55. Handelswege nach Vorderasien untersucht H. Kees, Ein Handelsplatz des MR im Nordostdelta, MDAIK 18, 1962, 1–13, den Verkehr mit *Griechenland* J. G. Milne, Trade between Greece and Egypt before Alexander the Great, JEA 25, 1939, 177–183, mit *Kreta* W. Helck, Die Fahrt von Ägypten nach Kreta, MDAIK 39, 1983, 81–92. – *Schiffsverkehr:* J. Poujade, Trois flotilles de la VIe dynastie des Pharaons, Paris 1948; H. Biess, Rekonstruktion ägyptischer Schiffe des Neuen Reiches, Diss. Göttingen 1963, ist unveröffentlicht; Moh. Zaki Nour u. a., The Cheops Boats I, Kairo 1960 (vollständig erhaltenes, 43 m langes Schiff der 4. Dyn.); B. Landström, Ships of the Pharaos, New York u. London 1970; A. Göttlicher u. W. Werner, Schiffsmodelle im alten Ägypten, 1971; S. R. K. Glanville, Wooden Model Boats, London 1972; D. Jones, Model Boats from the Tomb of Tut'ankhamun, Oxford 1990; die Akten einer königlichen Werft der 18. Dyn. hat Glanville ZÄS 66, 1931, 105–121 und 68, 1932, 7–41 veröffentlicht, die Akten von Schiffstransporten J. J. Janssen, Two Ancient Egyptian Ship's Logs, Leiden 1961 (Suppl. zu OMRO 42). – Zum *Landverkehr* allgemein J. A. Wilson, JNES 14, 1955, 225–228; zum Wagen M. A. Littauer u. J. H. Crouwel, Chariots and Related Equipment from the Tomb of Tut'ankhamun, Oxford 1985; U. Hofmann, Fuhrwesen und Pferdehaltung im alten Ägypten, 1989; C. Rommelaere, Les chevaux du Nouvel Empire égyptien, Brüssel 1991; zur Verwendung des Kamels in Ägypten, die trotz vorgeschichtl. Funde erst für die ptolem. Zeit gesichert ist, vgl. zuletzt M. Ripinsky, JEA 71, 1985, 134–141, und P. Rouwley-Conwy, JEA 74, 1988, 245–248. – Zu den Expeditionen in die Wüstengebiete K.-J. Seyfried, Beiträge zu den Expeditionen des Mittleren Reiches in die Ost-Wüste, 1981 (HÄB 15), sowie den Überblick von R. Gundlach und E. Blumenthal im LÄ. Den Markt behandelt J. J. Janssen, De markt op de oever, Leiden 1980.

§ 56. Landwirtschaft

Ägypten, die Kornkammer der antiken Welt, war landwirtschaftlich immer autark. Von Hungersnöten hören wir nur im Gefolge politischer Wirren, vor allem in der Ersten Zwischenzeit. Der Rhythmus der Feldbestellung und die Höhe des Ertrages wie der Besteuerung hingen von der jährlichen Nilüberschwemmung ab, die daher seit der frühesten Zeit sorgfältig registriert wurde. Zwei Ernten sind erst für ptolemäische Zeiten gesichert, frühere Beispiele sind unsicher. Umstritten ist immer noch das Problem der Abgabenfreiheit, die keinesfalls für alle Tempel gegolten hat. Die Methoden der Feldbestellung, die sich bis in die moderne Zeit Ägyptens erhalten haben, werden in den Grabbildern des Alten und Neuen Reiches ausführlich geschildert. Weniger erfahren wir über die Bewässerung, die im Mittelpunkt der heutigen Landwirtschaft steht; von den modernen Hilfsmitteln war nur das *Schadûf* (Schöpfbalken) schon im Neuen Reich bekannt, die *Sâqija* (Schöpfrad) kam erst während der ptolemäischen Zeit in Gebrauch. Die ältere Sicht Ägyptens als einer „hydraulischen" Zivilisation muß durch neuere Arbeiten differenziert werden; künstliche Bewässerung wurde wohl erst nach dem Alten Reich zur Notwendigkeit. In hoher Blüte stand die Gartenkultur, der Weinbau spielte eine größere Rolle als heute und wurde außer im Ost- und Westdelta auch in den Oasen der Westwüste betrieben. Die an den Königshof gelieferten Weinkrüge werden wie andere landwirtschaftliche Produkte (Fleisch, Fett, Honig, Öl) nach Jahrgang und Herkunft gekennzeichnet und sind damit eine wichtige Quelle für Chronologie und Wirtschaftsgeschichte.

Die Domestikation von Haustieren begann im frühen Neolithikum und setzte sich in geschichtlicher Zeit fort. Vorgeschichtlich sind Hund, Rind, Schaf, Ziege, Schwein und Esel belegt; die Katze und verschiedene Geflügelarten scheinen erst im Laufe des Alten Reiches domestiziert zu werden, Pferd und Haushuhn kommen im Neuen Reich aus Vorderasien. Viehzählungen, die in der Regel alle zwei Jahre stattfanden, bilden im Alten Reich die Grundlage der offiziellen Datierung und waren auch später noch üblich. Für verschiedene Epochen spiegeln genaue Bestands- und Beutezahlen die große wirtschaftliche Bedeutung der Viehzucht.

> Eine *Gesamtdarstellung* liegt nur für die ptolem.-röm. Zeit vor: M. Schnebel, Die Landwirtschaft im hellenist. Ägypten, 1925; F. Hartmann, L'agriculture dans l'ancienne Égypte, Paris 1923, reicht für die pharaonische Zeit nicht aus. Eine gute Übersicht bei H. Kees, Ägypten (§ 69) S. 18–53. Reiches Material, auch zur Viehzucht, jetzt bei W. Helck, Materialien (§ 54) und für die 11. Dyn. im Hekanacht-Dossier (§ 25, vgl. zur Auswertung K. Baer, JAOS 83, 1963, 1–19). Weiterführend und mit reicher Bibliographie versehen ist der Artikel „Ernte" von A. Hermann im RAC (1964). Zur Bewässerung W. Schenkel, Die Bewässerungsrevolution im Alten Ägypten, 1978, und E. Endesfelder, Zur Frage der Bewässerung im pharaon. Ägypten, ZÄS 106, 1979, 37–51. *Hungersnöte:* J. Vandier, La famine dans l'ancienne Égypte, Kairo 1936. – *Besteuerung:* A. H. Gardiner, Ramesside Texts relating to the Taxation und Transport of Corn, JEA 27, 1941, 19–73; ders., A Protest against unjustified Tax-Demands, RdE 6, 1951, 115–133; zur Bodensteuer K. Baer, JARCE 1, 1962, 31 ff. – Zum *Schadûf* N. de G. Davies, Tomb of Neferhotep I 70–73, zur *Sâqija* E. Littmann, ZÄS 76, 1940, 45–54,

sowie L. Ménassa u. P. Laferrière, La sâqia, technique et vocabulaire de la roue à eau égyptienne, Kairo 1974. – *Gartenkultur:* J.-C. Hugonot, Le jardin dans l'Égypte ancienne, Frankfurt a. M. 1989. – Das reiche Material zum *Weinbau* und zur *Viehzucht* ist noch nicht monographisch behandelt, ein Überblick zu ersterem A. Lerstrup, The Making of Wine in Egypt, Göttinger Miszellen 129, 1992, 61–76, zur Bierbereitung W. Helck, Das Bier im Alten Ägypten, 1971. Zur Domestikation vor allem J. Boessneck, Die Haustiere in Altägypten, 1953, und H. Epstein, The Origin of the Domestic Animals of Africa, New York 1971; zur Bienenzucht G. Kuény, Scènes apicoles dans l'ancienne Égypte, JNES 9, 1950, 84–93. – Eine reiche Auswahl landwirtschaftl. Szenen findet man in den Sammelwerken von L. Klebs, J. Vandier und W. Wreszinski (§ 91).

§ 57. Arbeit, Löhne, Preise

Den besten Einblick in die Arbeit und Entlohnung einer größeren Personengruppe geben die Akten der Handwerkersiedlung Deir el-Medina (§ 95) aus der Ramessidenzeit. W. Helck konnte aus diesem Material eine Arbeitswoche rekonstruieren, die ursprünglich aus neun Arbeitstagen und einem freien Tag besteht, dann aber die Tendenz zum „freien Wochenende" mit zwei freien Tagen zeigt; dazu kommen noch zahlreiche religiöse Feiertage. Über die Entlohnung mit Naturalien besitzen wir für das Mittlere und Neue Reich zahlreiche Angaben, teils genau differenziert in Brot, Bier und Fleisch, teils in Säcken Korn (Gerste und Spelt) ausgedrückt oder in den Metallwert (meist Kupfer, seltener Silber) umgerechnet. Diesen Angaben stehen vereinzelte Erwähnungen von Preisen gegenüber, die meisten aus dem Neuen Reich. Die Rationen lagen selbst bei einfachen Arbeitern und Sklavinnen erheblich über dem Existenzminimum, Fach- und Vorarbeiter behielten auch mit großer Familie eine beträchtliche „freie Spitze" von ihrem Einkommen, die sie zum Kauf anderer Produkte verwenden konnten. Land und landwirtschaftliche Erzeugnisse waren billig, Vieh, Sklaven und Erzeugnisse des Handwerks dagegen teuer; das Jahreseinkommen eines Arbeiters entsprach etwa dem Wert eines Bullen oder eines guten Sklaven. Die Preise zeigen starke Schwankung und sind mit Vorsicht auszuwerten, da die Materialbreite für eine zuverlässige Statistik zu gering ist; nur wenige Preisangaben sind genau zu datieren, so daß sich die behauptete „Inflation" der späten Ramessidenzeit auf ein statistisch keinesfalls eindeutiges Material stützt und nur als Arbeitshypothese gelten kann. Zeitweiliger Ausfall der staatlichen Entlohnung hatte schon vorher zu den ersten „Arbeitskämpfen" der Arbeiter und Handwerker in Deir el-Medina geführt; aus den Akten erfahren wir von einem Streik im 29. Jahr Ramses' III. (November 1156 v. Chr.), dem weitere gefolgt sind.

Die ersten ägypt. Münzen wurden im 4. Jahrh. v. Chr. von den Königen der 29. und 30. Dynastie für ihre griechischen Söldner geprägt. Vorher dienten, schon im Alten Reich nachweisbar, bestimmte Metallgewichte als Wertmesser, kleinere Werteinheiten wurden gern in Getreide-Einheiten umgerechnet. Mit den Preisen scheint auch die Wertrelation der Metalle Gold:Silber:Kupfer starken Schwankungen zu unterliegen, doch wird auch hier die Auswertung durch eine zu schmale statistische Basis erschwert; in der Ramessidenzeit beträgt die Wertrelation etwa 200:100:1. Silber wurde in Ägypten nur in geringen Mengen gewonnen und vorwiegend aus Vorderasien importiert, während Gold und Kupfer in Ägypten und seinen nubischen Besitzungen ausreichend vorhanden waren.

M. Gutgesell, Arbeiter und Pharaonen. Wirtschafts- und Sozialgeschichte im Alten Ägypten, 1989; A. Eggebrecht u. a., Geschichte der Arbeit. Vom Alten Ägypten bis zur Gegenwart (1980), S. 23–94 und 418–425; M. della Monica, La classe ouvrière sous les pharaons, Paris 1975; A. R. David, The Pyramid Builders of Ancient Egypt, London 1986; J. Černý, A Community of Workmen at Thebes in the Ramesside Period, Kairo 1973 (Deir el-Medina); D. Valbelle, «Les Ouvriers de la tombe». Deir el-Médineh à l'époque ramesside, Kairo 1985; W. Helck, Feiertage und Arbeitstage in der Ramessidenzeit, JESHO 7, 1964, 136–166. Zum Handwerk R. Drenkhahn, Die Handwerker und ihre Tätigkeiten im Alten Ägypten, 1976 (ÄgAbh 31). – *Streik:* W. F. Edgerton, The Strikes in Ramses III's Twenty-Ninth Year, JNES 10, 1951, 137–145. – *Löhne und Preise:* grundlegend J. J. Janssen, Commodity Prices from the Ramesside Period, Leiden 1975. *Währung:* J. W. Curtis, Coinage of Pharaonic Egypt, JEA 43, 1957, 71–76 (früheste Münzen); J. J. Perepelkin in: Drevnij Egipet (Fs Golenischeff, Moskau 1960) S. 162–171. – *Gold:* J. Vercoutter, The Gold of Kush, Kush 7, 1959, 120–153 (Goldwäscherei in Nubien); J. J. Janssen, SAK 3, 1975, 153–156; zum alten Goldbergbau in der Ostwüste D. Meredith, JEA 39, 1953, 95 mit Bibliographie in Anm. 1; geschätzte Produktionszahlen (Ägypten 1680, Nubien 1550 Tonnen in pharaon. und ptolem. Zeit) bei H. Quiring, Goldproduktion in Altertum und Neuzeit, Statistische Praxis 1949 Heft 8.

§ 58. Geographie und Topographie

Die Fülle der Ortsnamen in ägypt. Texten hat die Ägyptologie früh zu geographischen und topographischen Forschungen angeregt. Schon

§ 58. Geographie und Topographie

Brugsch (1857/60) und Dümichen (1865/85) haben mehrbändige „Geographische Inschriften altägypt. Denkmäler" zusammengestellt, 1879/80 erschien ein erstes, über 1400 Seiten umfassendes „Dictionnaire géographique" von H. Brugsch, das inzwischen durch ein siebenbändiges Nachschlagewerk von H. Gauthier abgelöst wurde, das durch seine spezifische Umschrift allerdings schwer zu benutzen ist. Eine neue Grundlage gibt der „Tübinger Atlas des Vorderen Orients" mit seinen Beiheften. Ein großer Teil der gesammelten und durch neue Textfunde ständig vermehrten Ortsnamen bezieht sich auf die Umwelt Ägyptens, insbesondere auf Syrien und Palästina; der geographische Horizont dieser Fremdvölkerlisten reicht im Neuen Reich von Troja (Ilion) bis zur Somaliküste. Damit stellt die Ägyptologie auch der geographisch-topographischen Erforschung des alten Vorderasiens, Kleinasiens, des Sudân und der Inselwelt des östlichen Mittelmeeres ein wertvolles, weit zurückreichendes Material zur Verfügung. Wichtigste und schwierigste Aufgabe der Forschung ist die Lokalisierung der Ortsnamen, die bisher erst für einen kleinen Bruchteil gesichert ist. Bezeichnend für die Mehrdeutigkeit des Materials ist die lange Zeit geführte Kontroverse um die genaue Lokalisierung der „Ramsesstadt" im Ostdelta; auch die Lokalisierung der meisten ägypt. Ortsnamen für Syrien und Palästina ist äußerst umstritten, und die endgültige Identifizierung größerer geographischer Begriffe wie Keftiu oder Haunebut ist erst nach langer, wechselvoller Forschungsgeschichte gelungen. Oft sind archäologische Funde und die Zusammenstellung benachbarter Orte in Listen wichtige Hilfe für eine provisorische, ungefähre Lokalisierung. Die Ägypter haben recht genaue Landesvermessungen durchgeführt und sogar Landkarten angefertigt, doch ist davon zu wenig erhalten, um die Lokalisierung weiterzuführen. Da die Landschaft in der ägypt. Kunst nur sparsam angedeutet wird, kann die einstige geographische Gestalt nur durch sorgfältige Kombination der Einzelforschung (Topographie, Archäologie, Geologie, Fauna und Flora) ermittelt werden. Daß hier zum Teil beträchtliche Unterschiede zur Neuzeit bestanden haben, wissen wir bereits von den antiken Schriftstellern: statt der beiden Nilarme, die heute das Delta durchziehen, zählt Diodor (I 33) sieben auf, und für das Neue Reich sind mindestens drei gesichert; im Fajûm war das Verhältnis von See, Fruchtland und Wüste zueinander vom heutigen Zustand verschieden, für Mittel- und Oberägypten ist an mehreren Stellen eine Verlagerung des Flußbettes anzunehmen. Klimaveränderungen sind für die Vorgeschichte gesichert, für geschichtliche Zeit in ihrem Umfang noch umstritten.

H. Gauthier, Dictionnaire des noms géographiques contenus dans les textes hiéroglyphiques, 7 Bde, Kairo 1925/31. Zu den geograph. und geopolit. Verhältnissen H. Kees, Das alte Ägypten. Eine kleine Landeskunde, ²1958. Spezielle Karten zu einzelnen Epochen und Themen im Tübinger Atlas des Vorderen Orients, 1975 ff. (nicht abgeschlossen), dazu als Beihefte u. a.: K. Zibelius, Ägypt. Siedlungen nach Texten des Alten Reiches, 1978; F. Gomaà, Ägypten während der Ersten Zwischenzeit, 1980; ders., Die Besiedlung Ägyptens während des Mittleren Reiches, 2 Bde, 1986–87; D. Kessler, Historische Topographie der Region zwischen Mallawi und Samalut, 1981; F. Gomaà, R. Müller-Wollermann, W. Schenkel, Mittelägypten zwischen Samalut und dem Gabal Abu Sir, 1991; W. Helck, Die altägypt. Gaue, 1974. P. Montet, Géographie de l'Égypte ancienne, 2 Bde, Paris 1957 u. 1961, hat das Material für Ober- und Unterägypten nach Gauen geordnet (ergänzungsbedürftig). Grundlegend für die Topographie der einzelnen Gaue ist immer noch Gardiners Darstellung in AEO, seitdem noch zahlreiche spezielle Untersuchungen. Eine Verbindung von Topographie, Geschichte, Kultur und Religion bietet J. Baines u. J. Málek, Atlas of Ancient Egypt, Oxford 1980. Speziell zu *Stadtgebieten:* E. Otto, Topographie des thebanischen Gaues, 1952 (UGAÄ 16, dazu Nims, JNES 14, 1955, 110–123); A. Badawi, Memphis als zweite Landeshauptstadt im Neuen Reich, Kairo 1948; J. A. Wilson, Buto and Hierakonpolis in the Geography of Egypt, JNES 14, 1955, 209–236; zu Auaris/Ramsesstadt M. Bietak, Tell ed-Dab'a II, 1975. Für das Alte Reich bildet die vollständige Sammlung der *Domänennamen* eine wichtige Quelle: H. K. Jacquet-Gordon, Les noms des domaines funéraires sous l'Ancien Empire Égyptien, Kairo 1962. Für die ältere Topographie immer wieder nützlich sind auch J. Ball, Egypt in the Classical Geographers, Kairo 1942 (vor allem antike Itinerare!); A. Calderini u. S. Daris, Dizionario dei nomi geografici e topografici dell' Egitto greco-romano, Kairo 1935 ff.; A. Bernand, Le delta égyptien d'après les textes grecs, Kairo 1970; E. Amélineau, La géographie de l'Égypte à l'époque copte, Paris 1893. Die ägypt. Ortsnamen für *Vorderasien* hat zuletzt W. Helck, Beziehungen (§ 59), zusammenfassend behandelt; zu den *kretisch-mykenischen* Namen und zum *Keftiu*-Problem E. Edel, Die Ortsnamenliste aus dem Totentempel Amenophis' III., 1966. *Landesvermessung:* A. Schlott-Schwab, Die Ausmaße Ägyptens nach altägypt. Texten, 1969, ²1981. *Landkarte* für einen Teil des Wâdi Hammamât: G. Goyon, ASAE 49, 1949, 337–392, und M. Baud, BIFAO 90, 1990, 51–63. *Klima:* K. W. Butzer, Studien zum vor- und frühgeschichtlichen Landschaftswandel der Sahara, Teil I–III, 1958/59 (Abh. Mainz, Mathem.-naturwiss. Klasse 1958 Nr. 1, 1959 Nr. 2), dazu methodisch wichtig B. L. van der Waerden, JEOL 10, 1945/48, 422–424.

§ 59. Beziehungen zur Umwelt

In der Vorgeschichte war Ägypten in ein Netz weiter Kulturbeziehungen eingespannt, das in seinem Umfang und mit seinen hauptsächlichen Verbindungslinien durch die neuere Forschung allmählich Gestalt gewinnt. Zu Beginn der Geschichte, als der junge Staat seine kulturelle Eigenständigkeit entdeckte und gegen die Umwelt absetzte, rissen die meisten dieser Verbindungslinien ab. Unter den verbleibenden ragt die enge Beziehung zum Stadtstaat Byblos am Fuße des Libanon hervor; ägypt. Denkmäler aller Epochen, die Montet und Dunand bei ihren Grabungen in Byblos finden konnten, sind zusammen mit vielen Erwähnungen in ägypt. Texten Zeugen des regen Austausches. Ägypt. Expeditionen des Alten Reiches durchzogen libysches und nubisches Gebiet und fuhren seit der 5. Dynastie über das Rote Meer nach dem fernen Weihrauchlande Punt (Somaliküste). Im Osten lassen sich nur wenige Vorstöße über die Sinaihalbinsel hinaus nach Südpalästina greifen. Handelsverbindungen nach Kleinasien und Kreta sind für das Alte Reich noch ungesichert, obgleich wahrscheinlich. Im Mittleren Reich griffen ägypt. Vorstöße in Palästina und Nubien weiter aus, das Ende der kulturellen Isolation und die weite Öffnung gegen die Umwelt beginnen jedoch erst mit der Hyksoszeit und erreichen ihren Höhepunkt in der 19. Dynastie. Durch die glücklichen Archivfunde in Amarna, Boghazköi und Ugarit besitzen wir ein reiches Material für den diplomatischen Verkehr und die politischen wie kulturellen Beziehungen Ägyptens mit den Großreichen und Stadtstaaten Vorderasiens im Neuen Reich. Im Süden und Norden zeigen uns Funde und Ortsnamenlisten (§ 58) den erweiterten Horizont: Knossos, Pylos, Troja und andere Hafenstädte der Ägäis gehören bereits zum ägypt. Weltbild, im Sudân stoßen die Ägypter bis zum 4. Nilkatarakt vor und kommen erstmals (?) mit Negern in Berührung. Die Dritte Zwischenzeit bringt neue Isolation, doch gelangen ägypt. Erzeugnisse durch die Seefahrten der Phönizier jetzt auch in den westlichen Mittelmeerraum (Karthago, Spanien). In der Spätzeit gewinnen dann die Beziehungen zu Kleinasien und dem griechischen Festland immer mehr an Bedeutung.

Durch eine Reihe ausgezeichneter Monographien, die das Material für einzelne geographische Bereiche fast lückenlos erfassen, hat die Erforschung der Beziehungen Ägyptens zu seiner Umwelt bereits einen hohen Stand erreicht. Weitere Förderung könnten eine stärkere Berücksichtigung der Spätzeit und neue Monographien für Punt, Libyen, Kleinasien und die griechische Welt des 1. Jahrtausends v. Chr. bringen.

Vorderasien: W. Helck, Die Beziehungen Ägyptens zu Vorderasien im 3. und 2. Jahrtausend v. Chr., 1962, ²1971 (ÄgAbh 5); seitdem noch W. A. Ward, Egypt and the East Mediterranean World, Beirut 1971; Th. Schneider, Asiatische Personennamen in ägypt. Quellen des Neuen Reiches, 1992 (OBO 114). Zur neubabylon. Zeit D. J. Wiseman, Some Egyptians in Babylonia, Iraq 28, 1966, 154–158.

Kreta und *Ägäis:* J. Vercoutter, Essai sur les relations entre Égyptiens et Préhellènes, Paris 1954; ders., L'Égypte et le monde égéen préhellénique, Kairo 1956; E. Edel, Ortsnamenliste (§ 58); W. Helck, Die Beziehungen Ägyptens und Vorderasiens zur Ägäis bis ins 7. Jahrh. v. Chr., 1979; P. W. Haider, Griechenland – Nordafrika. Ihre Beziehungen zwischen 1500 und 600 v. Chr., 1988.

Spanien: I. Gamer-Wallert, Ägypt. und ägyptisierende Funde von der Iberischen Halbinsel, 1978.

Libyen: W. Hölscher, Libyer und Ägypter, 1937 (ÄgFo 4); G. Fecht, Die *Ḥ'tjw-ʿ* in *Tḥnw*, eine ägypt. Völkerschaft in der Westwüste, ZDMG 106, 1956, 37–60; A. Leahy, Libya and Egypt, c. 1300–750 BC, London 1990.

Nubien: T. Säve-Söderbergh, Ägypten und Nubien. Ein Beitrag zur Geschichte altägypt. Außenpolitik, Lund 1941; W. B. Emery, Egypt in Nubia, London 1965; G. Posener, Pour une localisation du pays Koush au Moyen Empire, Kush 6, 1958, 39–65; W. Y. Adams, Nubia, Corridor to Africa, London 1977.

Punt: R. Herzog, Punt, 1968.

Sonstige *afrikanische* Beziehungen: J. Leclant, Égypte – Afrique, BSFE 21, 1956, 29–41; K. Zibelius, Afrikan. Orts- und Völkernamen in hieroglyph. und hieratischen Texten, 1972; R. Herzog, Ägypten und das negride Afrika, Paideuma 19/20, 1973/74, 20–212; J. Vercoutter, J. Leclant u. a., L'Image du Noir dans l'art occidental I, Fribourg 1976. Zur Vorgeschichte § 74, zur Kunst § 88.

DIE WELT DES GEISTES

§ 60. Grundlagen des Denkens, Philosophie und Wissenschaft

Die Ägyptologie hat in ihren Anfängen und in ihrer positivistischen Phase die Kategorien modernen Denkens als selbstverständlich auf das alte Ägypten übertragen und damit zu grotesken Fehleinschätzungen der Phänomene geführt. Als einer der ersten bemühte sich J. H. Breasted (1865–1935) um den umgekehrten Weg: aus den vorliegenden Textzeugen und Darstellungen die Kategorien ägypt. Denkens zu erarbeiten; die klassische Antwort auf diese Frage nach dem anderen, oft als „prälogisch" bezeichneten Denken formulierte H. Frankfort mit seiner Beschreibung des „mythenbildenden" (*mythopoeic*) Denkens im Alten Orient. Dabei wurde die Tatsache etwas verdunkelt, daß ägypt. Denken nie ausschließlich vom Mythos und seinen besonderen Gesetzen bestimmt wird, sondern sich von ihm lösen und rationeller Betrachtung zuwenden kann. Es *integriert* den Mythos, geht aber nicht in ihm auf. Kennzeichnend ist für Ägypten, daß seine Schrift Bild *und* Buchstabe, seine Gottesvorstellung Götter *und* Gott, seine Medizin Magie *und* Wissenschaft, sein Denken Mythos *und* Ratio umgreift, ohne eins gegen das andere auszuspielen. Diese Komplementarität ist uns schon lange durch das ägypt. Denkgesetz der Dualität (die „Beiden Länder" usw.) vertraut; sie entzieht sich den Kalkülen einer zweiwertigen Logik, ist jedoch ebensowenig „prälogisch" wie die moderne Quantenphysik. Als Paradigma einer mehrwertigen Logik kann Ägypten eine neue, ihm bisher meist abgesprochene Bedeutung für die Philosophie und ihre Geschichte gewinnen. Ägypt. Denken hat zumindest auf den Gebieten der Ontologie und der Ethik philosophische, von der religiösen Glaubenswelt unabhängige Aussagen erarbeitet. Für andere Gebiete bleibt eine bessere Bereitstellung des Materials abzuwarten, die der Philosophie eine Wertung erleichtert.

Im Zentrum ägypt. Ontologie und Ethik steht der Ordnungsbegriff der *Maat*. Sie kennzeichnet einen idealen Zustand der Dinge, wird aber auch als eine Art „abstrakte Substanz" gedacht und sogar personifiziert – wieder zeigt sich der komplementäre Charakter ägypt. Logik. Als in der Schöpfung gesetzte Ordnung der Welt ist Maat verbindlich für das menschliche Verhalten. Wer aus ihr heraustritt, entfällt dem

Sein. Entstehung und Bedingungen des Seins und seiner Behauptung gegen das Nichtsein zu erkennen, war das Hauptanliegen der ägypt. Philosophie; die wesensmäßige Differenziertheit, Begrenztheit und Vergänglichkeit des Seins ist deutlich herausgearbeitet worden, und eine der Wurzeln für die großen Leistungen der ägypt. Kultur ist zweifellos das sichere Gefühl für Maß und Grenze, das aus dem ägypt. Seinsverständnis entspringt. Hier muß auch die Wertung ägypt. Wissenschaft ansetzen. Sie ist sich der unbegrenzten Fülle der Phänomene bewußt, beschränkt sich jedoch auf enge Ausschnitte, die für den Menschen praktische oder kultische Bedeutung haben. So ist es verständlich, daß die größten Leistungen ägypt. Wissenschaft auf den Gebieten der Medizin und der angewandten Mathematik liegen; in den Unterweltsbüchern (§ 21) führte der gleiche wissenschaftliche Antrieb zur systematischen „Erforschung" des unterweltlichen Totenreiches, und gerade auf diesem Gebiet hatte das richtige „Wissen" für den Ägypter die größte Bedeutung. Aus der Methode, typische Sachverhalte listenförmig auszugrenzen und systematisch zu ordnen, entstanden Listen (Onomastika) von „allem Seienden", in welchem der ganze Kosmos zu einer Welt der Objekte geworden ist. Für die Abstraktion, zu der ägypt. Denken fähig war, sind neben der Hieroglyphenschrift solche „Weltinventare" wohl das deutlichste Beispiel.

Für die Entwicklung der Fragestellung wichtig J. H. Breasted, Development of Religion and Thought in Ancient Egypt, London 1912, und H. Frankfort u. a., Before Philosophy, Pelican Books 1949 (deutsch: Frühlicht des Geistes, 1954). Zu altägypt. Denkformen ferner E. Hornung, Geist der Pharaonenzeit, 1989 (dtv 1992); E. Brunner-Traut, Frühformen des Erkennens am Beispiel Altägyptens, 1990. Zum Denkgesetz der *Dualität* E. Otto, Die Lehre von den beiden Ländern Ägyptens in der ägypt. Religionsgeschichte, Studia Aegyptiaca I (AnOr 17, 1938) S. 10–35; weitere Beispiele des *komplementären Denkens* bei J. Zandee, Het ongedifferentieerde denken der oude Egyptenaren, Leiden 1966 (Amsterdamer Antrittsvorlesung), und E. Hornung, Der Eine und die Vielen (1971), S. 233–240. Der altägyptischen Philosophie und ihrem Weiterwirken sind die Études Philosophiques 2–3, 1987, gewidmet; sie stand bei der antiken Philosophie in hohem Ansehen.
Zur *Ontologie* erste Ansätze und einiges Material bei Ph. Derchain, Zijn en niet-zijn volgens de Egyptische filosofie, dialoog 2, 1962, 171–189 (niederländ. und französ.) und E. Hornung, Der Eine und die Vielen (1971), S. 166–179. Zu *Raum* und *Zeit* H. Brunner, Zum Raumbegriff der Ägypter, StG 10, 1957, 612–620; ders., Zum Zeitbegriff der Ägypter, StG 8, 1955, 584–590; E. Otto, Altägypt. Zeitvorstellungen und Zeitbegriffe, WaG 14, 1954, 135–148; J. Assmann, Zeit und Ewigkeit im alten

Ägypten, SBHAW 1975; E. Hornung, Jahrbuch Eranos 47–1978, 269–307; J. Assmann, Stein und Zeit (1991), Kap. II. Zur *Kausalität* H. Frankfort a. a. O. S. 23–29. Zur *Ethik* gab E. Otto einen Überblick im LÄ, zum Begriff der *Maat* J. Assmann, Maât, l'Egypte pharaonique et l'idée de justice sociale, Paris 1989, und ders., Ma'at. Gerechtigkeit und Unsterblichkeit im Alten Ägypten, 1990.
Wissenschaft: S. Schott, Voraussetzung und Gegenstand altägypt. Wissenschaft, Jahrb. AdW Mainz 1951, S. 277–295; M. Clagett, Ancient Egyptian Science. A Source Book, I, Philadelphia 1989. *Onomastika:* A. H. Gardiner, Ancient Egyptian Onomastica, 3 Bde London 1947.

§ 61. Erziehung

Durch den hohen Anteil von Schülerarbeiten am gesamten Textbestand Ägyptens sind wir über Methoden und Ziele der ägypt. Erziehung recht gut unterrichtet; das einschlägige Material hat H. Brunner systematisch gesammelt, übersetzt und ausgewertet. Anerkanntes Leitbild der Ausbildung war der treue Staatsdiener, der in all seinem Tun die Maat (§ 60) verwirklicht. Durch die Normen der Maat waren Lehrer (ägypt. „Vater") und Schüler („Sohn") gebunden und, wo nötig, auch strenge disziplinarische Mittel gerechtfertigt. Abzulesen waren diese Normen an den bewährten Werken der Tradition (etwa den „Lehren", § 20), die daher im Mittelpunkt des Unterrichts standen und immer wieder abgeschrieben wurden; daneben standen praktische Aufgaben der Verwaltung, die ebenso der bewährten Tradition entnommen wurden und keiner Begründung oder kritischen Analyse bedurften. Der höhere Unterricht erfolgte wahrscheinlich im „Lebenshaus" der Tempel, das verschiedene Einrichtungen, auch medizinische und funeräre, zusammenfaßte; dort wurden die religiösen und wissenschaftlichen Schriften hergestellt und aufbewahrt.

H. Brunner, Altägypt. Erziehung 1957, ²1991, E. Otto, Bildung und Ausbildung im alten Ägypten, ZÄS 81, 1956, 41–48; R. M. und J. J. Janssen, Growing up in Ancient Egypt, London 1990. Zum Lebenshaus zuletzt Ph. Derchain, Le Papyrus Salt 825 (§ 35) S. 48–61. Zur Erziehung am Königshofe noch H. Brunner, ZÄS 86, 1961, 90–100.

§ 62. Weltbild

Das klar gegliederte ägypt. Weltgebäude umfaßt drei Stockwerke: Himmel, Erde und Unterwelt. Es ist auf allen Seiten begrenzt und kann ausgemessen werden; genaue Maße werden nicht nur für Ägypten (§ 58), sondern auch für bestimmte Bezirke der Unterwelt gegeben (Amduat, § 21). Alle drei Stockwerke sind von Wasser und Finsternis umgeben, also von Kategorien der chaotischen Welt vor der Schöpfung, die nach ägypt. Auffassung durch das Schöpfungswerk nicht aufgehoben wurde; eschatologische Vorstellungen, die vorwiegend in Zaubertexten (§ 37) begegnen, rechnen auch mit einem zeitlichen Ende der Welt. Innerhalb seiner Welt orientiert sich der Ägypter nach Süden: Westen ist „rechts", Osten „links". Alle Richtungen enden am Weltrand und sind jenseits davon „ermattet", d. h. aufgehoben. In den Vorstellungen von seiner Umwelt zeigt der Ägypter wieder die Komplementarität seines Denkens (§ 60): der Himmel ist eine Art „Baldachin", der auf vier Stützen aufruht, aber auch eine Kuh oder eine Göttin, die sich über die flache Erde beugt und deren Leib vom Himmelsgewässer bespült wird. Der irdische Nilstrom hat seine Entsprechungen am Himmel und in der Unterwelt; noch in spätester Zeit läßt man ihn an der Südgrenze Ägyptens (Elephantine) aus dem Urgewässer *Nun* hervorströmen, obgleich der geographische Horizont schon bis zum Zusammenfluß von Weißem und Blauem Nil reichte. Ebenso wird die Quelle für den unterägypt. Nil in Alt-Kairo lokalisiert.

H. Schäfer, Ägyptische und heutige Kunst und Weltgebäude der alten Ägypter. Zwei Aufsätze, 1928 (wichtige Zusammenfassung auch ders., Von ägypt. Kunst, ^{4}S. 239 ff.); dazu ergänzend H. Brunner, Die Grenzen von Zeit und Raum bei den Ägyptern, AfO 17, 1954/55, 141–145 und E. Hornung, Chaotische Bereiche in der geordneten Welt, ZÄS 81, 1956, 28–32. *Eschatologie:* S. Schott, Altägypt. Vorstellungen vom Weltende, Analecta Biblica 12, 1959, 319–330; L. Kákosy, Schöpfung und Weltuntergang in der ägypt. Religion, Acta Antiqua (Budapest) 11, 1963, 17–30; J. Assmann, Stein und Zeit (1991), Kap. X („Königsdogma und Heilserwartung. Politische und kultische Chaosbeschreibungen"). *Richtungen:* G. Posener, Sur l'orientation et l'ordre des points cardinaux chez les Égyptiens, NAWG 1965 Nr. 2. Weitere *spezielle Untersuchungen*: O. Kaiser, Die mythische Bedeutung des Meeres in Ägypten, Ugarit und Israel, ^{2}1962; E. Hornung, Licht und Finsternis in der Vorstellungswelt Altägyptens, StG 18, 1965, 73–83; W. Westendorf, Altägypt. Darstellungen des Sonnenlaufes auf der abschüssigen Himmelsbahn, 1966 (MÄS 10); D. Kurth, Den Himmel stützen, Brüssel 1975. Zur Unterwelt § 21, zur Bedeutung der Wüste im alten Ägypten fehlt bisher eine Untersuchung.

§ 63. Tier- und Pflanzenwelt

Die exakten Darstellungen der frühen ägypt. Kunst erleichtern die Bestimmung von Tier- und Pflanzenarten und bilden zusammen mit Bodenfunden und Textzeugnissen ein überreiches Material für die Erforschung altägypt. Fauna und Flora und ihrer Bedeutung für die Bewohner des Landes. Durch die glückliche Verbindung von Naturforscher und Ägyptologe, wie sie Victor Loret (1859–1946) und Ludwig Keimer (1893–1957) zeigten, ist das Gebiet in Einzelheiten bereits gut erforscht, doch fehlen systematische Zusammenfassungen. Fauna wie Flora sahen im alten Ägypten z. T. anders aus als heute; im Laufe der geschichtlichen Zeit wurden u. a. Löwe, Strauß, Nilpferd und Krokodil aus Ägypten verdrängt, auch der Papyrus ist seit langem in den südlichen Sudân zurückgewichen, wird aber jetzt wieder vermehrt in Ägypten angepflanzt. Noch größer sind die Unterschiede zur vorgeschichtlichen Zeit mit ihrem feuchteren Klima.

Die Beschäftigung mit Pflanzen und Tieren wurde durch praktische wie kultische Erfordernisse bestimmt und begrenzt. Die Ägypter haben kaum botanische oder zoologische Lehrtexte hervorgebracht, dafür aber große Sorgfalt auf die künstlerische Darstellung der Arten verwandt. Auch lexikalisch wurden die Arten sorgfältig unterschieden, während die höhere Systematik recht schwach entwickelt war. Allgemeine Wörter für „Tier" oder „Pflanze" fehlen, und das Tierreich wird summarisch nach den Lebensbereichen Luft/Wasser/Erde eingeteilt. Tier wie Pflanze konnten Träger göttlicher, allerdings auch widergöttlicher Kräfte sein. Das gejagte und geopferte Tier galt als „Feind", im übrigen aber begrüßte der Ägypter das Tier als Partner in der Schöpfung und glaubte zumindest im Neuen Reich, daß sich die liebevolle Fürsorge Gottes auf alle Wesen erstreckt. „Exotische" Tiere und Pflanzen, die man seit dem Alten Reich aus dem Ausland importierte, wurden in zoologischen und botanischen Gärten am Königshof gehalten und zeugten für die Herrschaft Pharaos über alle belebte Natur.

Tier: J. Boessneck, Die Tierwelt des Alten Ägypten, 1988; ders., Gemeinsame Anliegen von Ägyptologie und Zoologie, SBBAW 1981 Nr. 5 und vom gleichen Autor zahlreiche Einzeluntersuchungen zu Tierfunden. Eine knappe Übersicht bei E. Hornung, Die Bedeutung des Tieres im alten Ägypten, StG 20, 1967, 69–84. Größere Monographien: L. Keimer, Histoires de serpents dans l'Égypte ancienne et moderne, Kairo 1947; C. de Wit, Le rôle et le sens du lion dans l'Égypte ancienne, Leiden 1951; I. Gamer-Wallert, Fische und Fischkulte im Alten Ägypten, 1970 (ÄgAbh 21); D. J. Brewer u. R. F. Friedman, Fish and Fishing in Ancient Egypt, Warminster 1989; P. F. Houlihan, The Bird of Ancient Egypt, Warminster 1986; O. Mahmoud, Die wirtschaftliche Bedeutung der Vögel im Alten Reich, 1991; W. Ghoneim, Die ökonom. Bedeutung des Rindes im alten Ägypten, 1977; L. Störk, Die Nashörner, 1977; V. von Droste zu Hülshoff, Der Igel im alten Ägypten, 1980 (HÄB 11); A. Behrmann, Das Nilpferd in der Vorstellungswelt der Alten Ägypter, I, 1989. Zu einem altägypt. Traktat über Schlangen S. Sauneron, Un traité égyptien d'ophiologie, Kairo 1989. Zu Haustieren § 56, zur modernen Fauna und Flora § 97.

Pflanze: R. Germer, Flora des pharaon. Ägypten, 1985; L. Keimer, Die Gartenpflanzen im alten Ägypten, 1924 (Reprint 1967, Bd. II hrsg. von R. Germer 1984); G. Charpentier, Recueil de matériaux épigraphiques relatifs à la botanique de l'Egypte antique, Paris 1981. Von den vielen speziellen Untersuchungen sei hingewiesen auf I. Wallert, Die Palmen im Alten Ägypten, 1962 (MÄS 1); J. Dittmar, Blumen und Blumensträuße als Opfergabe im alten Ägypten, 1986 (MÄS 43); N. Baum, Arbres et arbustes de l'Égypte ancienne, Leuven 1988; L. Manniche, An Ancient Egyptian Herbal, London 1989.

§ 64. Medizin

Seit G. Ebers erstmals das medizinische Handbuch des Papyrus Ebers veröffentlicht hat (1875), ist die Medizin der pharaonischen Zeit in hervorragender Arbeitsteilung von Ägyptologen und Ärzten gemeinsam aufgehellt worden. Die Darstellung medizinischer Phänomene in der Kunst, der anatomische und pathologische Befund an Mumien und Skelettfunden, und vor allem die umfangreiche altägypt. Fachliteratur ergeben insgesamt ein aussagenreiches Material; ergänzend kommt die medizinische Überlieferung außerhalb der „Schulmedizin", vor allem in der Zauberliteratur, und bei den antiken Schriftstellern hinzu. Ägypt. Fachbücher behandeln speziell Chirurgie (Papyrus Edwin Smith), Innere Medizin (Pap. Chester Beatty VI), Gynäkologie (Pap. med. Kahun) und Tierheilkunde (Pap. veter. Kahun); Sammelwerke wie der Papyrus Ebers stellen Diagnosen und Rezepte für verschiedenste Krankheiten zusammen. H. Grapow hat in seinem „Grundriß" zusammen mit H. von Deines und W. Westendorf die literarischen Quellen zur ägypt. Medizin vollständig vorgelegt und ausgewertet; eine ebenso systematische Bearbeitung des archäologischen Materials fehlt noch. Ergänzendes Material und weitere Erkenntnisse bringen die Arbeiten von F. Jonckheere, der u. a. im 3. Band seiner „Médicine Égyptienne" eine Prosopographie der damals bekannten ägypt. Ärzte vorgelegt hat; die durch Herodot (II 84) bekannte Spezialisierung der ägypt. Ärzteschaft läßt sich zum Teil schon an den Titeln des Alten Reiches ablesen. Von ihrer hohen Wertschätzung im Ausland zeugen bereits hethitische Quellen des 13. Jahrh. v. Chr.

Da die Ursache der Krankheiten dem Wirken feindlicher Mächte zugeschrieben wird, hat der Zauber (§ 37) einen legitimen Platz in der ägypt. Medizin, vertritt die Psychotherapie und darf nicht zu schnell als Entartungserscheinung abgetan werden. Neben den großen wissenschaftlichen Leistungen der ägypt. Medizin (eigene Fachsprache, genaue und differenzierte Diagnosen mit Angabe der Behandlungsaussichten, reiches Instrumentarium, das Herz als Mitte des Gefäßsystems erkannt, u. a.) tritt gerade in jüngster Zeit ihre Verflechtung mit Religion und Volkskunde stärker in den Blickpunkt. Diese neue Fragestellung scheint sich für unsere Kenntnis der gesamten altägypt. Kultur und ihres Fortwirkens als fruchtbar zu erweisen.

H. Grapow u. a., Grundriß der Medizin der alten Ägypter, bisher 9 Bde., 1954/73; F. Jonckheere, La médecine égyptienne, 3 Bde., Brüssel 1944/58; G. Lefebvre, Essai sur la médecine égyptienne de l'epoque pharaonique, Paris 1956; A.-P. Leca, La médecine égyptienne au temps des pharaons, Paris 1971; W. Westendorf, Erwachen der Heilkunst. Die Medizin im Alten Ägypten, 1992. Zu den Ärzten außer Jonckheere noch P. Ghalioungui, The Physicians of Pharaonic Egypt, Mainz 1983; F. von Känel, Les prêtres-ouâb de Sekhmet, Paris 1984, und zu ihrer Rolle im Ausland E. Edel, Ägypt. Ärzte und ägypt. Medizin am hethitischen Königshof, 1976. Zu den medizin. Lehren religiöser Texte B. H. Stricker, De geboorte van Horus 5 Bde., Leiden 1963–89, und D. Müller, Die Zeugung durch das Herz in Religion und Medizin der Ägypter, Or 35, 1966, 247–274, zum Fortwirken ägypt. Medizin ins Abendland zuletzt J. B. de C. M. Saunders, The Transitions from Ancient Egyptian to Greek Medicine, Lawrence 1963. Zur Zahnheilkunde Th. Bardinet, Dents et mâchoires dans les représentations religieuses et la pratique médicale de l'Egypte ancienne, Rom 1990. Zur Mumifizierung und den an Mumien festgestellten Krankheiten R. Germer, Mumien. Zeugen des Pharaonenreiches, 1991; J. E. Harris u. E. F. Wente, An X-Ray Atlas of the Royal Mummies, Chicago/London 1980. Neuere Übersetzungen der medizin. Texte: W. Westendorf, Papyrus Edwin Smith, 1966; P. Ghalioungui, The Ebers Papyrus, Kairo 1987. Zu Heilmitteln im „Grundriß" als Bd. VI ein Wörterbuch der ägypt. Drogennamen, ferner R. Germer, Untersuchung über Arzneimittelpflanzen im Alten Ägypten, 1979.

§ 65. Mathematik und Metrologie

Die Zahl der altägypt. Fachbücher zur Mathematik ist geringer als die der medizinischen, doch geben Texte wie der Papyrus Rhind und der Moskauer mathematische Papyrus guten Einblick in die üblichen Rechenoperationen. Diese sind aus der Erfahrung abgeleitet und bedürfen keiner theoretischen Begründung; doch konnte der Ägypter auch ohne ausgefeilte Theorie einfache algebraische Gleichungen lösen oder den Inhalt von Flächen und Körpern berechnen (u. a. Pyramidenstumpf, Trapez, Kreis mit π = annähernd 3,16). Die Aufgaben der Lehrbücher waren auf praktische Anwendung, vor allem in der Verwaltung (etwa Berechnung der Verpflegung) und der Feldvermessung, zugeschnitten; eine reichentwickelte Fachsprache und gelegentliche „Phantasieaufgaben" durchbrechen diese Beschränkung. Das Zählsystem war dekadisch, kannte aber weder Null noch Stellenwert; die Bruchrechnung arbeitete fast nur mit Stammbrüchen, die Rechenarten gingen alle von der Addition aus. Trotz solcher Umständlichkeit, die durch Hilfstabellen gemildert werden konnte, waren die Ergebnisse schon in früher Zeit (etwa im Pyramidenbau) erstaunlich genau.

R. J. Gillings, Mathematics in the Time of the Pharaohs, Cambridge/Mass. 1972. Gute Übersicht: K. Vogel, Vorgriechische Mathematik, Teil I (Vorgeschichte und Ägypten) 1958, und O. Neugebauer, The Exact Sciences in Antiquity, Providence ²1957. *Texte:* A. B. Chace u. a., The Rhind Mathematical Papyrus, 2 Bde Oberlin/Ohio 1927 (Reprint 1979); G. Robins u. Ch. Shute, The Rhind Mathematical Papyrus, London 1987; W. W. Struve, Mathemat. Papyrus des Staatl. Museums der Schönen Künste in Moskau, 1930; dazu eine reiche Literatur zu einzelnen Aufgaben. Zum grundlegenden Additionsverfahren R. J. Gillings, JEA 51, 1965, 95–106, zu einigen grundsätzlichen Fragen W. F. Reineke, ZÄS 105, 1978, 67–76.

Maße und *Gewichte: Übersichten* z. B. Vogel a. a. O. S. 29 f. und Gardiner, Grammar (§ 15 b) § 266. W. M. F. Petrie, Ancient Weights and Measures, London 1926; S. R. K. Glanville, Weights and Balances in Ancient Egypt, Procced. Royal Institution of Great Britain 29, 1936, 10–40; W. F. Reineke, Der Zusammenhang der altägypt. Hohl- und Längenmaße, MIO 9, 1963, 145–163; D. Valbelle, Catalogue des poids à inscriptions hiératiques de Deir el-Médineh, Kairo 1977. Längenmaße: 1 Elle *(mḥ)* = 7 Handbreiten *(šzp)* = 28 Finger *(dbʿ)* = 52,3 cm; 1 Meile *(jtrw)* = 200 Klafter *(ḫt)* = 20000 Ellen = 10,5 km. Flächenmaß: 1 Arure *(sṯ't)* = 2735 m² (nach dem Alten Reich). Hohlmaße: 1 Scheffel *(ḥqȝt)* = 10 *hn* = 320 Teile *(rʾ)* = rund 5 Liter (der genaue Inhalt ist bei erhaltenen *hn*-Originalen unterschiedlich); 1 Sack *(ḫȝr)* hat im Pap. Rhind 20, im

Neuen Reich 16 Scheffel. Gewichte: 1 *dbn* = 10 *qdt* = vor dem Neuen Reich etwa 13,8 g, im Neuen Reich etwa 91 g. *Zeitmaße* § 66.
Zahlen: K. Sethe, Von Zahlen und Zahlworten und was für andere Völker und Sprachen daraus zu lernen ist, 1916; die Zahlensymbolik ist noch nicht gesammelt bearbeitet. Wichtig ist der Hinweis von R. Moftah, CdE 39, 1964, 44–60 auf die Möglichkeit, Zahlen als Wörter zu „lesen", doch wird die Zahl der möglichen Lesungen dabei meist recht groß sein.

§ 66. Astronomie und Zeitrechnung

Die astronomischen Denkmäler Ägyptens stammen überwiegend aus der ramessidischen und aus der ptolemäisch-römischen Zeit und wurden bereits im 19. Jahrh. intensiv erforscht; H. Brugsch hat in seinem Thesaurus inscriptionum Aegyptiacarum (1883/91) das damals bekannte Material gesammelt, das etwa für die Kenntnis der Planeten und Sternbilder seitdem kaum vermehrt wurde. Eine moderne Sammlung der astronomischen Texte, die vor allem aus Dekanlisten und Erklärungen zu Himmelsbildern bestehen, unternahmen O. Neugebauer und R. A. Parker in einem dreibändigen Werk; daneben enthalten auch religiöse Texte wie Pyramidentexte (§ 36a) oder Unterweltsbücher (§ 21) astronomische Aussagen. Die Genauigkeit der Beobachtung war gering und richtete sich nach den teils praktischen (Kalender), teils kultischen Zwecken (Festtage, Orientierung des Toten am Nachthimmel), für die sie ausreichte. Die Verbindlichkeit des einmal festgelegten Schemas macht die Überlieferung besonderer Himmelserscheinungen zur seltenen Ausnahme; Finsternisse werden fast nur als Möglichkeit in eschatologischen Texten erwähnt, für Kometenerscheinungen findet sich nur ein unsicheres Beispiel (Urk. IV 1238f.). Selbst die Bestimmung altägypt. Sternbilder, die im Neuen Reich häufig dargestellt sind, ist durch die Schematisierung äußerst erschwert und mit Sicherheit nur für Orion und Ursa major möglich. Dabei haben verschiedene Faktoren zum Teil beträchtliche Veränderungen in der Position von Fixsternen bewirkt, so daß man die heutige Sichtbarkeit nicht auf die pharaonische Zeit übertragen darf. Den Tierkreis übernimmt Ägypten erst unter den späten Ptolemäern, mit ihm auch die Astrologie und die exaktere Beobachtung der griechisch-babylonischen Astronomie.

In der Zeitrechnung bewährte sich der praktische Sinn des Ägypters. Sein Jahr („Wandeljahr") von konstant 365 Tagen (drei Jahreszeiten mit je vier 30tägigen Monaten, dazu 5 Epagomene) ist die einfachste Jahresform, die je geschaffen wurde, brachte durch den Verzicht auf

Schaltung allerdings eine langsame Verschiebung der Kalender-Jahreszeiten gegen den „natürlichen" Zustand. Verwirrung stiftete zeitweilig die Erwähnung von „großen" und „kleinen" Jahren in den Texten, die sich jedoch nur auf die unterschiedliche Zahl der Neumonde (13 in „großen", 12 in „kleinen" Jahren) bezieht. Im Kult begegnet schon sehr früh ein besonderer Mondkalender, doch erschwert die geringe Zahl von Doppeldaten (nach Wandeljahr und Mondkalender) Untersuchungen über seine genaue Gestalt. R. A. Parker konnte für die ptolemäisch-römische Zeit einen 25-Jahr-Zyklus nachweisen, der sehr wahrscheinlich schon früher benutzt wurde. Der Kalendermonat wurde in drei Dekaden eingeteilt (zur zehntägigen Arbeitswoche § 57), der Tag in 12 Tag- und 12 Nachtstunden, deren Länge sich im Neuen Reich nach der Dauer der Dunkelheit richtet und daher unterschiedlich sein kann. Eine weitere Unterteilung der Stunde kannten die alten Ägypter nicht. Zur Zeitmessung standen Sonnen- und Wasseruhren und für die Nachtstunden Dekantabellen zur Verfügung.

O. Neugebauer und R. A. Parker, Egyptian Astronomical Texts, 3 Bde, Providence u. London 1960–69; O. Neugebauer, The History of Ancient Astronomy. Problems and Methods, JNES 4, 1945, 1–38 (mit reicher Bibliographie!); B. L. van der Waerden, Die Anfänge der Astronomie, Groningen o. J.; Ch. Leitz, Studien zur ägypt. Astronomie, 1989, ²1991 (Äg Abh 49). Eine neue Arbeit zu den astronom. Aussagen der Pyramidentexte ist von R. Krauss zu erwarten. *Spezielle Untersuchungen:* S. Schott bei W. Gundel, Dekane und Dekansternbilder, 1936 (Studien der Bibliothek Warburg 19); Z. Žába, L'orientation astronomique dans l'ancienne Égypte, et la précession de l'axe du monde, Prag 1953 (dazu Lauer, BIFAO 60, 1960, 171–183); Ph. Derchain im Sammelband La Lune (Sources Orientales V, Paris 1962) S. 19–68; zu einem möglichen Bericht über die partielle *Sonnenfinsternis* vom 30. 9. 610 v. Chr. E. Hornung, ZÄS 92, 1965, 38f. Zum *Tierkreis* B. L. van der Waerden, History of the Zodiac, AfO 16, 1952/53, 216–230, und Neugebauer-Parker, a. a. O., III 203–212, zur *Astrologie* O. Neugebauer, Demotic Horoscopes, JAOS 63, 1943, 115ff.; G. R. Hughes, A Demotic Astrological Text, JNES 10, 1951, 256–264; R. A. Parker, A Vienna Demotic Papyrus on Eclipse- and Lunar-Omina, Providence 1959 (babylon. Einfluß). Das älteste Horoskop aus Ägypten ist für den 4. 5. 38 v. Chr. berechnet (JEA 54, 1968, 231f., demotisch).
Zeitrechnung: K. Sethe, Die Zeitrechnung der alten Aegypter im Verhältnis zu der der andern Völker, NAWG 1919, 287–320; 1920, 28–55 und 97–141; S. Schott, Altägypt. Festdaten (§ 35); R. A. Parker, The Calendars of Ancient Egypt, Chicago 1950 (SAOC 26), dort auch zum zyklischen *Mondkalender*. Zeitmessung: L. Borchardt, Die altägypt. Zeitmessung, 1920; A. Pogo, Egyptian Water Clocks, Isis 25, 1936, 403 bis

425. Da die Jahreszeiten und Monate in der Literatur unterschiedlich bezeichnet werden, sei hier eine Konkordanz gegeben:
 'ḫt = Jahreszeit „Überschwemmung"
 Monat I: Thoth; II: Paophi; III: Hathyr; IV: Choiak.
 prt = Jahreszeit „Aussaat" oder „Winter"
 Monat I: Tybi; II: Mechir; III: Phamenoth; IV: Pharmuthi.
 šmw = Jahreszeit „Ernte" oder „Sommer"
 Monat I: Pachons; II: Payni; III: Epiphi; IV: Mesorê.
Die fünf Epagomenen (E. Winter, WZKM 56, 1960, 262–266; P. Der Manuelian, JNES 45, 1986, 1–18) gelten als Geburtstage von Osiris, Horus, Seth, Isis und Nephthys (erstmals im Hekanacht-Dossier, § 25).

§ 67. Physik, Chemie und Mineralogie

Was sich an chemischen und physikalischen Kenntnissen oder Theorien im alten Ägypten nachweisen läßt, bedarf noch der Untersuchung. A. Piankoff glaubte in den Königsgräbern der 20. Dynastie die Spuren einer „theologischen Physik" zu finden (La création du disque solaire, 1953, S. 1), hat seine Gedanken aber nicht mehr ausarbeiten können. Zur Chemie und zur Mineralogie haben A. Lucas, R. J. Forbes und J. R. Harris eine Fülle an Material zusammengetragen, wobei die Frage nach den chemischen Kenntnissen und Theorien der Ägypter allerdings sekundär blieb. Einschlägige ägypt. Fachtexte fehlen, doch läßt sich aus Darstellungen und Funden vor allem die Metallurgie recht gut rekonstruieren.

A. Lucas und J. R. Harris, Ancient Egyptian Materials and Industries, 5London 1989 (die ersten drei Auflagen seit 1926 von A. Lucas allein); R. J. Forbes, Studies in Ancient Technology, 9 Bde Leiden 1955–64; J. R. Harris, Lexicographical Studies in Ancient Egyptian Minerals, Berlin 1961. Zur Alchemie J. Lindsay, The Origins of Alchemy in Graeco-Roman Egypt, London 1970; F. Daumas, L'alchimie a-t-elle une origine égyptienne?, in: Das römisch-byzantin. Ägypten (Mainz 1983), S. 109–118. Zur *Metallurgie*: R. J. Forbes, Metallurgy in Antiquity, Leiden 1950; S. Curto, Postille circa la Metallurgia Antico-Egizia, MDAIK 18, 1962, 59–69; dazu noch B. Scheel, Studien zum Metallhandwerk, SAK 12–14, 1985–87, und E. Pusch, Ägypten und Levante 1, 1990, 75–113 zu den neugefundenen Werkstätten im Ostdelta. Bronze (seit der 11. Dyn.) und Eisen (seit der 18. Dyn.) wurden anfänglich aus Vorderasien importiert und erst wesentlich später in Ägypten selbst hergestellt (bis auf die vereinzelte Bearbeitung von Meteoreisen in älterer Zeit). Zu Edelmetallen § 57, zur *Glasherstellung* B. Nolte, Die Glasgefäße im alten Ägypten, 1968 (MÄS 14); E. Riefstahl, Ancient Egyptian

Glass and Glazes in the Brooklyn Museum, Brooklyn 1968; J. D. Cooney, Glass, London 1976 (Brit. Museum), zur *Fayence* A. Kaczmarczyk u. R. E. M. Hedges, Ancient Egyptian Faience, Warminster 1983.

§ 68. Technik

Technische Vorgänge waren als Mittel zum Zweck für den Ägypter nicht überlieferungswürdig und sind nur in Ausnahmefällen dargestellt oder beschrieben worden. So beruhen alle Angaben darüber, wie Pyramiden oder Tempel errichtet, Obelisken aufgestellt oder Bergwerke betrieben wurden, auf modernen Rekonstruktionen, d. h. sehr hypothetischen Antworten auf die Frage *„wie könnte es gewesen sein?"*; gelegentlich können Funde (Rampen im Karnaktempel) oder Darstellungen (Transport von Lasten) Anhaltspunkte geben und damit die Arbeitshypothese stützen oder berichtigen. Wie wichtig die genaue Beobachtung der Spuren technischer Arbeit ist, zeigen die Forschungen von J. Röder in ägypt. Steinbrüchen, welche die früher umlaufenden Erklärungen in entscheidenden Punkten berichtigen konnten (Keilspaltung erst römisch, in pharaonischer Zeit Klopftechnik). Für die Methodik der Ägyptologie stellt die Erforschung der Technik einen Ausnahmefall dar: nur auf diesem Gebiet ist es möglich, Ergebnisse durch das Experiment zu überprüfen, indem man die vermutete Technik pharaonischer Zeit mit den gleichen Hilfsmitteln nachvollzieht.

Die § 67 genannten Handbücher (Lucas-Harris und Forbes) behandeln zahlreiche technische Fragen. Zur *Steinbruchtechnik*, für die lange Zeit R. Engelbach, The Aswan Obelisk with some remarks on the ancient engineering, Kairo 1922, und ders., The Problem of the Obelisks, London 1923, als Standardwerke galten, jetzt J. Röder, Zur Steinbruchgeschichte des Rosengranits von Assuan, Archäolog. Anzeiger 1965, 467–552; D. und R. Klemm, SAK 7, 1979, 103–140; dies., Die Steine der Pharaonen, 1981. *Bautechnik:* D. Arnold, Building in Egypt. Pharaonic Stone Masonry, New York u. Oxford 1991. Zum *Lastentransport*, für den Menschenkraft, Zugvieh, Rollen, Schlitten und Schiffe zur Verfügung standen, z. B. Al. Badawy, The Transport of the Colossus of Djehutihetep, MIO 8, 1963, 325–332 und H. Chevrier, RdE 22, 1970, 15–39. Sonstige Techniken: A. Rieth, Zur Technik des Bohrens im alten Ägypten, MIO 6, 1958, 176–186; zu *Werkzeugen* und ihrer Benennung viel Material bei W. K. Simpson, Papyrus Reisner II, Boston 1965, ferner E. Kühnert-Eggebrecht, Die Axt als Waffe und Werkzeug im alten Ägypten, 1969 (MÄS 15).

DIE GESCHICHTE –
VERLAUF, ÜBERLIEFERUNG, DEUTUNG

§ 69. Gesamtdarstellung, Kulturgeschichte, Periodisierung

Mit ihrem zeitlichen Umfang von rund 3000 Jahren ist die ägypt. Geschichte ein gewaltiges Stoffgebiet, das bis in die Details zu überschauen immer schwieriger wird. Die ersten Gesamtdarstellungen mußten auf den Berichten antiker Schriftsteller und auf vereinzelten Quellen des Neuen Reiches und der Spätzeit aufbauen, seit den bahnbrechenden Untersuchungen von de Rougé über die Denkmäler des Alten Reiches (1866) begann auch die ältere Zeit deutlicher und differenzierter Gestalt anzunehmen und wurde in den lange nachwirkenden Geschichtswerken von G. Maspero (1875 ff.) und H. Brugsch (1877) und A. Wiedemann (1884) nach den damaligen Möglichkeiten berücksichtigt. Ihren Höhepunkt erreichte die Darstellung der ägypt. Geschichte mit Eduard Meyers „Geschichte des Altertums" (1884 ff., letzte, von H. W. Stier besorgte Auflage 1953/58), wo sich umfassende und solide Detailkenntnis mit souveräner Einordnung der Phänomene in die Universalgeschichte des Altertums verbindet. Wie Meyers Werk an Ausführlichkeit und Überblick, so ist J. H. Breasteds A History of Egypt (New York 1905; deutsch: Geschichte Ägyptens, seit 1910 mehrere Auflagen) an Popularität und Lesbarkeit bis heute nicht übertroffen; nur der unerwartet rasche Fortschritt unserer Kenntnis auf allen Gebieten der ägyptischen wie der altorientalischen Geschichte hat dazu geführt, daß beide Werke heute nur noch ergänzend zu modernen Darstellungen benutzt werden können. Durch seinen Materialreichtum kann auch das dreibändige Geschichtswerk von W. M. Flinders Petrie (A History of Egypt, London 1894–1905, zahlreiche Neuauflagen) immer noch gute Dienste leisten.

Einen ersten Überblick über den Ablauf der ägypt. Geschichte und ihrer Hauptepochen geben die kurzgefaßten Gesamtdarstellungen von E. Otto (Ägypten. Der Weg des Pharaonenreiches, 1953, ^{4}1966), A. H. Gardiner (Egypt of the Pharaohs, Oxford 1961; deutsch: Geschichte des alten Ägyptens, 1965), E. Hornung (Grundzüge der ägypt. Geschichte, 1965, ^{2}1978) und vielen anderen; W. Wolf, Das alte Ägypten, 1971, verbindet einen Abriß der Geschichte mit einer Auswahl von Quellentexten. Da die Auswahl aus der Fülle des Stoffes und damit die Akzente der Darstellung sehr unterschiedlich sind, wird man sich am besten nicht auf eine einzige Schilderung oder Deutung der geschichtlichen Phänomene verlassen. Ausführlichere Information, Hinweise auf umstrittene Fragen (mit Zusammenfassung des Forschungsstandes) und gute bibliographische Hilfe geben E. Drioton und J. Vandier, L'Égypte (Sammlung „Clio", Les peuples de l'orient méditerranéen II, Paris 1938, ^{4}1962); allerdings ist die neuere Forschung (seit 1952) nur in einem Anhang des Werkes berücksichtigt und nicht in den Text eingearbeitet. Von einer Neuausgabe ist jetzt der erste Band erschienen (bis zum Ende des AR): J. Vercoutter, L'Égypte et la Vallée du Nil, I, Paris 1992. Im Rahmen des HO hat W. Helck 1968 eine „Geschichte des alten Ägypten" vorgelegt (^{2}1981); eine weitere ausführliche Gesamtdarstellung gab N. Grimal, Histoire de l'Égypte ancienne, Paris 1988; vgl. ferner, mit anderen Akzenten, B. Trigger, Ancient Egypt. A Social History, Cambridge 1983, und B. J. Kemp, Ancient Egypt. Anatomy of a Civilization, London und New York 1989.

Für die Kulturgeschichte war das Frühwerk von A. Erman (Ägypten und ägypt. Leben im Altertum, 1886, neubearbeitet von H. Ranke 1923) ein halbes Jahrhundert lang die gültige Darstellung. Heute besitzen wir zwei Werke, die sich vorzüglich ergänzen: die phänomenologisch aufgebaute, für viele Details immer noch unentbehrliche Darstellung von H. Kees (Ägypten, 1933, in: Handbuch der Altertumswissenschaft III, 1, 3, 1) und die geschichtlich orientierte, übersichtlich zusammenfassende von W. Wolf (Kulturgeschichte des Alten Ägypten, 1962). Eine Kombination beider Methoden versucht F. Daumas (La civilisation de l'Égypte pharaonique, Paris 1965, deutsch 1969: Ägypt. Kultur im Zeitalter der Pharaonen), indem er nach einem geschichtlichen Überblick die einzelnen Kulturbereiche phänomenologisch abhandelt und durch einen nützlichen Stichwörter-Anhang ergänzt. Zusätzlich können noch die reichhaltigen Darstellungen von W. C. Hayes (The Scepter of Egypt, 2 Bde New York 1953–59) und A. Eggebrecht (Hrsg.), Das alte Ägypten, 1984, herangezogen werden.

Die Unterscheidung dreier Blütezeiten (Altes, Mittleres und Neues Reich) konnte H. Ranke als bereits altägyptisch erweisen (§ 70); sie hat sich wie die Einteilung in Dynastien (Anhang II), welche die Ägyptologie von Manetho (§ 71) übernommen hat, im ganzen bewährt. Die früher üblichen Bezeichnungen „Übergangszeit" (Epoche zwischen Altem und Mittlerem Reich) und „Hyksoszeit" (zwischen Mittlerem und Neuem Reich) sind in den letzten 30 Jahren als „Erste" bzw. „Zweite Zwischenzeit" schematisiert worden und werden in neuen Veröffentlichungen durch eine „Dritte Zwischenzeit" (21. bis 24. Dynastie) ergänzt. Überzeugende Vorschläge für eine andersartige Periodisierung sind bisher nicht aufgetaucht, auch Schematisierungen der Weltgeschichte, wie die Systeme von Spengler, Toynbee und Jaspers, haben sich am ägypt. Material nicht bewährt.

§ 70. Geschichtsbild

Die geschichtliche Überlieferung jeder Kultur muß, bevor sie für den „wirklichen" Verlauf der Geschichte ausgewertet wird, nach dem Denkschema befragt werden, welches Auswahl und Ordnung des Geschehens bestimmt, also nach ihrem Geschichtsbild. Die Ägyptologie bietet besonders lehrreiche Beispiele dafür, wie die Nichtbeachtung dieser methodischen Forderung zu falschen Rekonstruktionen des Geschichtsablaufes führt (Frühzeit, Erste Zwischenzeit, 20. Dynastie). H. Ranke hat wohl als erster nach dem ordnenden Geschichtsverständnis der Ägypter gefragt und dabei entdeckt, daß Menes, Nebhepetrê und Ahmose bereits für die Ägypter des Neuen Reiches als Begründer einer neuen Epoche galten. In mehreren Arbeiten hat sich der Vf. bemüht, das ägypt. Geschichtsbild als ein rituelles zu verstehen, das sich den geläufigen, allzu schematischen Kategorien zyklisch/linear entzieht und damit geeignet ist, der Geschichtsphilosophie neue Impulse zu geben. Geschichte ist für den Ägypter festliche (aber nicht unbedingt periodische!) Erneuerung von Urgeschehen und wird wie jede kultische Handlung nach einem Ritual zelebriert. Theoretisch ereignet sich nur das, was notwendig und vorgeschrieben ist; das ägypt. Geschichtsbild kennt jedoch auch die feierliche Stiftung neuer Geschehenstypen durch Götter und Könige. Das verbindlich festgelegte Schema des Geschichtsablaufes bestimmt, bis zu den Ptolemäern nachwirkend, so grundlegende Erscheinungen der ägypt. Geschichte wie die Usurpierung früherer Denkmäler, die ständige „Erneuerung" der Bauten und die Feldzüge der Pharaonen. Bei zeitlicher Differenzierung ergibt sich, daß zumindest das Neue Reich auch ein Interesse an einmaligen, das genormte Schema durchbrechenden Ereignissen gehabt hat.

H. Ranke, Vom Geschichtsbilde der alten Aegypter, CdE 6, 1931, 277–286; S. Schott, Mythe und Geschichte, Jahrbuch AdW Mainz 1954, 243–266; G. Björkman, Egyptology and Historical Method, Orientalia Suecana 13, 1964, 9–33 (Zuverlässigkeit der Quellen, speziell für die Erste Zwischenzeit); E. Otto, Geschichtsbild und Geschichtsschreibung in Ägypten, WdO 3, 1966, 161–176; E. Hornung, Geschichte als Fest, 1966; ders., Zum altägypt. Geschichtsbewußtsein, in: H. Müller-Karpe (Hrsg.), Archäologie und Geschichtsbewußtsein (1982), S. 13–30; U. Luft, Beiträge zur Historisierung der Götterwelt und der Mythenschreibung, 1978; J. Assmann, Stein und Zeit (1991), Kap. IX („Politik zwischen Ritual und Dogma").

§ 71. Überlieferung

Den zufällig erhaltenen Urkunden der Verwaltung und Rechtsprechung, der Wirtschaft und des täglichen Lebens verdanken wir wertvolle Einblicke in den „wirklichen" Verlauf ägypt. Geschichte; Umfang und Wert der Information, die sich an ihnen wie an den archäologischen Zeugen gewinnen läßt, hängen nicht zuletzt von der Methode und der Fragestellung des Historikers ab. Die bewußt geformte Überlieferung, die in Ägypten den weitaus größten Teil unserer geschichtlichen Quellen stellt, besteht vor allem aus königlichen Inschriften, Berichten und Biographien von Beamten und weiteren Zeugnissen einer „politischen" Literatur (§ 23); hier liegt bereits eine Auswahl und Deutung des Geschehens vor, die vom jeweils gültigen Geschichtsbild (§ 70) abhängt und in der Auswertung zu berücksichtigen ist. Neben königlichen Inschriften, die nur aus erstarrten „Phrasen" zu bestehen scheinen und oftmals ältere Inschriften fast wortgetreu kopieren, stehen so lebendige und vielleicht authentische Berichte wie die Schilderung der Hyksosvertreibung durch König Kamose oder manche Details in den Kriegsberichten Thutmosis' III. und Amenophis' II. Was dabei wirklich authentisch ist, kann meist nur unvollkommen im Vergleich mit anderen Inschriften festgestellt werden; je genauer die Phraseologie der Quellen erforscht wird, desto klarer verwandelt sich die scheinbare formalistische Erstarrung in lebhaften geschichtlichen Wandel. Die Gefahr, religiöse Texte als Quellen für politische Auseinandersetzungen zwischen vorgeschichtlichen „Reichen" oder geschichtlichen „Priesterschulen" mißzuverstehen, scheint heute gebannt, doch sollte die berechtigte Zurückhaltung nicht einer Auswertung dieses wertvollen Quellenmaterials für die geistige Entwicklung Ägyptens im Wege stehen.

Die fortlaufende Geschichtsschreibung beschränkt sich in Ägypten auf die Führung von Annalen, von Königslisten und von Kriegstagebüchern. Erhalten sind ein einziges Original (der Turiner Königspapyrus

§ 71. Überlieferung

aus der 19. Dynastie) und ein halbes Dutzend Auszüge, die im Stein verewigt wurden und fast alle aus der 18. und 19. Dynastie stammen; für diese Zeit bezeugen uns auch die Besucherinschriften an alten Denkmälern und die Restaurationsarbeiten des Prinzen Chaemwêse ein gesteigertes Interesse an der geschichtlichen Vergangenheit. Wie das Geschichtswerk des Manetho sind auch die reichhaltigen Quellen verloren, die dieser ägypt. Priester um 280 v. Chr. noch benutzen konnte; die bei anderen antiken Schriftstellern (vor allem Josephus und Eusebius) erhaltenen Fragmente aus Manetho bewahren trotz mehrfach nachgewiesener Verfälschung manche richtige und wertvolle Überlieferung.

Allgemein D. B. Redford, Pharaonic King-Lists, Annals and Day-Books, Mississauga 1986. Die wichtigsten Dossiers zufälliger, nicht geformter Geschichtsüberlieferung bilden die Funde in Amarna und Deir el-Medina (§ 95). Die einschlägigen königlichen und privaten Texte der geformten Überlieferung sind am vollständigsten in J. H. Breasted, Ancient Records (§ 19) übersetzt. Textausgaben, die für wissenschaftl. Zwecke kollationiert werden müssen, in den Urkunden des ägypt. Altertums (Abteilung I: Urk. des Alten Reichs; II: Hierogl. Urk. der griech.-röm. Zeit; III: Urk. der älteren Äthiopenkönige; IV: Urk. der 18. Dyn.; V: Religiöse Urk.; VI: Urk. mythologischen Inhalts; VII: Urk. des Mittleren Reiches; VIII: Theban. Tempelinschriften aus griech.-röm. Zeit), 1903 ff.; übersetzt sind davon nur Urk. IV–VI. Zur Stele des Kamose L. Habachi, The Second Stela of Kamose, Glückstadt 1972. *Annalen*-Auszüge (Palermostein, Fragmente in Kairo u. a.): H. Schäfer, Ein Bruchstück altägypt. Annalen, APAW 1902; H. Gauthier, Le Musée égyptien III (Kairo 1915) S. 29–53; W. M. F. Petrie, Ancient Egypt 1916, 114–120 und 182–184; J. L. de Cenival, BSFE 44, 1965, 13–17; W. Kaiser, ZÄS 86, 1961, 39–54 P. F. O'Mara, The Palermo Stone and the Archaic Kings of Egypt, La Canada 1979–80; die Versuche zur Rekonstruktion gehen stark auseinander. *Turiner Königspapyrus:* gültige Ausgabe A. H. Gardiner, The Royal Canon of Turin, Oxford 1959. *Kriegstagebücher* u. ä.: H. Grapow, Studien zu den Annalen Thutmosis des Dritten und zu ihnen verwandten historischen Berichten des Neuen Reiches, 1949 (Abh. der Deutschen AdW zu Berlin, Philos.-hist. Klasse 1947 Nr. 2). *Besucherinschriften:* W. Helck, Die Bedeutung der ägypt. Besucherinschriften, ZDMG 102, 1952, 39–46. *Manetho:* der Text bei W. G. Waddell, Manetho, London 1940 (The Loeb Classical Library) und F. Jacoby, Die Fragmente der griech. Historiker, 3. Teil, C, 1. Bd., Leiden 1958; kritische Analyse bei W. Helck, Untersuchungen zu Manetho und den ägypt. Königslisten, 1956 (UGAÄ 18). Eine Überlieferung über die letzten einheimischen Dynastien in der wenig älteren *Demotischen Chronik:* W. Spiegelberg, Die sogenannte Demotische Chronik (Demot. Studien 7), 1914, dazu mehrere neue Arbeiten von J. H. Johnson.

§ 72. Chronologie und Genealogie

Durch die Notwendigkeit, neben den Aussagen ägypt. Denkmäler und Listen mit astronomischen Daten zu rechnen und Synchronismen mit der vorderasiatischen Geschichte auszuwerten, bietet die Erforschung der ägypt. Chronologie methodisch besondere Schwierigkeiten. Man überläßt das Feld gern den wenigen Spezialisten, die sehr unterschiedliche Methoden verwenden und oft genug zu gänzlich verschiedenen Ergebnissen gelangen. Trotzdem konnten schon um die Jahrhundertwende Ed. Meyer und Ed. Mahler für einige Epochen eine sichere chronologische Grundlage schaffen, und in neuerer Zeit hat vor allem R. A. Parker durch sorgfältige, die Fehlergrenzen nicht verwischende Kombination von astronomischen und geschichtlichen Daten unser chronologisches Gerüst weiter gefestigt. Hauptstützen für die absolute Festlegung sind immer noch die beiden Sothisdaten aus Pap. Ebers und Illahun, obgleich sie mit einer Reihe von Unsicherheiten belastet sind, im Falle des Pap. Ebers immer wieder angefochten werden und für eine genaue Datierung nicht ausreichen. Auch Monddaten und Synchronismen zwischen Ägypten und Vorderasien bleiben durch ihre zyklische Wiederholung bzw. durch die Unsicherheiten der vorderasiatischen Chronologie unscharf, solange sie isoliert verwendet werden; nur die Kombination aller Hilfsmittel kann zur genauen Festlegung einzelner Epochen führen. Auf diese Weise konnten Unstimmigkeiten zwischen histor. und astronom. Daten schon mehrfach bereinigt werden. Wo dies nicht möglich ist, müssen für wissenschaftliche Zwecke die Fehlergrenzen so exakt als möglich angegeben werden. Altersbestimmungen nach der Radiokarbonmethode haben wegen ihrer Fehlergrenze von mehreren Jahrhunderten nur für die ägypt. Vorgeschichte Bedeutung; dabei ist zu beachten, daß sich die Berechnung der Halbwertszeit geändert hat und daß auch die „Eichung" der Daten durch die neuere Dendrochronologie andere (meist höhere) Werte ergibt.

Zur Bestimmung der relativen Chronologie stehen in Ägypten außer den datierten Urkunden nur drei Hilfsmittel zur Verfügung: die Annalen-Notizen, der Turiner Königspapyrus und die aus Manethos Geschichtswerk erhaltenen Fragmente (§ 71). Schwierigkeiten entstehen durch die wechselnden Methoden der Jahresrechnung. In der Frühzeit werden die Jahre nach hervorstechenden Ereignissen benannt, im Alten Reich zählt man nach Steuererhebungen (in der Regel alle zwei Jahre), dann nach Regierungsjahren der Könige, jedoch auf verschiedene Weise: im Mittleren Reich reicht das Regierungsjahr von Neujahr

§ 72. Chronologie und Genealogie 123

zu Neujahr, im Neuen Reich von einem Jahrestag der Thronbesteigung zum anderen.

Der Ägypter legt auf genaue Filiationsangaben Wert und prunkt in der Spätzeit gelegentlich mit langen Listen von Vorfahren (bis zu 60 Generationen!). So lassen sich einzelne genealogische Verbindungen über mehrere Jahrhunderte rekonstruieren, lohnen jedoch nur für das Alte Reich eine chronologische Auswertung.

Die Grundlagen legte Ed. Meyer, Aegyptische Chronologie, APAW 1904 (dazu Nachträge APAW 1907 und ders., Die ältere Chronologie Babyloniens, Assyriens und Ägyptens, 1931). Materialreich, aber vielfach zu berichtigen sind L. Borchardt, Quellen und Forschungen zur Zeitbestimmung der ägypt. Geschichte, 3 Bde, Berlin und Kairo 1917/38, und R. Weill, Bases, méthodes et résultats de la chronologie égyptienne, Paris 1926 (mit Compléments 1928). Eine neuere Bestandsaufnahme, vor allem für das 2. Jahrt. v. Chr. und für den gesamten Nahen Osten, bei P. Åström (Hrsg.), High, Middle or Low, 3 Teile, Gothenburg 1987–89. Zur *Umrechnung* von relat. und absol. Chronologie benutze man P. V. Neugebauer, Hilfstafeln zur technischen Chronologie, 1937, von julian. in gregorian. Daten Parker, Calendars (§ 66), S. 8. Zur *Zeitrechnung* § 66, zur *Genealogie* L. Borchardt a. a. O. Bd. II (1935) S. 92–114.
Vorgeschichte: H. J. Kantor in R. W. Ehrich, Chronologies in Old World Archaeology, Chicago 1965. Die relat. Chronologie lehnte sich seit 1901 gern an Petries System der „Staffeldaten" an, zur Kritik daran vgl. W. Kaiser, ZÄS 81, 1956, 91–100. Zur Radiokarbonmethode und ihrer „Eichung" (Kalibration) z. B. I. M. E. Shaw, JNES 44, 1985, 295–317.
Altes Reich: ist seit L. Borchardt (a. a. O. II, 1935) nicht mehr chronologisch untersucht worden. Die Datierung der ersten Dynastien ist daher völlig unsicher und schwankt um mehrere Jahrhunderte. Während die relat. Chronologie für einige Dynastien recht gut festgelegt ist, kann die absolute Bestimmung allein vom Beginn der 11. Dyn. (2134 v. Chr. oder später) ausgehen. Durch Datierungen, die in Dahschur (§ 95) gefunden wurden, sind die Angaben Manethos wieder neu in Frage gestellt, und umstritten bleibt auch die Regelmäßigkeit der „Zählungen".
Mittleres Reich: grundlegend W. F. Edgerton, Chronology of the Twelfth Dynasty, JNES 1, 1942, 307–314, Verbesserungen durch L. H. Wood, BASOR 99, 1945, 5–9 und R. A. Parker, Calendars (§ 66). Neue, um Jahrzehnte spätere Werte bei R. Krauss, Sothis- und Monddaten. Studien zur astronom. und techn. Chronologie Altägyptens, 1985 (HÄB 20), der von Elephantine als Sothis-Bezugspunkt ausgeht und so eine bessere Übereinstimmung mit den relat. Datierungen erzielt. Ferner, mit 2. Zwischenzeit, D. Franke, Or 57, 1988, 113–138 u. 245–274.
Neues Reich: E. Hornung, Untersuchungen zur Chronologie und Geschichte des Neuen Reiches, 1964 (ÄgAbh 11); R. Krauss, Das Ende der

Amarnazeit, 1978 (HÄB 7), sowie die zum MR genannte Arbeit von Krauss. Die Unsicherheit über die Regierungsdauer Haremhabs bleibt bestehen (12/13 oder 26 Jahre), während sich für den Regierungsbeginn Ramses' II. jetzt 1279 v. Chr. durchgesetzt hat. Dabei sind die Daten des NR nicht von astronom. Fixpunkten oder von den Angaben Manethos abhängig, da allein die vielen relat. Datierungen und die Synchronismen mit Vorderasien eine recht genaue Eingrenzung erlauben.

Spätzeit: Ab 690 v. Chr. (Regierungsantritt Taharkas) stehen alle Daten fest, wobei die neue Festlegung der 26. Dyn. zu beachten ist (R. A. Parker, MDAIK 15, 1957, 208–212; E. Hornung, ZÄS 92, 1965, 38f.), die sich auch auf die 25. Dyn. und die meroïtischen Könige auswirkt. Für die 21. bis 24. Dyn. und für die ersten Äthiopenkönige bestehen noch beträchtliche Unsicherheiten.

§ 73. Vorgeschichte

Unsere heutige, eine lange Abfolge verschiedener „Kulturen" umspannende Kenntnis der ägypt. *Vorgeschichte* ist in erstaunlich kurzer Zeit aufgebaut worden; noch um 1880 wurde, trotz bahnbrechender Forschungen von Chabas und Schweinfurth, die Existenz einer Vorgeschichte auf ägypt. Boden ernsthaft bezweifelt. „Die Entdeckung der ägypt. Vorzeit", die mit den Grabungen von Petrie und Quibell seit 1894 einen mächtigen Aufschwung nahm, schildert Kap. 2 bei W. Wolf, Funde in Ägypten, 1966.

Die ältere Literatur sammelt Ch. Bachatly, Bibliographie de la préhistoire égyptienne (1869–1938), Kairo 1942, eine neuere Bibliographie von K. R. Weeks, An Historical Bibliography of Egyptian Prehistory, Winona Lake 1985. Seit den an sich ausgezeichneten Überblicken von J. Vandier, Manuel (§ 84) Band I (1952) und W. C. Hayes, Most Ancient Egypt, JNES 23, 1964, 73–114, 145–192 und 217–274 (unvollendet, ohne die neolith. Kulturen Oberägyptens und Nubiens) ist das Material sehr stark vermehrt worden und in einer Fülle von Grabungsberichten ausgebreitet, wobei die reichen Funde aus Nubien eine große Rolle spielen. Eine erste Orientierung erlauben M. A. Hoffman, Egypt before the Pharaohs, London 1980, und B. Midant-Reynes, La préhistoire de l'Egypte, Paris 1992, dazu für Nubien F. Wendorf und N. M. Taos, The Prehistory of Nubia, Dallas 1968. F. Wendorf u. R. Schild, Prehistory of the Nile Valley, New York 1976; I. Hofmann, Die Kulturen des Niltals von Aswan bis Sennar, 1967. Unter ökolog. Aspekten behandelt den Übergang von der Vorgeschichte zur Geschichte K. W. Butzer, Early Hydraulic Civilization in Egypt. A Study in Cultural Ecology, Chicago 1976.

§ 74. Frühzeit

W. B. Emery, Archaic Egypt, Harmondsworth 1961 (Pelican Books; vgl. Lauer, RdE 14, 1962, 113–118), gibt einen guten Überblick über die Entdeckung, die Geschichte und die materielle Kultur der *Frühzeit* (1. und 2. Dynastie). Ergiebigste Fundstätten für diese Zeit sind die archaischen Friedhöfe von Abydos (§ 95), Saqqâra-Nord (W. B. Emery) Heluân (Zaki Saad) und Abu Roâsch (A. Klasens). Das inschriftliche Material, vor allem die gesiegelten Krugverschlüsse, ist gesammelt bei P. Kaplony, Die Inschriften der ägypt. Frühzeit, 3 Bde 1963 (ÄgAbh 8, mit Supplementen ÄgAbh 9, 1964 und 15, 1966: Kleine Beiträge zur den Inschriften der ägypt. Frühzeit); zur Auswertung vor allem W. Helck, Untersuchungen zur Thinitenzeit, 1987 (ÄgAbh 45) und umfassend zu einer einzelnen Regierungszeit G. Godron, Etudes sur l'Horus Den, Genf 1990. Hauptstreitpunkte der Forschung sind immer noch Verlauf, Zeitpunkt und Urheber der ominösen „Reichseinigung", die offenbar schon lange vor „Menes" und dem Beginn der „dynastischen" Zeit anzusetzen ist, vgl. dazu und zu weiteren Problemen W. Kaiser, Einige Bemerkungen zur ägypt. Frühzeit, ZÄS 84–86 (1959–61) und vor allem 91, 1964, 86–125; ferner die Frage, ob Abydos oder Saqqâra als Begräbnisort der frühen Könige anzunehmen ist, und die Geschichtlichkeit des „Reichsgründers" Menes. Auch die Lesung und Erklärung der archaischen Königsnamen ist noch umstritten, während ihre Reihenfolge im wesentlichen feststeht. Eine reiche Bibliographie zur Frage vor- und frühdynastischer Beziehungen zwischen Ägypten und Vorderasien findet sich bei W. Wolf, Die Kunst Ägyptens (1957) S. 676 (43[1]), zur Ergänzung vgl. § 59 und eine Reihe von frühgeschichtl. Funden in Palästina. Ein Versuch zur Aufhellung des geistig-relig. Hintergrundes bei H. Junker, Die Geisteshaltung der Ägypter in der Frühzeit, SBÖAW 237/1, 1961.

§ 75. Altes Reich

Die politische Geschichte des *Alten Reiches* (3. bis 8. Dynastie) ist bisher nur im Rahmen der Gesamtdarstellungen behandelt worden. Eine knappe, ausgewogene Einführung in die geistige und religiöse Welt dieser Epoche gibt H. Junker, Pyramidenzeit (1949), während die ausführlichere Geistesgeschichte des Alten Reiches von J. Spiegel, Das Werden der altägypt. Hochkultur (1953) die Quellen überfordert und auf weite Strecken hin hypothetisch bleibt. K. Sethe, Urkunden des Alten Reichs, [2]1933 (= Urk. I, Übersetzung fehlt) hat die inschriftlichen Quellen zur Geschichte dieser Zeit gesammelt, doch haben die Grabungen in Gîza, Saqqâra (§ 95) und an anderen Orten unser Material inzwischen stark vermehrt; eine Neubearbeitung der königlichen Dekrete des Alten Reiches gibt H. Goedicke, Königliche Dokumente aus dem Alten Reich, 1967 (ÄgAbh 14), ferner A. Roccati, La littérature historique sous l'Ancien Empire égyptien, Paris 1982. Zu den relativ gut erforschten monumentalen Bauten (Pyramiden und Sonnenheiligtümer) vgl. § 89, zu den Pyramidentexten, unserer wichtigsten Quelle für Religion und Geisteswelt des späten Alten Reiches, § 36 a. Neue Funde halten unser Bild vom Staatsaufbau und der Verwaltung (§ 42) des Alten Reiches in ständiger Bewegung und haben den früheren Eindruck von der monumentalen Geschlossenheit des Staatswesens in der 4. Dynastie bereits als zu starke Vereinfachung erwiesen. Durch die 1951 entdeckte zweite Stufenpyramide in Saqqâra (Z. Goneim, s. § 95) und die Arbeiten von A. Fakhry und R. Stadelmann in Dahschûr ergeben sich auch in das bisher recht dunkle Halbjahrhundert zwischen Djoser und Cheops überraschende neue Einblicke, vgl. zur 3. Dyn. N. Swelim, Some Problems on the History of the Third Dynasty, Alexandria 1983. Für die umstrittene Schlußphase des Alten Reiches nach dem Tod von Phiops II. jetzt R. Müller-Wollermann, Krisenfaktoren im ägypt. Staat des ausgehenden Alten Reichs, 1986.

§ 76. Erste Zwischenzeit

Der Versuch einer geschichtlichen Rekonstruktion der *Ersten Zwischenzeit* (9. bis 11. Dynastie), wie ihn H. Stock, Die erste Zwischenzeit Ägyptens (AnOr 31, Rom 1949) unternommen hat, stieß auf heftige Kritik und Ablehnung (u. a. G. Posener, BiOr 8, 1951, 165–172; J. A. Wilson, JNES 10, 1951, 132). Die seitherige Zurückhaltung der Forschung wird der vieldeutigen Quellenlage besser gerecht, doch hat eine Reihe wichtiger Vorarbeiten inzwischen bessere Grundlagen für eine Rekonstruktion geschaffen; einen neueren Überblick gibt F. Gomaà, Ägypten während der Ersten Zwischenzeit, 1980. Die inschriftlichen Quellen dieser Zeit hat jüngst W. Schenkel zusammengestellt und übersetzt (Memphis – Herakleopolis – Theben, ÄgAbh 12, 1965); von der Edition der Texte durch J. J. Clère und J. Vandier ist nur das 1. Heft erschienen: Textes de la Première Période Intermédiaire et de la XIème dynastie, Brüssel 1948 (BiAeg X). Dazu kommen so gründliche Ausgaben einzelner Textgruppen wie J. Vandier, Mo'alla, Kairo 1950 (vgl. H. Kees, Aus den Notjahren der Thebais, Or 21, 1952, 86–97), H. G. Fischer, Inscriptions from the Coptite Nome (AnOr 40, Rom 1964) und ders., Dendera in the Third Millenium B. C., New York 1968. Chronologisch hat sich die Erste Zwischenzeit auf weniger als ein Jahrhundert verkürzt und ist dadurch wesentlich übersichtlicher geworden; Arbeiten von E. Brovarski u. a. weisen allerdings auf eine notwendige Revision hin. Der geistige Umbruch dieser Zeit hat sehr unterschiedliche Deutungen gefunden, fruchtbare Ansätze finden sich bei E. Otto, Der Vorwurf an Gott, 1951, doch werden manche der dort benutzten Texte jetzt viel später datiert.

§ 77. Mittleres Reich

Eine grundlegende Darstellung vom Aufstieg und Niedergang des *Mittleren Reiches* (11. bis 14. Dynastie) gab H. E. Winlock, The Rise and Fall of the Middle Kingdom in Thebes, New York 1947, auf Grund seiner langjährigen Grabungen in der thebanischen Nekropole. Weiter führen jetzt D. Wildung, Sesostris und Amenemhet, 1984, J. Bourriau und St. Quirke, Pharaohs and Mortals. Egyptian Art in the Middle Kingdom, Cambridge 1988, sowie für den Anfang der Epoche L. Gestermann, Kontinuität und Wandel in Politik und Verwaltung des frühen Mittl. Reiches in Ägypten, 1987. Für die Geschichte und Kultur der 12. und 13. Dynastie hat die Ausgrabung der nubischen Festungsanlagen (Buhen, Mirgissa, Uronarti u. a.) reiche neue Quellen geöffnet; dazu kommt die Veröffentlichung von Verwaltungsakten der Zeit Sesostris' I. (W. K. Simpson, Papyrus Reisner I–IV, Boston 1963–86), die Neuuntersuchung der Pyramidenanlagen durch D. Arnold und die geschichtliche Auswertung der Expeditionsberichte (vgl. § 55). Für die späte 12. Dynastie I. Matzker, Die letzten Könige der 12. Dyn., 1986; für die 13. Dynastie hat W. C. Hayes, A Papyrus of the Late Middle Kingdom in the Brooklyn Museum, Brooklyn 1955, eine gründliche Revision der früheren Auffassungen eingeleitet; seitdem ist auch die Frage, ob man die 13. und 14. Dynastie noch zum Mittleren Reich rechnen soll, wieder aktuell geworden (vgl. § 78). Weitere Arbeiten in § 72 zur Chronologie, sowie L. Habachi, Studies on the Middle Kingdom, Budapest 1987; St. Quirke, Middle Kingdom Studies, New Malden 1991; ders., The Administration of Egypt in the Late Middle Kingdom, New Malden 1990. Die geistige Welt des Mittleren Reiches hat H. G. Evers von den Ausdrucksformen der Kunst her aufgehellt (§ 90), einen anderen Aspekt beleuchtet Poseners Untersuchung der „politischen" Literatur dieser Zeit (§ 23); zu einem abgerundeten Bild bedarf es jedoch noch der Auswertung der Sargtexte (§ 36 b).

§ 78. Zweite Zwischenzeit

Die Kenntnis der *Zweiten Zwischenzeit* (15. bis 17. Dynastie) ist in den letzten Jahren wesentlich verbessert worden. Grundlegend ist jetzt die Darstellung von J. von Beckerath, Untersuchungen zur politischen Geschichte der zweiten Zwischenzeit in Ägypten, 1965 (ÄgFo 23), die auch die 13. und 14. Dynastie und damit die Übergangszeit zwischen Mittlerem Reich und Hyksoszeit umspannt; in vielen Darstellungen werden diese beiden Dynastien bereits zur Zweiten Zwischenzeit gerechnet, obgleich staatliche Einheit und geistige Kontinuität zunächst noch gewahrt bleiben. Ergänzend zu v. Beckerath müssen für die folgende Hyksoszeit auch die reichen archäolog. und inschriftl. Quellen Vorderasiens berücksichtigt werden (zuletzt, mit sehr verschiedenem Ergebnis, W. Helck, Beziehungen [§ 59], und J. van Seters, The Hyksos, New Haven und London 1966); eine endgültige Einigung über die Frage, ob bei den Hyksos das churritische oder das westsemitische Element überwiegt, scheint noch nicht erzielt zu sein. Reiches neues Material bringen die Grabungen von M. Bietak in der Hyksos-Residenz Auaris (Tell ed-Dab'a). Für die gleichzeitigen Verhältnisse in Nubien ist die neue Deutung des archäolog. Befundes in Kerma (keine ägypt. „Handelsfaktorei", sondern Residenz des Herrschers von Kusch: F. Hintze, ZÄS 91, 1964, 79–86, seitdem neuere Arbeiten von Ch. Bonnet: Kerma, Territoire et Métropole, Kairo 1986, u. a.), sowie die Schilderung der Kamose-Stele (§ 71) wichtig; die internationale Rettung der nubischen Altertümer hat auch für die C-Gruppe und Kerma-Kultur viel neues Material bereitgestellt. Zur internen Chronologie der 17. Dynastie zuletzt A. Dodson, Göttinger Miszellen 120, 1991, 33–38.

§ 79. 18. Dynastie und Amarnazeit

Spezielle Darstellungen der ägypt. *Großreichszeit* haben F. Bilabel, Geschichte Vorderasiens und Ägyptens vom 16. bis 11. Jahrhundert v. Chr., 1927, und G. Steindorff mit K. C. Seele, When Egypt Ruled the East, Chicago 1945, ²1957, gegeben; das letztere Buch ersetzt und modernisiert das ältere Standardwerk von G. Steindorff, Die Blütezeit des Pharaonenreichs (1900). Eine neue Monographie zur 18. Dynastie stammt von C. Lalouette, Thèbes ou la naissance d'un Empire, Paris 1986; zum Anfang dieser Epoche C. Vandersleyen, Les guerres d'Amosis, Brüssel 1971. Grundlegende Untersuchungen zu Königtum (§ 40), Verwaltung (§ 42), Priesterschaft (§ 45), militärischer Organisation (§ 46), Wirtschaft (§ 54), Beziehungen Ägyptens zu seiner Umwelt (§ 59), zum Geschichtsbild (§ 70) und zur Chronologie (§ 72) haben unsere Kenntnis dieser letzten großen Blütezeit Ägyptens in wesentlichen Bereichen gefördert; die geistige Welt des Neuen Reiches (18. bis 20. Dynastie) gewinnt vor allem durch die Untersuchung der Unterweltsbücher (§ 21), der Liebesdichtung (§ 24), der Tempel-Architektur (§ 89) und der religiösen Phänomene (§§ 30ff.) neue Aspekte und steht, wie wir heute wissen, an schöpferischer Leistung hinter den älteren Epochen nicht zurück. Stetig vermehren sich die Geschichtsquellen dieser Zeit, doch reichen sie zur Lösung vieler Probleme noch nicht aus. „Urkunden der 18. Dynastie" haben seit 1906 K. Sethe, seit 1955 W. Helck in großer Vollständigkeit gesammelt (Urk. IV, bisher 22 Hefte, Nachdruck der ersten 16 Hefte 1961); die bereits 1914 (Heft 1–4) von K. Sethe begonnene und von W. Helck 1961 weitergeführte Übersetzung wurde 1984 von einem Kollektiv abgeschlossen, Indices erschienen 1988, ferner ergänzend W. Helck, Histor.-biograph. Texte der 2. Zwischenzeit und neue Texte der 18. Dyn., 1975, ²1983. Eine spezielle Sammlung von Texten aus der Regierungszeit Echnatons verdanken wir M. Sandman, Texts from the Time of Akhenaten, Brüssel 1938 (BiAeg VIII, mit Index von L. G. Leeuwenburg, Leiden 1943; Übersetzung fehlt). Für das keilschriftliche Amarna-Archiv (Briefwechsel Amenophis' III. und IV. mit asiatischen Fürsten) ist man immer noch auf die Edition von J. A. Knudtzon (Die El-Amarna-Tafeln, 2 Bde, 1915, Nachdruck 1964) angewiesen; eine neue Übersetzung gab W. L. Moran, Les Lettres d'El-Amarna, Paris 1987. Eine wichtige neue Quelle für die Amarnazeit erschließt die Veröffentlichung der Amarna-Blöcke, die in Hermopolis und im Karnaktempel verbaut wurden. Zur allgemeinen Orientierung über diese Zeit dienen H. A. Schlögl, Echnaton-Tutanchamun. Fakten und Texte, 1983, ³1989, und G. T. Martin, A Bibliography of the Amarna Period and its Aftermath, London u. New York 1991. Für Tutanchamun, dessen Grabschatz durch zahllose Ausstellungen weiter erschlossen wurde, vgl. N. Reeves, The Complete Tutankhamun. The King, the Tomb, the Treasure, London 1990.

§ 80. Ramessidenzeit

Für die *Ramessidenzeit* (19. und 20. Dynastie) fließen die Quellen nicht weniger reichlich als für die 18. Dynastie; ihre Bereitstellung und Erschließung verdanken wir K. A. Kitchen, Ramesside Inscriptions, 8 Bde, Oxford 1968–89, doch fehlt bisher noch eine Übersetzung dieser Quellen. Nur die histor. Inschriften von Medinet Habu sind in Übersetzungen zugänglich (W. F. Edgerton und J. A. Wilson, Historical Records of Ramses III, SAOC 12, Chicago 1936). Ein Überblick über die ganze Zeit bei C. Lalouette, L'Empire des Ramsès, Paris 1985; zu Ramses II. K. A. Kitchen, Pharaoh Triumphant, Warminster 1982, zu den religiösen Entwicklungen J. Assmann, Re und Amun. Die Krise des polytheist. Weltbilds im Ägypten der 18.–20. Dynastie, 1983 (OBO 51). Zur Seevölker-Frage (Ramses III. konnte ihren Ansturm definitiv abwehren) G. A. Lehmann, Die mykenisch-frühgriech. Welt und der östliche Mittelmeerraum in der Zeit der „Seevölker"-Invasionen, 1985. Für das reiche Material aus Deir el-Medine, dessen Bearbeitung andauert, vgl. die §§ 57 und 95. Genealogische und chronologische Untersuchungen zur Ramessiden- und 3. Zwischenzeit gab M. L. Bierbrier, The Late New Kingdom in Egypt, Warminster 1975; eine jüngste Stellungnahme zum Ende der 20. Dynastie bei A. Niwiński, in: Gegengabe (FS Brunner-Traut, 1992), S. 235–262.

§ 81. Dritte Zwischenzeit

Die intensive Arbeit an den inschriftlichen Quellen hat die politische, wirtschaftliche und religiöse Geschichte dieses dunklen Zeitalters an vielen Stellen aufgehellt und dort, wo es die Tragfähigkeit der Quellen zuläßt, eine Reihe von strittigen Fragen klären können. Die politische Geschichte behandelt ausführlich K. A. Kitchen, The Third Intermediate Period in Egypt, Warminster 1972, ²1986, dazu noch M.-A. Bonhême, Les noms royaux dans l'Égypte de la 3ème période intermédiaire, Kairo 1987, und zur Libyerzeit F. Gomaà, Die libyschen Fürstentümer des Deltas vom Tod Osorkons II. bis zur Wiedervereinigung Ägyptens durch Psametik I., 1974. Für die Geistes- und Religionsgeschichte hat A. Niwiński durch seine typologische Ordnung der Särge (§ 92) und der Papyri (Studies on the Illustrated Theban Funerary Papyri of the 11th and 10th Centuries B. C., 1989 (OBO 86) wichtige Grundlagen gelegt. Zu den Funden in Tanis § 95, zu den auswärtigen Beziehungen A. Malamat, Das davidische und salomonische Königreich und seine Beziehungen zu Ägypten und Syrien, 1983.

§ 82. Spätzeit

Durch die Abtrennung einer „Dritten Zwischenzeit" ist die *Spätzeit* jetzt auf die 25. bis 31. Dynastie beschränkt und damit übersichtlicher geworden, umfaßt bei manchen Autoren aber immer noch das gesamte 1. Jahrtausend v. Chr. Die Vernachlässigung ihrer Geistes- und Kulturgeschichte dauert an und hinterläßt auch in den Literaturverweisen dieser „Einführung" spürbare Lücken; dagegen ist der reiche Quellenbestand für die politische Geschichte relativ gut aufgearbeitet worden. F. K. Kienitz, Die polit. Geschichte Ägyptens vom 7. bis zum 4. Jahrhundert v. d. Zeitwende, 1953, gibt einen Überblick über den ganzen Zeitraum; M. F. Gyles, Pharaonic Policies and Administration, 663 to 323 B. C., Chapel Hill 1959, behandelt vor allem Königtum und Verwaltung dieser Zeit. Ergänzend behandelt U. Rößler-Köhler, Individuelle Haltungen zum ägypt. Königtum der Spätzeit, 1991, die Einstellung zum Königtum in privaten Quellen von der 21. Dynastie bis in die römische Zeit. Unsere Kenntnis der 25. Dyn. hat J. Leclant wesentlich verbessert: Montouemhat, quatrième prophète d'Amon, Prince de la Ville, Kairo 1961; Recherches sur les monuments thébains de la XXV° dynastie dite éthiopienne, Kairo 1965; die meisten wichtigen Geschichtsquellen bei H. Schäfer, Urkunden der älteren Äthiopenkönige (Urk. III, 1905, ohne Übersetzung) und M. F. L. Macadam, The Temples of Kawa, London 1949/55 (zu Meroe vgl. unten); von der Siegesstele des Pianchi (Pije) liegt eine neue Ausgabe von N.-C. Grimal vor (La stèle triomphale, Kairo 1981). Die 26. Dyn. hat außer Kienitz und Gyles noch H. de Meulenaere, Herodotos over de 26ste dynastie, Louvain 1951, behandelt; zur Institution der „Gottesgemahlir des Amun" § 41. Die assyrische Eroberung behandeln A. Spalinger, Or 43, 1974, 295–326, und A. K. Grayson, JSSEA 11, 1981, 85–88, die Beziehungen zu Babylon A. Spalinger, SAK 5, 1977, 221–244. Die Veröffentlichung der Serapeum-Stelen steht immer noch am Anfang, während die aramäischen Papyri aus Elephantine gut erschlossen sind: B. Porten, Archives from Elephantine, Berkeley u. Los Angeles 1968; P. Grelot, Documents arameens d'Égypte, Paris 1972. Grundlegende Darstellungen der Perserherrschaft (27. Dynastie) verdanken wir G. Posener, La première domination Perse en Égypte, Kairo 1936, und E. Bresciani, La satrapia d'Egitto, Studi Classici e Orientali 7, 1958, 132–188; die griechische Waffenhilfe behandelt P. Salmon, La politique égyptienne d'Athènes, Brüssel 1965. Zur Geistesgeschichte der Spätzeit findet man erste Orien-

tierung bei E. Otto, Die Endsituation der ägypt. Kultur, WaG 11, 1951, 203–213, und ders., Die biograph. Inschriften (§ 23).
Die Geschichte der „Äthiopenkönige" (25. Dynastie) geht mit ihrer Vertreibung aus Ägypten in die des *Meroïtischen Reiches* über und endet erst um 300 n. Chr.; so erhält sich im Sudân ein Reservat ägypt. Staats- und Kulturformen weit über das Ende der Spätzeit hinaus. Überblicke über diese Folge-Kultur geben P. L. Shinnie, Meroe. A Civilization of the Sudan, New York 1967; F. Hintze, Alte Kulturen im Sudan, 1967; I. Hofmann, Studien zum meroïtischen Königtum, 1971.

§ 83. Ausklang

Fast alle Darstellungen der ägypt. Geschichte enden mit der Eroberung des Landes durch Alexander d. Gr. (332 v. Chr.). In der folgenden *griechisch-römischen Zeit* treten die griechischen Quellen in den Vordergrund, doch kann und soll die Ägyptologie auch zur Geschichte dieser Periode ihren Beitrag leisten. Für einen allgemeinen Überblick über den Zeitraum 332 v. bis 642 n. Chr. siehe A. K. Bowman, Egypt after the Pharaohs, Berkeley 1986; C. Préaux, Le monde hellénistique, 2 Bde, Paris 1978, behandelt ausführlich den Zeitraum bis 146 v. Chr. Verschiedene Aspekte berühren die beiden Sammelbände H. Maehler und V. M. Strocka (Hrsg.), Das ptolemäische Ägypten, 1978, und G. Grimm, H. Heinen und E. Winter, Das römisch-byzantinische Ägypten, 1983. Aus der Ptolemäerzeit stammt eine Reihe geschichtlicher Urkunden in Hieroglyphenschrift (Stelen von Mendes und Pithom, Priesterdekrete, Biographien), die zum Teil bei K. Sethe, Hieroglyphische Urkunden der griech.-röm. Zeit, 1904–16 (Urk. II, 3 Texthefte ohne Übersetzung) gesammelt sind. Ägypt. Gegenkönige erhoben sich mehrfach gegen die mazedon. Herrschaft, einheimische Oberpriester und Strategen amtierten bis in die röm. Zeit hinein. Die fremden Herren des Landes traten als Pharaonen auf und ließen sich bis ins 3. Jahrh. n. Chr. entsprechend darstellen und titulieren; hieroglyphische Königsnamen und -titel besitzen wir bis zu Maximinus Daia (CdE 29, 1940, 119–123; das ältere Verzeichnis bei Gauthier, Livre de rois [§ 40] reicht bis Decius, ergänzend jetzt J.-C. Grenier, Les titulatures des empereurs romains dans les documents en langue égyptienne, Brüssel 1989). Die rege Bautätigkeit, die zu dieser Pharaonenrolle gehört, hat für die Schlußphase altägypt. Geistesgeschichte ein überaus reiches Material bereitgestellt. Ganz oder zum Teil veröffentlicht sind die Inschriften und Darstellungen der Tempel in Edfu (de Rochemonteix und Chassinat, Le Temple d'Edfou, 14 Bde Kairo 1892–1934; ein Band 15, 1985 von S. Cauville und D. Devauchelle, die Bände 1 und 2 in Neuauflage 1984ff.), Dendera (E. Chassinat und F. Daumas, Le Temple de Dendara, 9 Bde, Kairo 1934–87; F. Daumas, Les Mammisis de Dendara, Kairo 1959), Esna (S. Sauneron, Esna 8 Bde, 1959–82), Philae (H. Junker und E. Winter, Philä, 2 Bde Wien 1958/65, dazu

E. Vassilika, Ptolemaic Philae, Leuven 1989), Theben (O. Firchow, Thebanische Tempelinschriften aus griech.-röm. Zeit, Urk. VIII, 1957; Ch. Kuentz, La porte d'Évergète à Karnak, MIFAO 84, 1961) und Nubien (Les temples immergés de la Nubie, Kairo 1911 ff., neuere Editionen vom Center of Documentation in Kairo); dazu kommt noch ein Band für Kom Ombo (A. Gutbub, Textes fondamentaux de la théologie de Kom Ombo, Kairo 1973), sowie Veröffentlichungen einer Reihe von kleinerer Tempeln. Übersetzungen liegen nur für die Texte in Esna und Philae vor, die Bearbeitung steht noch am Anfang, vgl. z. B. für Edfu R. B. Finnestad, Image of the World and Symbol of the Creator, Wiesbaden 1985; S. Cauville La théologie d'Osiris à Edfou, Kairo 1983; dies., Essai sur la théologie du temple d'Horus à Edfou, 2 Bde, Kairo 1987. Eine Integration der hieroglyphischen und demotischen Quellen in die Geschichte des griech.-röm. Ägypten bleibt für die Zukunft zu hoffen und bedarf weiterer Vorarbeiten.

ARCHÄOLOGIE UND BILDENDE KUNST

§ 84. Allgemeines, Handbücher

G. Steindorff hat 1890 G. Maspero, L'archéologie égyptienne (Paris 1887, ²1907) unter dem Titel „Ägypt. Kunstgeschichte" ins Deutsche übertragen und damit einem Verständnis der Archäologie Ausdruck gegeben, das bis heute nachwirkt und seine Berechtigung in dem hohen Rang findet, den die Kunstgeschichte (§ 87) als ästhetische Einordnung und Wertung der Denkmäler innerhalb der Archäologie einnimmt. Gegenstand archäologischer Forschung sind jedoch nicht nur Kunstwerke, sondern alle materiellen Überreste, auch die „mehr technische Seite" der Objekte. In der Ägyptologie ist die Vernachlässigung der Formen, die außerhalb kunstgeschichtlicher Wertung liegen und eher in die Bereiche der Kulturgeschichte (Gebrauchsgegenstände) oder der Religion (Amulette, Skarabäen, Uschebtis) gehören, noch deutlich zu spüren. Mit Ausnahme von Engelbach folgen die älteren Handbücher und Abrisse der ägypt. Archäologie dem geschichtlichen Aufbau und stellen damit die Kunstformen beherrschend in den Vordergrund. Eine glückliche Verbindung von geschichtlicher und systematischer Ordnung hat das grundlegende, aber leider nicht vollendete Handbuch von Jacques Vandier gefunden: der erste Band (Vorgeschichte bis 3. Dynastie) behandelt innerhalb jeder Epoche systematisch die verschiedenen Formen bis hin zu Amuletten, Kämmen, Schmuck usw., bei den übrigen Bänden steht umgekehrt die systematische Ordnung im Vordergrund (II: Architektur, III: Rundbild, IV–VI: Flachbild), wird jedoch zeitlich differenziert.

J. Vandier, Manuel d'archéologie égyptienne, 6 Bde, Paris 1952–78 (zur Gliederung s. oben). Der ältere Überblick von A. Scharff in W. Otto, Handbuch der Archäologie I (1939) S. 433–642, ist noch nicht neu bearbeitet. Für manches immer noch nützlich ist G. Jéquier, Materiaux pour servir à l'établissement d'un dictionnaire d'archéologie égyptienne, BIFAO 19, 1922. R. Engelbach, Introduction to Egyptian Archaeology, Kairo 1946, ²1961, geht über den Rahmen der Archäologie hinaus und würdigt speziell die Bestände des Museums in Kairo auf dem Hintergrund der gesamten ägypt. Altertumskunde (nützlich durch die systemat. Ordnung). Zur „mehr technischen Seite" W. M. F. Petrie, The Arts and Crafts of Ancient Egypt, London 1923, außerdem die § 67 genannten Handbücher.

§ 85. Archäologische Feldforschung

Die Regel, daß der Boden besser konserviert als jedes Museum, hat unter den klimatischen Verhältnissen Ägyptens betonte Geltung; damit sieht sich die archäologische Feldforschung in einem Dilemma zwischen der Forderung, neues Material bereitzustellen, und der Einsicht, daß die gegenwärtige Bergung und Aufnahme von Denkmälern keinen Vergleich mit den verfeinerten Methoden der Zukunft aushalten wird. Ähnlich hart, wie wir heute die Feldforschung des 19. Jahrhunderts mit ihrer skrupellosen Suche nach Museumsstücken und ihrer unüberlegten Zerstörung ganzer Fundkomplexe bewerten, kann das Urteil künftiger Generationen über die archäologischen „Sternstunden" des 20. Jahrhunderts ausfallen. Schon jetzt zeigen sich ernste Mängel der Petrieschen Grabungstechnik (vgl. § 2), die zwar erstmals für eine systematische und vollständige Aufnahme der Fundkomplexe und für ihre Konservierung Sorge trug, aber zu geringen Wert auf eine saubere Stratigraphie gelegt hat; das Ergebnis waren folgenreiche Fehldatierungen (z. B. Kamares-Ware in Illahun), doch muß zugegeben werden, daß die stratigraphische Methode für normale Fundumstände in Ägypten, Gräbern kaum anwendbar ist. Im Grunde erfordert jede Grabung ihre eigene, spezifische Methode. Ein Grundübel scheint auch in der Feldforschung des 20. Jahrhunderts nicht auszusterben: viele Grabungen werden überhaupt nicht oder nur unvollkommen veröffentlicht und sind damit für die wissenschaftliche Auswertung verloren. So erhält die Aufnahme und Erhaltung der bereits freigelegten Denkmäler, die zumeist raschem Verfall ausgesetzt sind, unbedingten Vorrang vor der reinen Grabungsarbeit. Ausnahmen sind dort berechtigt, wo mögliche Fundorte unmittelbar gefährdet sind, wie bei der großen Rettungsaktion in Nubien nach 1960; dort haben sich internationale Zusammenarbeit und neue Methoden zur raschen archäologischen Untersuchung großer Räume bewährt. In jüngster Zeit gewinnt die Anwendung naturwissenschaftlicher Methoden zunehmend an Bedeutung.

Zur Methodik und Grabungstechnik: W. M. F. Petrie, Seventy Years in Archaeology, London [1931]; Th. Wiegand in W. Otto, Handbuch der Archäologie I (1939) S. 96 ff. (z. T. in Auseinandersetzung mit Petrie); W. B. Emery, Egypt in Nubia (London 1965) S. 51–53 (typische Friedhofsgrabung in Nubien nach Methode Reisner-Emery); G. R. H. Wright, A Method of Excavation Common in Palestine, ZDPV 82, 1966, 113–124 (Methode Albright); M. Bietak, MDAIK 23, 1968, 85–88 (Tell ed-Dab'a). – Regelmäßige und ausführliche Berichte über Grabungen (und z. T. auch über andere archäolog. Arbeiten wie Restauration, epigraphische oder architektonische Aufnahme u. ä.) in Ägypten gibt J. Leclant in der Zeitschrift Orientalia (seit Band 19, 1950, im Anschluß an Berichte von U. Schweitzer in Band 17–18); knappe Überblicke über die Feldforschung im ganzen Nahen Osten auch im Archiv für Orientforschung. Zur Konservierung vgl. § 96.

§ 86. Epigraphik und ihre Hilfsmittel

Die ägyptologische Feldforschung hat es überwiegend mit beschrifteten Objekten zu tun und muß der Epigraphik daher einen führenden Platz einräumen. Schon lange vor der Entzifferung der ägypt. Schrift wurden von Ägyptenreisenden neben vielen Phantasieprodukten einige relativ korrekte und noch heute brauchbare Wiedergaben von Hieroglyphentexten angefertigt (z. B. 1681 die Obelisken-Zeichnung von C. de Bruyn, abgebildet JEOL 12, 1951/52, 157). Ohne die großen Denkmälerwerke von Champollion, Rosellini und Lepsius sind die Leistungen der Ägyptologie im 19. Jahrhundert undenkbar, und die epigraphische Arbeit der älteren Reisenden (vor allem Burton, Hay und Wilkinson) gewinnt zunehmend an Bedeutung, da sie manche inzwischen zerstörte Inschrift bewahrt und an Genauigkeit die freihändigen Kopien jüngerer Zeit vielfach übertrifft. Aber auch die frühen Photographen, die jetzt wachsendes Interesse finden, haben viel wertvolles Material bewahrt. Durch seine exakten Strichkopien und farbigen Faksimiles hat das Ehepaar Davies (Norman de Garis Davies, 1865–1941, und Nina Davies, 1881–1965) seit 1900 einen hohen Standard für die zeichnerische Wiedergabe von Inschriften und Darstellungen geschaffen, und die Zeichnung gehört neben Lichtbild und Abklatsch (Papier oder Latex, aber nicht von farbigen Reliefs!) immer noch zu den drei wichtigsten Hilfsmitteln der Epigraphik. Eine technische Voraussetzung sei nicht vergessen: die Beleuchtung, in ägypt. Gräbern und Tempeln ausschlaggebend für die Qualität der Lesung wie der Reproduktion; durch die Ausdehnung der Stromversorgung in Ägypten und den Einsatz von modernen, transportablen Lichterzeugern und von Halogenlicht ist die Epigraphik endlich von Petroleumlampe und Blitzlicht unabhängig geworden. Gut ausgeleuchtete Farblichtbilder stellen im Augenblick wohl die getreueste Wiedergabe des Originals dar. Hohe Kosten der Reproduktion verhindern jedoch, daß die optimale Art der Wiedergabe auch in der Wissenschaft zur Selbstverständlichkeit wird; damit bleiben Möglichkeiten ungenutzt, die u. U. niemals wiederkehren – viele der schönsten Denkmäler Ägyptens verfallen, bevor sie sachgerecht aufgenommen wurden.

R. A. Caminos u. H. G. Fischer, Ancient Egyptian Epigraphy and Palaeography, New York 1976.

§ 87. Geschichte der ägyptischen Kunst

Im Schatten der negativen Bewertung durch Winckelmann und Goethe konnte sich die Erforschug der ägypt. Kunst und ihrer Geschichte nur zögernd entwickeln. 1882 schufen G. Perrot und Ch. Chipiez eine erste brauchbare Gesamtdarstellung (Histoire de l'art dans l'antiquité, Bd. I), doch erst die sorgfältige Herausarbeitung ihrer Formgesetze durch Heinrich Schäfer (1869–1957) legte den Grund zum Verständnis ägypt. Kunstformen und ihrer Eigengesetzlichkeit. Der Schäfersche Strukturvergleich zwischen griechischer und „vorgriechischer" Kunst intensivierte zugleich die Auseinandersetzung der theoretischen Kunstwissenschaft mit ägypt. Formen. Durch die lebhafte Diskussion um die *Grundlagen* ägypt. Kunstwollens trat die geschichtliche Differenzierung der Formenwelt vorübergehend in den Hintergrund, doch hat Walther Wolf 1957 in einer ersten wirklichen Kunst*geschichte* Ägyptens die Ergebnisse der Strukturforschung und der theoretischen Kunstwissenschaft mit der geschichtlichen Entwicklung zu einem Gesamtbild verbunden, das der weiteren Forschung als Grundlage dienen kann. Wir können heute die Formensprache der ägypt. Kunst in großen Zügen „lesen", wir können die Wandlung ihrer Aussagen auf dem Hintergrund ägypt. Geistesgeschichte verfolgen, aber wir können manches Kunstwerk Ägyptens nur mit einer Fehlergrenze von Jahrhunderten datieren. Um hier weiterzukommen, bedarf es mühsamer Kleinarbeit an Einzelheiten der Formgebung, bis ein relativ verläßlicher Katalog von Datierungsmerkmalen erarbeitet ist.

H. Schäfer, Von ägypt. Kunst, 1919, [4]1963; W. Wolf, Die Kunst Ägyptens, 1957. Unter den neueren Gesamtdarstellungen ragt vor allem der von C. Vandersleyen hrsg. Band 15 der Propyläen-Kunstgeschichte hervor (Das alte Ägypten, 1975). Von zahlreichen weiteren Werken seien noch genannt: K. Michalowski, L'art de l'ancienne Egypte, Paris 1968 (auch deutsch: Ägypten. Kunst und Kultur, [7]1983); H. W. Müller, Ägypt. Kunst, 1970; J. Leclant (Hrsg.), Le monde égyptien. Les Pharaons, 3 Bde, Paris 1978–80 (deutsch 1979–81); D. Wildung, Ägypt. Kunst, 1988. Für die Einzelbetrachtung ausgewählter Werke richtungsweisend H. Ranke, Meisterwerke der ägypt. Kunst, 1948. Gut ausgewählte

Bildbände zur gesamten ägypt. Kunst vor allem K. Lange, Ägypt. Kunst, ²1939, und ders. mit M. Hirmer, Ägypten. Architektur, Plastik, Malerei in drei Jahrtausenden, 1955, ⁵1975. Gründliche, materialreiche Darstellungen einzelner Epochen liegen für die Frühzeit und das Alte Reich vor: H. Asselberghs, Chaos en beheersing. Documente uit aeneolithisch Egypte, Leiden 1961; W. St. Smith, A History of Egyptian Sculpture and Painting in the Old Kingdom, Boston ²1949. Für das Mittl. Reich D. Wildung, Sesostris und Amenemhet, 1984. Die § 90 genannten Darstellungen von Evers und v. Bothmer orientieren sich vorwiegend an der Plastik, sind jedoch für die gesamte Kunst des Mittleren Reiches bzw. der Spätzeit grundlegend.
Zur Frage der Künstlerpersönlichkeit H. Junker, Die gesellschaftliche Stellung der ägypt. Künstler im Alten Reich, SBÖAW 233, 1959; W. Wolf, Die Stellung der ägypt. Kunst zur antiken und abendländischen und Das Problem des Künstlers in der ägypt. Kunst, 1951; A. Mekhitarian, Personnalité de peintres thébains, CdE 31, 1956, 238–248; W. Barta, Das Selbstzeugnis eines altägypt. Künstlers, 1970 (MÄS 22). Zu Werkverfahren und Proportionskanon vgl. §§ 90 und 91.

§ 88. Wechselwirkung mit der Umwelt

Die künstlerische Wechselwirkung Ägyptens mit seiner Umwelt folgt den großen Linien seiner politischen und kulturellen Beziehungen zum Ausland (§ 59); wie dort finden wir einen ersten Höhepunkt zu Beginn der Geschichte, einen zweiten im Neuen Reich, einen dritten beim Übergang von der Spätzeit zur griechisch-römischen Zeit. Die „mesopotamischen" Motive und Stilformen am Ende der Vorgeschichte scheinen weniger für einen Einfluß in einer Richtung als für eine einheitliche vorgeschichtliche Kunst im Nahen Osten zu sprechen, aus der sich das spezifisch ägypt. Kunstwollen zu Beginn der Geschichte herauslöst. So kann es eine echte Wechselwirkung zwischen der ägypt. Kunst und ihrer Umwelt erst nach dem Ende der Vorgeschichte und ihrer regen Kulturbeziehungen (zur Bibliographie vgl. § 74) geben. Grundlegend für die Querverbindungen vom Alten bis zum Neuen Reich im östlichen Mittelmeerraum ist die materialreiche Untersuchung von W. St. Smith, Interconnections in the Ancient Near East. A Study of the Relationships between the Arts of Egypt, the Aegean, and Western Asia, New Haven und London 1965; hier werden auch die kennzeichnenden Unterschiede gewürdigt, die insbesondere über Wesen und Verhältnis der ägyptischen und der vorderasiatischen Kunst (vgl. A. Scharff, Wesensunterschiede ägypt. und vorderasiat. Kunst, 1943) mehr aussagen als die gelegentlich im Alten und Mittleren Reich greifbaren Einflüsse. Im Neuen Reich scheinen vorderasiatische und minoische Einflüsse eine weit bedeutendere Rolle zu spielen, zu letzteren B. J. Kemp u. R. S. Merrillees, Minoan Pottery in Second Millenium Egypt, Mainz 1980. Andererseits wirkt die ägypt. Kunst noch weit über das Ende des Neuen Reichs im syrischen Raum weiter, vor allem auf die Phönizier (P. Wagner, Der ägypt. Einfluß auf die phöniz. Architektur, 1980; G. Hölbl, Ägypt. Kunstelemente im phönik. Kulturkreis des 1. Jahrt. v. Chr., Or 58, 1989, 318–325, dazu viel Material in dem von S. Moscati hrsg. Katalog i Fenici, Mailand 1988) und auf die Siegelkunst Palästinas (O. Keel, Jahwe-Visionen und Siegelkunst, 1977; ders. u. a., Studien zu den Stempelsiegeln aus Palästina/Israel, 3 Bde 1985–90, OBO 67, 88, 100). Mögliche Einflüsse auf die frühe griechische Kunst sind noch wenig untersucht, eine „Kontrastdiagnose" gab R. Anthes, Affinity and Difference between Egyptian and Greek Sculpture and Thought in the Seventh and Sixth Centuries B. C., Proceed. American Philosophical Society 107, 1963, 60–81. Für die Kunst der Spätzeit haben Einflüsse aus Vorderasien keine besondere Bedeutung, konnten aber nachgewiesen werden (J. D. Cooney, Persian Influence in Late Egyptian Art, JARCE 4, 1965, 39–48). Tiefer wirkte die Begegnung Ägyptens mit der griechischen Kunst seit der 26. Dynastie. Ihr Ergebnis sind die eigentümlichen Mischformen, das Nebeneinander von ägyptischen und griechischen Stilelementen im Grab des Hohenpriesters Petosiris (um 320 v. Chr.) und auf vielen Denkmälern der ptolemäischen und römischen Zeit; vgl. dazu W. Wolf, Zur Auseinandersetzung zwischen der ägyptischen und griechischen Kunst, AfO 6, 1931, 263–273; Ibrahim Noshy, The Arts in Ptolemaic Egypt, London 1937; L. Castiglione, Dualité du style dans l'art sépulcral égyptien à l'époque romaine, Acta Antiqua (Budapest) 9, 1961, 209–230 und die in § 83 genannten Sammelbände.

§ 89. Architektur

Über ägypt. Baudenkmäler und ihre Geschichte sind in letzter Zeit vorzügliche zusammenfassende Darstellungen wie auch weiterführende spezielle Untersuchungen erschienen. J. L. de Cenival, Ägypten (1964), gibt in der Reihe „Architektur der Welt" einen guten Überblick, der auch die technischen Fragen berücksichtigt; über die religiöse und weltliche Architektur von der Vorgeschichte bis zum Ende

§ 89. Architektur 139

des Neuen Reiches informieren eingehend, reich mit Literaturhinweisen und Plänen ausgestattet, Bd. I und II von J. Vandier, Manuel (§ 84); durch seinen streng systematischen Aufbau ist auch das ältere Werk von G. Jéquier, Manuel d'archéologie égyptienne (nur ein Band „Les éléments de l'architecture", Paris 1924) als nützliche Informationsquelle für die einzelnen Bauelemente bis heute nicht voll ersetzt. Eine Geschichte der ägypt. Architektur bis zum Ende des Neuen Reiches gab Al. Badawy, A History of Egyptian Architecture, 3 Bde, Giza 1954 und Berkeley-Los Angeles 1966–68. Zahlreiche wertvolle Einzeluntersuchungen enthält die von L. Borchardt begründete, von H. Ricke und G. Haeny fortgeführte Reihe „Beiträge zur ägypt. Bauforschung und Alterstumskunde" (seit 1926 12 Hefte).

Zur Bautechnik D. Arnold, Building in Egypt. Pharaonic Stone Masonry, New York u. Oxford 1991; A. J. Spencer, Brick Architecture in Ancient Egypt, Warminster 1979. Die frühe Entwicklung der *Grabform* behandelt außer den genannten Gesamtdarstellungen G. Reisner, The Development of the Egyptian Tomb down to the Accession of Cheops, Cambridge/Mass. 1936; speziell zum *Felsgrab* H. Brunner, Die Anlagen der ägypt. Felsgräber bis zum Mittleren Reich, 1936 (ÄgFo 3), und zur Spätzeit D. Eigner, Die monumentalen Grabbauten der Spätzeit in der theban. Nekropole, 1984. Von der zu schematischen Unterscheidung ober- und unterägypt. Formen hat sich die neuere Forschung wieder gelöst. Über die prominenteste Grabform Ägyptens, die *Pyramide,* handeln ausführlich V. Maragioglio und C. A. Rinaldi, L'architettura delle piramidi Menfite, 8 Bde, Turin 1963–77; von J. Ph. Lauer, Histoire monumentale des pyramides d'Egypte, ist nur ein Bd. I über die Stufenpyramiden der 3. Dyn. erschienen (Kairo 1962). Gute Überblicke geben vor allem I. E. S. Edwards, The Pyramids of Egypt, London 1947, ^{4}1991 (deutsch: Die ägypt. Pyramiden, 1967), und R. Stadelmann, Die ägypt. Pyramiden, 1985, ^{2}1991; ders., Die großen Pyramiden von Giza, 1990. Zu speziellen Fragen J. Ph. Lauer, Le mystère des pyramides, Paris 1974 (zuerst 1948 als „Le problème des pyramides d'Egypte; deutsch: Das Geheimnis der Pyramiden, 1980), der auf S. 110–161 auch eine ausführliche Auseinandersetzung mit der „Pyramidologie" gibt, die seit über hundert Jahren (erstmals J. Taylor 1859) trotz mehrfacher Widerlegung immer wieder versucht, aus den Pyramidenmaßen eine esoterische Zahlenmystik herauszulesen. Nicht weniger fruchtlos ist die Erklärung der Pyramiden als Stätten mystischer „Einweihung" in der modernen Theosophie und ihren Ausläufern. Solche Spekulationen konnten nicht zuletzt deshalb um sich greifen, weil die Frage nach der Funktion und nach der religiösen Bedeutung der Pyramide in der Wissenschaft lange Zeit gegenüber den technischen Problemen vernachlässigt wurde; heute hat sich die Deutung des Pyramidengrabes als steinernes Abbild des mythischen „Urhügels" (Kristensen, de Buck) weitgehend durchgesetzt. Umstritten sind immer noch Technik und Dauer des Pyramidenbaus, da keine altägypt. Berichte darüber vorliegen; fast jedes Jahr bringt neue Vorschläge und Überlegungen dazu.

Zu den Tempelanlagen D. Arnold, Die Tempel Ägyptens, 1992, und F. Teichmann, Der Mensch und sein Tempel: Ägypten, 1978. Von den großen Anlagen des Neuen Reiches haben nur die Tempel Ramses' III. in Medinet Habu und Sethos' I. in Abydos eine (noch nicht abgeschlossene) Veröffentlichung gefunden, die hohen Ansprüchen an Genauigkeit und Ausführlichkeit genügt: Medinet Habu, bisher 8 Bde, Chicago 1930ff. (in der Reihe OIP); U. Hölscher, The Excavation of Medinet Habu, 5 Bde Chicago 1934/54; A. H. Gardiner und A. M. Calverley, The Temple of King Sethos I at Abydos, bisher 4 Bde London 1933/58; dazu als orientierender Überblick U. Hölscher, Die Wiedergewinnung von Medinet Habu im westlichen Theben, 1958. Für Karnak sei hingewiesen auf The Temple of Khonsu, 2 Bde, Chicago 1979– 81, für Luxor auf H. Brunner, Die südlichen Räume des Tempels von Luxor, 1977, für Abu Simbel auf Ch. Desroches-Noblecourt u. Ch. Kuentz, Le petit temple d'Abou Simbel, 2 Bde, Kairo 1968. Daneben schreitet die Veröffentlichung der Tempel aus griech.-röm. Zeit erfreulich voran, vgl. die § 83 genannten Editionen und zur besonderen Form der „Geburtshäuser" (Mammisi) F. Daumas, Les Mammisis des temples égyptiens, Paris 1958. Für die Totentempel des Alten Reiches hat H. Ricke, Bemerkungen zur ägypt. Baukunst des Alten Reiches I–II (Beiträge Bf 4 und 5, 1944–50) eine Grundlage gelegt, für den Peripteraltempel L. Borchardt, Ägypt. Tempel mit Umgang (Beiträge Bf 2, 1938) und F. W. v. Bissing, Die Baugeschichte des südl. Tempels von Buhen, SBBAW 1942 Heft 9, für die Sonnenheiligtümer der 5. Dynastie W. Kaiser, Zu den Sonnenheiligtümern der 5. Dynastie, MDAIK 14, 1956, 104– 106, und E. Winter, Zur Deutung der Sonnenheiligtümer der 5. Dynastie, WZKM 54, 1957, 222–233. Zur Anordnung der Dekoration grundlegend D. Arnold, Wandrelief und Raumfunktion in ägypt. Tempeln des Neuen Reiches, MÄS 2, 1962, und E. Winter, Untersuchungen zu den ägypt. Tempelreliefs der griech.-röm. Zeit, 1968.

Die *weltliche Architektur* Ägyptens – Paläste, Wohnhäuser, Magazine, Festungen – ist wesentlich schlechter erhalten als die sakrale und setzt der Erforschung daher größere Schwierigkeiten entgegen. Dazu kommt, daß die erhaltenen Stadtanlagen in Amarna, Illahun und Deir el-Medina (§ 95) soziologisch oder geschichtlich eine Sonderstellung einnehmen und nicht unbedingt als typisch gelten können. Für *Wohnhäuser* vor allem H. Ricke, Der Grundriß des Amarna-Wohnhauses, 1932 (WVDOG 56); L. Borchardt u. H. Ricke, Die Wohnhäuser in Tell el-Amarna, 1980 (WVDOG 91); E. Roik, Das altägypt. Wohnhaus und seine Darstellung im Flachbild, 1988, ferner zur sozialen Differenzierung in Amarna Ch. Tietze, ZÄS 112, 1985, 48–84. Den Grabungen in Nubien verdanken wir überraschende Einblicke in den hochentwickelten altägypt. *Festungsbau* des Mittleren und Neuen Reiches; eine erste Zusammenfassung der Ergebnisse gab A. W. Lawrence, Ancient Egyptian Fortifications, JEA 51, 1965, 69–94, vgl. ferner H. S. Smith, The Fortress of Buhen, London 1976.

Die spezifisch ägypt. Form des *Obelisken* ist in mehreren Monographien behandelt: L. Habachi, The Obelisks of Egypt, New York 1977 (deutsch: Die unsterblichen Obelisken Ägyptens, 1982); K. Martin, Ein Garantsymbol des Lebens, 1977 (HÄB 3); E. Dondelinger, Der Obelisk, 1977, und zu den aus Ägypten verschleppten Obelisken E. Iversen, Obelisks in Exile, 2 Bde, Copenhagen 1968–72.

Eine Vorstellung von der reich differenzierten *Fachsprache* der ägypt. Architekten vermittelt L. A. Christophe, Le vocabulaire d'architecture monumentale d'après le papyrus Harris I, Mél. Maspero I, 4 (1961), 17–29, ferner P. Spencer, The Egyptian Temple. A Lexicographical Study, London 1984; auch *Konstruktionspläne* haben sich mehrfach erhalten (Bibliographie bei W. K. Simpson, Papyrus Reisner I, 1963, S. 63 Anm. 10). Zu einzelnen Bauteilen: O. Koenigsberger, Die Konstruktion der ägypt. Tür, 1936 (ÄgFo 2); S. Wiebach, Die ägypt. Scheintür, 1981; G. Haeny, Basilikale Anlagen in der ägypt. Baukunst des Neuen Reiches, 1970 (Beiträge Bf 9); zu den technischen Fragen vgl. die § 68 genannte Literatur.

§ 90. Rundbild

Die ägypt. *Plastik* entspringt religiösem Antrieb; Götter und Menschen streben danach, in dauerhaften Abbildern, die rituell belebt werden, ihre Seinsmöglichkeit zu erweitern. Aufgabe des ägypt. Künstlers ist es, nicht den wechselnden, zufälligen Erscheinungsformen, sondern der zeitlosen Gestalt Dauer zu verleihen; er bildet das göttliche oder menschliche Vorbild in idealer Grundstellung und in idealem Lebensalter ab. Abweichungen von dieser Norm, etwa realistische Altersdarstellungen (seit der 5. Dynastie belegt: H. G. Fischer, JARCE 2, 1963, 23 f.), sind selten, aber für den geschichtlichen Wandel der ägypt. Kunst von großer Bedeutung. Eine Vorstellung davon, welcher Formenreichtum auch innerhalb der gesetzten Norm möglich war, gibt der Typenkatalog von B. Hornemann (Types of Ancient Egyptian Statuary, 7 Teile, Kopenhagen 1951–69), aber auch jeder Katalog einer größeren Sammlung (§ 96). Eine geschichtlich und typologisch fein differenzierte Orientierung über das Rundbild vom Alten bis zum Neuen Reich vermittelt der dritte Band (1958) von J. Vandier, Manuel (§ 84). Für Deutung und Datierung gleichermaßen wichtig sind Untersuchungen über die Plastik einzelner Epochen; hier hat vor allem das Mittlere Reich eine grundlegende Darstellung durch H. G. Evers gefunden (Staat aus dem Stein, 2 Bde, 1929); für das Neue Reich kann als Beispiel R. Tefnin, La statuaire d'Hatshepsout, Brüssel 1979, dienen. Um die lange vernachlässigte Spätzeit, die gerade im Rundbild noch Großes geleistet hat, haben sich zunächst K. Bosse, Die menschliche Figur in der Rundplastik der ägypt. Spätzeit von der XXII. bis XXX. Dynastie (ÄgFo 1, 1936), und H. Drerup, Ägypt. Bildnisköpfe griech. und röm. Zeit (Orbis antiquus 3, 1950), bemüht. Seit 1950 arbeitet B. von Bothmer im Verein mit H. de Meulenaere und

H. W. Müller an einem Corpus of Late Egyptian Sculpture, dessen Bedeutung vor allem in methodischen Fragen weit über das Gebiet der Spätzeit-Plastik hinausreicht; erste wichtige Ergebnisse, neue Datierungen und neue „joins" von getrennten Fragmenten enthält der Katalog einer Ausstellung im Brooklyn Museum (Egyptian Sculpture of the Late Period, Brooklyn 1960).

Zur religiösen Bedeutung und Funktion der Statuen M. Weynants-Ronday, Les statues vivantes, Brüssel 1926; F. Abitz, Statuetten in Schreinen als Grabbeigaben, 1979 (ÄgAbh 35). Zu einzelnen Statuengruppen H. Kayser, Die Tempelstatuen ägypt. Privatleute im Mittleren und Neuen Reich, 1936 (Diss. Heidelberg, fortgeführt von E. Otto, Zur Bedeutung der ägypt. Tempelstatue seit dem Neuen Reich, Or 17, 1948, 448–466); A. Shoukry, Die Privatgrabstatue im Alten Reich, Kairo 1951; H. Bonnet, Herkunft und Bedeutung der naophoren Statue, MDAIK 17, 1961, 91–98; C. Chaudefaud, Les statues porte-enseignes de l'Egypte ancienne, Paris 1982; H. Satzinger, Der heilige Stab als Kraftquelle des Königs, 1981. Die besondere Form der *Sphinx* haben zuletzt Dessenne (Le Sphinx. Étude iconographique, Bd. I, Paris 1957) und H. Demisch, Die Sphinx, 1977, ausführlich behandelt. Zu den *Dienerfiguren* und Modellen, die weniger auf den zeitlosen Abbild-Charakter festgelegt sind und damit dem Künstler größere Freiheit erlauben, vgl. J. H. Breasted Jr., Egyptian Servant Statues, New York 1948, bzw. H. E. Winlock, Models of Daily Life in Ancient Egypt, Cambridge/Mass. 1955. Zur Typologie der Totenfiguren *(Uschebti)* vor allem H. D. Schneider, Shabtis, 3 Bde, Leiden 1977, und H. A. Schlögl u. A. Brodbeck, Ägypt. Totenfiguren aus öffentlichen und privaten Sammlungen der Schweiz, 1990. Das *Werkverfahren* behandelt R. Anthes, Werkverfahren ägypt. Bildhauer, MDAIK 10, 1941, 79–121, die *Bemalung* P. Reuterswärd, Studien zur Polychromie der Plastik I, Stockholm 1958; zur Frage des *Porträts* in Ägypten findet man einen umfassenden Überblick und die Literatur bei W. Wolf, Kunst (§ 87), dazu eine neuere Überlegung bei J. Assmann, Ikonologie der Identität, in: M. Kraatz (Hrsg.), Das Bildnis in der Kunst des Orients (1990), S. 17–36. Für die *Bronzeplastik* sei auf G. Roeder, Ägypt. Bronzewerke, 1937, und ders., Ägypt. Bronzefiguren, 1956, verwiesen.

§ 91. Flachbild

Relief, Malerei und Zeichnung sind in der ägypt. Kunst oft nicht scharf zu trennen und werden seit langem unter der Bezeichnung *Flachbild* zusammengefaßt. Zeichnungen sind in der Regel nur in unfertigen Gräbern (vgl. M. Baud, Les dessins ébauchés de la nécropole thébaine, MIFAO 63, 1935), als Vorzeichnung des farbigen Reliefs, oder als Skizze auf Kalksteinscherben (Ostraka) erhalten; solche „Bildostraka" haben J. Vandier d'Abbadie (Catalogue des ostraca figurés de Deir el-Médineh, 4 Hefte, Kairo 1936/59, Heft 5, 1986 von A. Gasse) und E. Brunner-Traut (Die altägypt. Scherbenbilder der deut-

§ 91. Flachbild

schen Museen und Sammlungen, 1956) gesammelt, vgl. ferner B. E. J. Peterson, Zeichnungen aus einer Totenstadt, Stockholm 1973, und E. Brunner-Traut, Egyptian Artists' Sketches, Istanbul 1979, sowie allgemein W. Forman u. H. Kischkewitz, Die altägypt. Zeichnung, 1971, und W. H. Peck, Egyptian Drawings, New York 1978 (deutsch: Ägypt. Zeichnungen aus drei Jahrtausenden, 1979). Die *Malerei* hat sicher innerhalb der weltlichen Architektur, in Wohnhäusern und Palästen, große Bedeutung gehabt, doch sind uns nur wenige Proben von Fußboden- oder Wandmalerei aus diesem Bereich erhalten (H. Frankfort, The Mural Painting of El-Amarneh, London 1929; F. W. v. Bissing, Der Fußboden aus dem Palaste des Königs Amenophis IV. zu El Hawata im Museum zu Kairo, 1941). Unvergleichlich besser ist, bereits in der Vorgeschichte beginnend (Wandbild von Hierakonpolis), die ägypt. Grabmalerei erhalten. Die älteren Schwarzweiß-Reproduktionen konnten nur einen Eindruck von der Thematik und Linienführung vermitteln, während die Farbgebung erst in den zahllosen modernen Bildbänden zur Geltung kommt, deren Qualität sich stetig verbessert. Stärker noch als die religiöse Thematik stehen in den Malereien wie in den Reliefs der Gräber Szenen des täglichen Lebens im Vordergrund, die das ägypt. Flachbild zu einer Fundgrube und einer Illustration der Kulturgeschichte machen; auf diesen kulturgeschichtlichen Aspekt sind die großen und immer noch nützlichen Sammlungen von L. Klebs (Die Reliefs des Alten Reiches, 1915; Die Reliefs und Malereien des Mittleren Reiches, 1922; Die Reliefs und Malereien des Neuen Reiches I, 1934) und W. Wreszinski (Atlas zur altägypt. Kulturgeschichte, 3 Teile, 1923/40) ausgerichtet. Eine neue, umfassende Typologie dieser Szenen des täglichen Lebens geben Band IV–VI (1964–78) von J. Vandier, Manuel (§ 84). Der reichentwickelten *Ornamentik* sind G. Jéquier, Décoration égyptienne (Paris 1911), und P. Fořtová-Šámalová, Das ägypt. Ornament (Prag 1963, dazu E. Brunner-Traut, OLZ 60, 1965, 464–467) nachgegangen. Zum ägypt. Flachbild gehören nicht zuletzt auch die *Hieroglyphen* (§ 8), die bisher noch kaum in die Kunstbetrachtung einbezogen wurden.

Den *Proportionskanon,* der den ägypt. Rund- und Flachbildern zugrunde liegt, hat E. Iversen ausführlich behandelt (Canon and Proportions in Egyptian Art, London 1955, ²Warminster 1975; W. Davis, The Canonical Tradition in Ancient Egyptian Art, Cambridge 1989), das *Werkverfahren* im Flachbild C. Ransom-Williams, The Decoration of the Tomb of Perneb, New York 1932, und Smith, History (§ 87) Kap. XIII. Über die Verwendung und Bedeutung der *Farben* im alten Ägypten gab A. Hermann einen vorzüglichen Überblick und reiche Literaturhinweise im Artikel „Farbe" (1967) des RAC.

§ 92. Kunstgewerbe

In das *Kunstgewerbe* der Ägypter geben die vereinzelten Funde von unberührten Grabschätzen aus dem Alten und Neuen Reich den besten Einblick; genannt seien vor allem die Beigaben der Königin Hetepheres aus der 4. Dynastie (entdeckt 1925, veröffentlicht von G. Reisner und W. St. Smith, The Tomb of Hetep-heres the Mother of Cheops, Cambridge/Mass. 1955), des Königs Tutanchamun aus der 18. Dynastie (entdeckt 1922/23, nur in Auszügen veröffentlicht, ein Überblick bei N. Reeves, The Complete Tutankhamun, London 1990), sowie der Beamten Cha aus der 18. Dynastie (entdeckt 1906, s. E. Schiaparelli, La tomba intatta dell' architetto Cha, Relazione sui lavori della Missione archeologica italiana in Egitto, Bd. II, 1927) und Sennedjem aus der 19. Dynastie (entdeckt 1886, nur zum Teil veröffentlicht). Sicher hat das ägypt. Kunstgewerbe nicht so ausschließlich, wie es nach den Fundumständen scheint, für den Bedarf der Toten gearbeitet, viele seiner Erzeugnisse sind erst sekundär Grabbeigabe geworden, doch gab die Vorsorge für das Jenseits einen bedeutenden Antrieb.

Das ganze Gebiet behandeln im Überblick W. Wolf, Das ägypt. Kunstgewerbe, 1931, und H. Kayser, Ägypt. Kunsthandwerk, 1969. Von der formalen und handwerklichen Vollendung ägypt. *Juwelierkunst* geben neben den schon genannten Grabschätzen (dazu noch F. W. v. Bissing, Ein thebanischer Grabfund aus dem Anfang des neuen Reichs, 1900) vor allem die beiden großen Schatzfunde aus der 12. Dynastie in Illahun und Dahschûr (heute in Kairo und New York) eine gute Vorstellung. Eine reiche Auswahl bieten M. Vilímková u. M. Abdul-Rahman, Altägypt. Goldschmiedekunst, 1969; C. Aldred, Jewels of the Pharaohs, London 1971; A. Wilkinson, Ancient Egyptian Jewellery, London 1971; C. Andrews, Ancient Egyptian Jewellery, London 1990; speziell zu den Pektoralen E. Feucht-Putz, Die königlichen Pektorale, 1967, und E. Feucht, Pektorale nichtköniglicher Personen, 1971 (ÄgAbh 22).

Viele ägypt. *Möbel* haben sich durch die großen Grabfunde im Original erhalten, eine Zusammenstellung bis zum Neuen Reich bei G. Killen, Ancient Egyptian Furniture, I, Warminster 1980. Den Thron behandelt K. P. Kuhlmann, Der Thron im Alten Ägypten, 1977. Zu Särgen und Sarkophagen immer noch grundlegend V. Schmidt, Sarkofager, mumiekister, og mumiehylstre i det gamle Aegypten, Kopenhagen 1919, dazu jetzt für das AR A. M. Donadoni Roveri, I sarcofagi egizi dalle origini alla fine dell'Antico Regno, Rom 1969, für das MR H. Willems, Chests of Life, Leiden 1988, für das NR W. C. Hayes, Royal Sarcophagi of the XVIIIth Dynasty, Princeton 1935, für die 3. Zwischenzeit A. Niwiński, 21st Dynasty Coffins from Thebes, Mainz 1988, und für die Spätzeit M.-L. Buhl, The Late Egyptian Anthropoid Stone Sarcophagi, Kopenhagen 1959.

Weitere Erzeugnisse des ägypt. Kunstgewerbes behandeln die beiden folgenden Paragraphen. Zu Waffen vgl. § 46, zu Musikinstrumenten § 28.

§ 93. Gefäßkunst

Die *Keramik* ist an allen Fundorten Ägyptens in Fülle vertreten, in der Kunstgeschichte spielen aber nur die vorgeschichtliche Keramik und die bemalte Keramik des Neuen Reiches eine bedeutendere Rolle; außerhalb dieser Blütezeiten sind die Tongefäße zumeist schlichter Gebrauchsgegenstand und eignen sich mit ihren zeitlosen Formen nur schwer zu genauerer Datierung. Nach bahnbrechenden Ansätzen von W. Y. Adams zur meroïtischen und christlichen Keramik Nubiens hat jetzt eine internationale Studiengruppe große Fortschritte in der Klassifizierung und Datierung altägypt. Keramik erzielt. Einige Ergebnisse bei Do. Arnold (Hrsg.), Studien zur altägypt. Keramik, 1981; die Gruppe gibt seit 1975 auch ein Bulletin de liaison du groupe internat. d'étude de la céramique égyptienne heraus. Die älteren Arbeiten sind dadurch weitgehend überholt, doch fehlen noch neuere Zusammenfassungen.

Höheren Rang als die Keramik haben in der ägypt. Kunstgeschichte die *Steingefäße*, deren Blütezeit von der späten Vorgeschichte bis in die 3. Dynastie reicht. Allenfalls durch Aufschriften „verziert", wirken sie allein durch die Qualität von Material (seit der 4. Dynastie fast ausschließlich Alabaster), Form und Bearbeitung. Eine Materialzusammenstellung bei A. el Khouli, Egyptian Stone Vessels, 3 Bde, Mainz 1978. Zu Metallgefäßen A. Radwan, Die Kupfer- und Bronzegefäße Ägyptens, 1983, zu Fayencegefäßen E.-Ch. Strauss, Die Nunschale – eine Gefäßgruppe des Neuen Reiches, 1974 (MÄS 30), und G. A. D. Tait, The Egyptian Relief Chalice, JEA 49, 1963, 93–139, zu Glasgefäßen § 67.

§ 94. Amulette, Siegel, Skarabäen

Einen schwer überschaubaren Reichtum an Formen und Materialien hat das ägypt. Kunstgewerbe in der Herstellung von *Amuletten* und *Siegeln* entfaltet. Bei dem Umfang des Materials und seiner Streuung über öffentliche und private Sammlungen in aller Welt ist es begreiflich, daß Ordnung, Datierung und Deutung noch große Unsicherheiten aufweisen. Von den großen Amulett-Sammlungen sind bisher nur die in Kairo (G. Reisner, Amulets, 2 Bde, Kairo 1907 u. 1958) und im University College London (W. M. F. Petrie, Amulets, London 1914) veröffentlicht, dazu noch C. Müller-Winkler, Die ägypt. Objekt-Amulette, 1987 (Slg. Matouk und allgemein, mit neuen Grundlagen zur Datierung). Der religionsgeschichtliche Hintergrund bleibt weitgehend noch zu erarbeiten.

Rollsiegel sind in Ägypten seit dem Beginn der geschichtlichen Zeit in Gebrauch und haben ihre Blütezeit in der Frühzeit (das Material bei P. Kaplony, Inschriften, vgl. § 74) und im AR (P. Kaplony, Die Rollsiegel des Alten Reiches, 2 Bde, Brüssel 1977–81). Seit dem Ende der 5. Dynastie werden sie immer mehr vom Siegelring verdrängt, der mit einem Stempelsiegel verbunden ist (zur Terminologie S. Schott, Wörter für Rollsiegel und Ring, WZKM 54, 1957,

177–185). Bei dieser neuen Gruppe, die vor allem durch käfergestaltige Siegel *(Skarabäen)* repräsentiert wird, ist die Grenze zwischen Siegel und Amulett oft schwer zu ziehen, doch gibt die Ausgestaltung der Unterseite mit Schrift, Figuren oder Symbolen ein zusätzliches Kriterium für die typologische und zeitliche Einordnung; religiöse Formeln der Amulett-Skarabäen sind häufig in Kryptographie (§ 11) abgefaßt, Einführungen in das große Gebiet der Skarabäuskunde, die den Sammler für eine fehlende ägypt. Numismatik entschädigt, geben E. Hornung u. E. Staehelin, Skarabäen und andere Siegelamulette aus Basler Sammlungen, 1976; E. Staehelin, Ägyptens heilige Pillendreher, 1982; O. Keel u. Ch. Uehlinger, Altorientalische Miniaturkunst, 1990. Für die Datierung neue Grundlagen bei B. Jaeger, Essai de classification et datation des scarabées Menkhéperrê, Freiburg/Schweiz 1982, eine Bibliographie von G. T. Martin, Scarabs, Cylinders and other Ancient Egyptian Seals, Warminster 1985, und zum Siegeln allgemein W. Boochs, Siegel und Siegeln im Alten Ägypten, 1982. Mit dem Ende der 26. Dyn. verschwindet die bis dahin so beliebte Siegel- und Amulettform des Skarabäus, doch lebt er als religiöses Symbol auf den magischen Gemmen weiter.

§ 95. Wichtigste archäologische Stätten

Die topographisch geordnete Bibliographie von B. Porter und R. L. B. Moss (§ 5) stellt für jeden Fundort übersichtlich die bisherige Literatur zusammen und ermöglicht durch zusätzliche Hinweise auf unveröffentlichtes Material eine vollständige Orientierung über die bisher geleistete archäologische Arbeit. Dazu kommen die regelmäßigen Berichte von J. Leclant über neue Arbeiten und Funde (§ 85). So mag es genügen, hier einige besonders prominente Fundstätten Ägyptens herauszugreifen; generell sei auch nochmals auf die § 2 genannte Fundgeschichte von W. Wolf verwiesen.

Abusir. 1898–1908 Ausgrabung von Pyramidenanlagen und Sonnenheiligtümern der 5. Dynastie durch F. W. von Bissing und die Deutsche Orient-Gesellschaft (L. Borchardt u. a.), 1955/57 durch das Schweizerische Institut für Bauforschung (H. Ricke) und das Deutsche Archäolog. Institut (H. Stock). Die Ergebnisse der älteren Grabungen sind veröffentlicht von F. W. v. Bissing u. a., Das Re-Heiligtum des Königs Ne-woser-re (Rathures), 3 Bde, 1905/28; L. Borchardt, Das Grabdenkmal des Königs Ne-user-reʿ, 1907 (WVDOG 7); ders., das Grabdenkmal des Königs Nefer-ir-ke-reʿ, 1909 (WVDOG 11) und ders., Das Grabdenkmal des Königs S'ahu-reʿ, 2 Bde, 1910 u. 1913 (WVDOG 14, 26). Die Veröffentlichung der jüngeren Grabung erfolgte durch H. Ricke, Das Sonnenheiligtum des Königs Userkaf, 2 Bde, Kairo 1965–69 (Beiträge Bf 7–8). Seit 1975 arbeitet eine tschechische Mission (M. Verner) an den Grabanlagen der 5. Dyn.

§ 95. Wichtigste archäologische Stätten   147

Abydos. Nach älteren Bemühungen (u. a. von Mariette), das „Osirisgrab" zu finden, 1894/98 Arbeiten von E. Amélineau (Les nouvelles fouilles d'Abydos, 3 Bde, Paris 1899–1904) im archaischen Königsfriedhof, 1899–1901 erfolgreiche Nachgrabungen von W. M. F. Petrie (The Royal Tombs of the Earliest Dynasties, 2 Bde, London 1900 u. 1901) und im Anschluß daran weitere Arbeiten von Petrie, seinen Mitarbeitern und anderen Archäologen in den Friedhöfen wie im Tempelbereich: W. M. F. Petrie, Abydos, 3 Bde, London 1902/04; M. A. Murray, The Osireion at Abydos, London 1904; D. Randall-Maciver und A. C. Mace, El Amrah and Abydos, London 1902; E. Naville, T. E. Peet und W. L. S. Loat, The Cemeteries of Abydos, 3 Bde, London 1913/14. Die von Murray und Naville begonnene Freilegung und Aufnahme des „Osireions" (Kenotaph Sethos' I.) wurde 1925/30 von der Egypt Exploration Society unter der Leitung von H. Frankfort fortgesetzt (The Cenotaph of Seti I at Abydos, 2 Bde, London 1933), dazu trat seit 1927 die Aufnahme des großen Tempels durch A. M. Calverley (§ 89), die jetzt durch J. Baines fortgeführt wird. Der Tempel Ramses' II. ist durch K. Kuhlmann aufgenommen worden. 1955 legte die ägypt. Altertümerverwaltung einen Palast Sethos' I. neben dem Tempel frei (E. B. Ghazouli, ASAE 58, 1964, 108–166). Seit 1977 führt das Deutsche Archäolog. Institut (W. Kaiser, G. Dreyer) erfolgreiche Nachuntersuchungen im archaischen Friedhof durch.

Amarna (Tell el Amarna). Nach den Arbeiten einer französischen Mission in den Gräbern (1883 ff.), der Entdeckung des Tontafel-Archivs durch Einheimische (1887) und einer ersten Grabung im Stadtbereich durch Petrie (1891/92, veröff. Petrie, Tell el-Amarna, London 1894) erhielt 1907 die Deutsche Orient-Gesellschaft eine Grabungskonzession; die 1911/14 von L. Borchardt durchgeführten Grabungen sind nur in Auszügen veröffentlicht (Vorberichte MDOG 34, 1907 bis 57, 1917; P. Timme, Tell el-Amarna vor der deutschen Ausgrabung im Jahre 1911, WVDOG 31, 1917, für die Wohnhäuser vgl. § 89). Die Egypt Exploration Society, die bereits seit 1901 für die Aufnahme und Veröffentlichung der Felsgräber gesorgt hatte (N. de G. Davies, The Rock Tombs of El Amarna, 6 Bde, London 1903/08), führte seit 1921 die Ausgrabung im Stadtbereich fort (The City of Akhenaten, 3 Bde, London 1923/51; Vorberichte im JEA 7, 1921 bis 22, 1936). Neuere Nachgrabungen erfolgen seit 1977 durch B. J. Kemp (vgl. seine Amarna Reports, 1984 ff.).

Bubastis. 1887/89 Grabungen von E. Naville für den Egypt Exploration Fund (Bubastis, London 1891; The Festival-Hall of Osorkon II., London 1892), 1906 Fund des Silberschatzes (C. C. Edgar, The Treasure of Tell Basta, in: Le Musée égyptien 2, 1907, 93–108), 1939 und 1943/44 Freilegung eines kleinen Tempels der 6. Dynastie durch Labib Habachi (Tell Basta, Kairo 1957).

Dahschûr. 1893/95 werden Friedhöfe der 4. und der 12. Dynastie von J. de Morgan ausgegraben (Fouilles à Dahchour, 2 Bde, Wien 1894 und 1903), 1951/55 legt A. Fakhry die Kultanlagen der Knickpyramide frei (The Monuments of Sneferu at Dahshur, 3 Bde, Kairo 1959/61), seit 1980 R. Stadelmann die Anlagen um die Rote Pyramide.

Deir el-Medina, Siedlung und Grabanlagen der königlichen Nekropolenhandwerker und -arbeiter im Neuen Reich, auf dem thebanischen Westufer gelegen. Der kleine ptolemäische Tempel wurde 1912 von Baraize freigelegt, 1915 begannen die Grabungen des Institut français d'archéologie orientale zunächst in der Nekropole, dann im Stadtbereich (bis 1951). B. Bruyère gab in der RdE 5, 1946, 11–24 einen Überblick über die Arbeiten bis 1940, ausführliche Grabungsberichte veröffentlichte er 1924/53 in Bd. I bis XXVI der FIFAO; dazu kommt die noch nicht abgeschlossene Veröffentlichung der Ostraka durch J. Černý (nichtliterarische), G. Posener (literarische) und J. Vandier d'Abbadie (Bildostraka) in den Documents de fouilles (seit 1934) und die Veröffentlichung einzelner Gräber. Vgl. auch § 57.

Elephantine, vorgeschobener Grenzort im Süden und seit der Frühzeit wichtiges religiöses Zentrum, bietet neben seinen Tempeln eine der wenigen erhaltenen Stadtanlagen und speziell eine jüdische Militärkolonie des 5. Jahrh. v. Chr., aus der sich zahlreiche aramäische Papyri erhalten haben. 1906–09 deutsche (O. Rubensohn) und französ. Grabungen, 1932 Entdeckung des Hekaib-Heiligtums (L. Habachi, The Sanctuary of Heqaib, Mainz 1985) und seit 1969 regelmäßige Grabungen des Deutschen Archäolog. Inst. und des Schweizerischen Instituts für Bauforschung (Vorberichte in MDAIK 26, 1970 ff.).

Gîza. 1902 wurden die Kultanlagen und Friedhöfe um die drei großen Pyramiden der 4. Dynastie in eine amerikanische (Harvard-Universität), italienische (Turiner Museum) und deutsche Konzession (Universität Leipzig) aufgeteilt. Der italienische Teil fiel nach einer Grabungskampagne (S. Curto, Gli scavi italiani a El-Ghiza, Rom 1963) an Harvard, der deutsche wenig später an die Wiener Akademie der Wiss. Für die letztere grub H. Junker 1912/14 und 1925/29 auf dem Westfriedhof und legte seine Ergebnisse in einer weithin als Muster geltenden, vollständigen und reich kommentierten Veröffentlichung vor (Gîza, 12 Bde, 1929/55). Die amerikanischen Grabungen wurden von G. Reisner geleitet und veröffentlicht (Mycerinus. The Temples of the Third Pyramid at Giza, Cambridge Mass. 1931; A History of the Giza Necropolis, 2 Bde, Cambridge/Mass. 1942/55). Weitere Grabungen führten 1929/39 Selim Hassan (Excavations at Giza, 10 Bde, Kairo 1932/60), 1949/50 Abu Bakr (Excavations of Giza, Kairo 1953) durch, als jüngste Entdeckung reihte sich 1954 der zufällige Fund eines 43 m langen Totenschiffes neben der Cheopspyramide an (M. Zaki Nour u. a., The Cheops Boat, Part I, Kairo 1960). Die Denkmäler des NR (vor allem Stelen) bei Ch. M. Zivie, Giza au deuxième millénaire, Kairo 1976.

Saqqâra wurde bereits mit der Entdeckung des Serapeums durch A Mariette (1851) zu einer der berühmtesten Ruinenstätten. In unserem Jahrhundert konzentrierte sich die Arbeit zunächst auf den Bezirk der Stufenpyramide (seit 1923: C. M. Firth und J. E. Quibell, The Step Pyramid, 2 Bde, Kairo 1935; J.-Ph. Lauer, La Pyramide à degrès, 4 Bde, Kairo 1936/59), dann auf den archaischen Nordfriedhof, wo W. B. Emery im Anschluß an frühere Arbeiten von Quibell 1935/56 Königs- und Beamtengräber der 1. Dynastie freilegte (The Tomb of Ḥemaka, Kairo 1938; Ḥor-Aḥa, Kairo 1939; Great Tombs of the First Dynasty, 3 Bde, Kairo und London 1949/58). Die übrigen Teile der weit ausgedehnten Nekropole wurden vor allem durch die kontinuierlichen Arbeiten von J. E. Quibell (1905/14: Excavations at Saqqara, 6 Bde, Kairo 1907/23) und G. Jéquier (1924/36: ein Überblick in Douze ans de fouilles dans la nécropole memphite, Neuchâtel 1940, dazu zahlreiche Einzelveröffentlichungen) erschlossen. Reiche Ergebnisse brachten auch die seit 1937 von Selim Hassan, Z. Goneim u. a. am Aufweg zur Unaspyramide durchgeführten Grabungen, doch sind sie bisher nur zum Teil veröffentlicht. 1951/55 konnte Zakaria Goneim einen zweiten Stufenpyramiden-Bezirk der 3. Dynastie freilegen (Horus Sekhem-khet, Part I, Kairo 1957; Die verschollene Pyramide, 1955). Die britisch-holländ. Arbeiten in der Nekropole des NR wurden durch die Wiederentdeckung der Gräber des Haremhab (1975) und des Maya (1986) gekrönt, dazu G. T. Martin, The Hidden Tombs of Memphis, London 1991; A.-P. Zivie, Memphis et ses nécropoles au Nouvel Empire, Paris 1988.

Tanis. Auch an dieser Ruinenstätte im Ostdelta haben bereits Mariette und Petrie (Tanis, 2 Bde, London 1885/89) gegraben. Die Tempel und Grabanlagen der Dritten Zwischenzeit, in denen viele ältere Denkmäler verbaut sind, wurden 1928/56 von einer französischen Mission unter der Leitung von P. Montet freigelegt; seit 1965 wird die Grabung von J. Yoyotte fortgeführt, seit 1985 von Ph. Brissaud. Mehrere große Fundkomplexe sind in P. Montet, La nécropole royale de Tanis, 3 Bde, Paris 1947/60 (dazu noch P. Montet, Le Lac sacré de Tanis, Paris 1966), ausführlich veröffentlicht, zahlreiche Einzeldenkmäler in der Zeitschrift Kêmi. Überblicke gaben H. Kees, Tanis. Ein kritischer Überblick zur Geschichte der Stadt, NAWG 1944, S. 145–182, und P. Montet, Tanis. Douze années de fouilles dans une capitale oubliée du Delta égyptien, Paris 1942. 1987 fand in Paris eine Ausstellung über Tanis statt (Katalog: Tanis. L'or des pharaons, dazu G. Goyon, La découverte des trésors de Tanis, 1987).

Theben ist nicht nur das Mekka aller Ägyptenreisenden, sondern unverändert auch einer der ergiebigsten Orte für archäologische Arbeit, wobei in der neuesten Zeit weniger die Grabungstätigkeit als die Aufnahme und weitere Erforschung der freigelegten Denkmäler im Vordergrund steht, doch überraschte 1989 der Fund eines Statuenverstecks im Tempel von Luxor. Der Tempelkomplex von Karnak mit seiner zweitausendjährigen Baugeschichte, die übrigen großen Tempel auf dem Ost- und Westufer, die ausgedehnten königlichen und privaten Friedhöfe der Westseite sind durch unvollkommene oder fehlende Veröffentlichung der Wissenschaft oft schwerer zugänglich als den Touristen. Immerhin ist die Literatur über thebanische Denkmäler bereits so ausgedehnt, daß hier nicht einmal die wichtigsten Werke genannt werden können, sondern nur einige zusammenfassende Überblicke; alle Einzelheiten gibt die gerade für Theben jetzt auf den neuesten Stand gebrachte

Bibliographie von Porter-Moss (§ 5). Einen sachkundigen, reichillustrierten Überblick über die ganze Ruinenstätte geben Ch. F. Nims und W. Swaan, Thebes of the Pharaohs, London 1965. Über die Nekropolen auf dem Westufer orientieren G. Steindorff und W. Wolf, Die Thebanische Gräberwelt, 1936 (LÄS 4), über das Theben der griech.-röm. Zeit A Bataille, Les Memnonia, Kairo 1952. Für die königlichen Friedhöfe E. Thomas, The Royal Necropoleis of Thebes, Princeton 1966; E. Hornung, Tal der Könige, 1982, ⁵1990, und Ch. Leblanc, Ta Set Neferou, I, Kairo 1989 (Tal d. Königinnen), für die zugänglichen Beamtengräber S. Hodel-Hoenes, Leben und Tod im Alten Ägypten, 1991.

§ 96. Museen, Konservierung, Fälschung

Von den materiellen Überresten der ägypt. Kultur ist ein großer Teil über die öffentlichen Museen und privaten Sammlungen aller Erdteile verstreut. Allein das Inventarbuch des Ägyptischen Nationalmuseums in Kairo erfaßt rund 100000 Objekte, das der ägypt. Abteilung des Louvre etwa 30000. Dieses Material kann sich der wissenschaftlichen Auswertung nur langsam und fragmentarisch erschließen, denn die Museen müssen ihre Schätze nicht nur veröffentlichen, sondern zunächst ordnen, konservieren und in geschickter Auswahl dem Besucher zugänglich machen. Durch die Aktivität einzelner Konservatoren und die verständnisvolle Zusammenarbeit von Museumsleitung und Fachkollegen ist die Veröffentlichung einiger Sammlungen bereits recht weit vorangekommen; besonders früh hat sich das Rijksmuseum van Oudheden in Leiden um eine systematische Veröffentlichung seiner Bestände bemüht (C. Leemans 1839ff., dann P. A. Boeser, Holwerda und van Wijngaarden, Beschreibung der Ägypt. Sammlung des Niederländischen Reichsmuseums der Altertümer in Leiden, 14 Bde, Den Haag 1908/32), für Kairo konnten dank internationalem Zusammenwirken bisher rund 100 Bände des Catalogue général du Musée du Caire erscheinen, auch für Turin liegen schon zahlreiche Bände eines neuen Generalkataloges vor. Seit 1977 erschließt das Corpus Antiquitatum Aegyptiacarum (Lose-Blatt-Katalog ägypt. Altertümer) einzelne Objektgruppen und Sammlungen in aller Welt. Neben diesen und vielen anderen Katalogen besitzen wir für ägypt. Sammlungen eine Anzahl hervorragender Museumsführer, unter denen W. C. Hayes, The Scepter of Egypt (2 Bde, New York 1953 u. 1959) eine Sonderstellung einnimmt: hier wird die ägypt. Geschichte und Kultur durch eine große Sammlung (Metropolitan Museum of Art, New York) illustriert, so daß der Laie ein geschlossenes Bild des ägypt.

§ 96. Museen, Konservierung, Fälschung 151

Altertums, der Fachmann eine chronologisch geordnete Übersicht über den Bestand des Museums gewinnt. Von den zahllosen neueren Katalogen sei nur hingewiesen auf M. Saleh u. H. Sourouzian, Offizieller Katalog: Die Hauptwerke im Ägyptischen Museum Kairo, 1986; The Luxor Museum of Ancient Egyptian Art, Cairo 1979; Ägyptisches Museum Berlin, hrsg. von K.-H. Priese, 1991. Wo Museumsstücke zitiert werden, entsteht oft Verwirrung durch die unterschiedlichen Methoden der Numerierung. Die wenigsten Museen (wie z. B. Berlin) lassen sich nach fortlaufenden Inventar-Nummern zitieren, das Museum in Kairo verwendet fünf verschiedene Bezifferungen nebeneinander (Journal d'entrée, Catalogue général, provisorische Inventar-Nr., Ausstellungs-Nr. und getrennte Numerierung im Tutanchamun-Schatz), so daß ein Zitat wie „Kairo 687" durch seine Vieldeutigkeit wertlos ist; auch der Louvre verwendet mehrere Systeme (dazu P. Krieger, RdE 12, 1960, 93–97), und bei anderen Museen (vor allem in Turin) muß zwischen „alten" und „neuen" Inventarnummern unterschieden werden.

Über Entstehung und Geschichte der großen Sammlungen orientiert Serie III (1950) der CHE; kurze Verzeichnisse der wichtigsten Museumskataloge und -führer geben Drioton-Vandier, L'Égypte (§ 69) S. XXVIII–XXXI, W. Wolf, Kunst (§ 87) S. 666f. und J. Vandier, Manuel (§ 84) Bd. III S. 542–546. Regelmäßige Veröffentlichungen aus ihren Beständen bringen Museumszeitschriften wie BMQ, BMFA, BMMA, OMRO, Bulletin des Musées Royaux d'Art et d'Histoire (Brüssel), Brooklyn Museum Annual, La Revue du Louvre, Bulletin Medelhavsmuseet (Stockholm) u. a.

Eine erste *Sonderausstellung* veranstaltete G. B. Belzoni 1821 in London über seine Funde im Tal der Könige (Grab Sethos' I.); die nächste fand 1953 in der Kunsthalle Basel statt („Schätze altägypt. Kunst"), und seit 1961 zogen vor allem die großen Tutanchamun-Ausstellungen riesige Besucherströme an, doch finden auch thematisch anders orientierte Ägypten-Ausstellungen weltweites Interesse.

Über die *Konservierung* von Altertümern unterrichten ausführlich H. J. Plenderleith, The Conservation of Antiquities and Works of Art, London 1956 ²1972, und der Ergänzungsbd. 1 des Berliner Jahrbuchs für Vor- und Frühgeschichte (Restaurierung und Konservierung, 1964), ferner M. Fackelmann, Restaurierung von Papyrus und anderen Schriftträgern aus Ägypten, Zutphen 1985. – Die Masse der primitiven *Fälschungen*, die dem Ägyptenreisenden angeboten werden, ist leicht zu entlarven, doch finden geschickte Nachbildungen von Originalen (neuerdings auch bei Statuetten wieder versucht!) immer wieder ihren Weg bis in öffentliche Sammlungen, vgl. etwa L. Borchardt, Ägypt. Altertümer, die ich für neuzeitlich halte, 1930, oder E. Riefstahl, JNES 10, 1951, 65–73.

ZUR LANDESKUNDE § 97

Wer sich mit dem ägyptischen Altertum beschäftigt, der wird auch aus der Kenntnis des modernen Landes reichen Nutzen ziehen. Die Umwelt, in der die ägyptische Kultur einst geblüht hat, die bleibenden geologischen und klimatischen Verhältnisse, die vielfach noch alten Gebräuche und Anschauungen der Bevölkerung helfen zum besseren Verständnis der alten Denkmäler. Allerdings bedeutet das Ende der jährlichen Nilüberschwemmung (1966) eine tiefe Zäsur in der Entwicklung von Landschaft und Klima. Die genaue Kenntnis des Landes läßt sich nur durch Reisen und durch Aufenthalte in verschiedenen Jahreszeiten erwerben, doch kann auch der heutige Einzelreisende nicht auf Orientierungshilfen verzichten.

Ein erster gründlicher Reiseführer geht bereits auf 1847 zurück (Wilkinson, Hand-book for Travellers in Egypt, [11]1907), noch vor die ersten Massenreisen, die Th. Cook seit 1869 organisierte. Die Präzision und Ausführlichkeit des Reisehandbuchs von K. Baedeker (Ägypten und der Sûdân, seit 1897 von G. Steindorff bearbeitet, letzte Auflage [8]1928) genießen heute bereits legendären Ruf und scheinen den modernen, eiligen Reisenden zu überfordern; unter den neueren *Reiseführern* kommen der Guide Bleu (M. Baud, Égypte, Paris 1950, neu von D. Meeks und J. J. Fauvel 1971) und E. Brunner-Traut/V. Hell, Ägypten. Studienreiseführer mit Landeskunde, [6]1988, wissenschaftlichen Ansprüchen am weitesten entgegen. Für einzelne Landesteile liegt eine wachsende Zahl von Monographien und speziellen Reiseführern vor. Ein neueres *Kartenwerk*, das den alten Blättern 1 : 100 000 des Survey of Egypt (1934 und früher; dazu Index of Place Names Appearing on the Normal 1 : 100 000 Scale Map Series of Egypt, Kairo 1932) entspricht, ist nicht im Handel, so daß der Reisende meist auf wenig zuverlässige Touristenkarten angewiesen ist; für den Sudân stehen Blätter im Maßstab 1 : 250 000 des Sudan Survey Department zur Verfügung. Für ein neues historisches Kartenwerk (TAVO) vgl. § 58.

Grundlegende Werke zur *Geologie* Ägyptens sind W. F. Hume, Geology of Egypt, 5 Bde, Kairo 1925/48; Rushdi Said, The Geology of Egypt, Amsterdam und New York 1962; ders., The Geological Evolution of the River Nile, New York 1981; F. El-Baz, The Geology of Egypt. An Annotated Bibliography, Leiden 1984. Zur *Flora* V. Täckholm, Students' Flora of Egypt, Kairo 1956, und ausführlicher V. Täckholm und

M. Drar, Flora of Egypt, 3 Bde, Kairo 1941–54. Die moderne *Fauna* ist bisher nur in Einzeluntersuchungen behandelt worden (J. Anderson, Reptilia and Batrachia, London 1898 (Reprint 1965); ders., Zoology of Egypt: Mammalia, London 1902; R. Meinertzhagen, Nicoll's Birds of Egypt, 2 Bde, London 1930; W. W. Bowen, Catalogue of Sudan Birds 2 Bde, 1931; G. A. Boulenger, Zoology of Egypt, The Fishes of the Nile, London 1907), vgl. aber die neueren Werke zur pharaon. Zeit in § 63. In die *Volkskunde* führen ein: G. Legrain, Louqsor sans les Pharaons, Brüssel und Paris 1914; W. S. Blackman, The Fellâhîn of Upper Egypt, London 1927; H. A. Winkler, Bauern zwischen Wasser und Wüste, 1933, und ders., Ägypt. Volkskunde, 1936.

EPILOG: ÄGYPTEN UND DAS ABENDLAND § 98

Die Wirkung in die Ferne, die ägyptischen Formen und Gedanken beschieden war (vgl. §§ 26, 39, 59, 82, 88), ist nicht auf die engere Umwelt in Afrika und im östlichen Mittelmeerraum beschränkt geblieben, sondern setzt sich in Raum und Zeit weiter fort. Vom Abendland her gesehen, erscheint sie zunächst als Begegnung Griechenlands mit der so fremdartig-anziehenden Welt Ägyptens; genauer: mit einer späten, die große Vergangenheit schon umdeutenden ägyptischen Kultur, die nun im hellenistischen Gewand eine zweite Stilisierung erleidet. Was dem Abendland von der Spätantike bis zu Mozart, Goethe und den Romantikern „Ägypten" bedeutet, ist ein zweifach gebrochenes Zerrbild der einstigen Hochkultur. Sieht man von Goethes gesundem Mißtrauen und von der zwiespältigen Haltung der Romantiker ab, so bleibt immer noch eine erstaunliche Wirkung, die dieses hellenistisch verfremdete Ägypten auf die abendländische Geisteswelt, vom Humanismus (Erasmus von Rotterdam, Johann Reuchlin) bis zu Mozarts „Zauberflöte", und nicht minder auf die bildende Kunst Europas ausgeübt hat. Eine besondere Rolle spielte dabei der Roman *Séthos* von J. Terrasson (1731).

Durch die Erschließung der Primärquellen seit Champollion wird das Originalbild der altägyptischen Kultur allmählich von späteren Zutaten befreit; daraus ergeben sich neue und vielleicht tiefere Schichten ergreifende Möglichkeiten einer Begegnung des Abendlandes mit Ägypten. Die schöpferischen Kräfte, die in dieser erneuerten Begegnung aufbrechen, haben neben vielen anderen R. M. Rilke, Thomas Mann und Paul Klee bereits genutzt, und im Blick auf neueste Entwicklungen im abendländischen Denken scheint es, daß die eigentlich fruchtbare Begegnung der modernen Welt mit Ägypten gerade erst begonnen hat und für die Zukunft reiche, schöpferisch anregende Möglichkeiten in sich birgt. Hier kann sich die Ägyptologie als eine Wissenschaft erweisen, die nicht nur jahrtausendealte Vergangenheit erforscht, sondern im Sinne A. von Harnacks auch „ein Werdendes vorbereitet".

S. Morenz, Die Begegnung Europas mit Ägypten, 1969 (vorher SBSAW 1968 Nr. 5); reiches Material von der Antike bis zu Champollion bei Iversen, Myth of Egypt (§ 2); J. Baltrušaitis, La quête d'Isis. Introduction à l'Egyptomanie, Paris 1967, ²1985; J.-M. Humbert, L'Egyptomanie dans l'art occidental, Paris 1989. Von den alten Reisenden sind viele durch die Reihe Voyageurs occidentaux en Égypte, Kairo 1970ff., neu erschlossen worden. *Goethe* und Ägypten: M. Pieper, Ein Brief Goethes über Ägypten; MDAIK 2, 1932, 127–134; L. Volkmann, Goethe und Ägypten, ZÄS 72, 1936, 1–12; K. H. Dittmann, Goethe und die „Egyptischen Sachen", MDAIK 12, 1943, 96–106. *Zauberflöte* und ihr „ägyptischer" Hintergrund: S. Morenz, Die Zauberflöte. Eine Studie zum Lebenszusammenhang Ägypten – Antike – Abendland, 1952; E. Staehelin, Zum Motiv der Pyramiden als Prüfungs- und Einweihungsstätten, in: Studies in Egyptology (FS M. Lichtheim, Jerusalem 1990), II 889–932. *Rilke* und Ägypten: A. Hermann, Rilkes ägyptische Gesichte, Symposion 4, 1955 (Nachdruck Wissenschaftl. Buchgesellschaft). Zu *Thomas Mann* A. Grimm, Joseph und Echnaton. Thomas Mann und Ägypten, 1992, zu *James Joyce* M. L. Troy, Mummeries of Resurrection: The Cycle of Osiris in Finnegans Wake, Uppsala 1976.

Anhang I

GEBRÄUCHLICHE ABKÜRZUNGEN

AAA	=	Annals of Archaeology and Anthropology, Liverpool 1908–48
AÄA	=	Archiv für ägyptische Archäologie, Wien 1938
Abh	=	Abhandlung
Abh Mainz	=	Akademie der Wissenschaften und der Literatur in Mainz, Abhandlungen der Geistes- und Sozialwissenschaftlichen Klasse
AcOr	=	Acta Orientalia, Leiden 1923 ff.
ADAIK	=	Abhandlungen des Deutschen Archäologischen Instituts Kairo, Glückstadt – Hamburg – New York 1958 ff.
AdW	=	Akademie der Wissenschaften
AEO	=	A. H. Gardiner, Ancient Egyptian Onomastica, 3 Bände, London 1947
AfO	=	Archiv für Orientforschung, Graz 1923 ff.
ÄgAbh	=	Ägyptologische Abhandlungen, Wiesbaden 1960 ff.
ÄgFo	=	Ägyptologische Forschungen, Glückstadt – Hamburg – New York 1936 ff.
AH	=	Aegyptiaca Helvetica, Genf 1974 ff.
AHAW	=	Abhandlungen der Heidelberger Akademie der Wissenschaften, Philosophisch-historische Klasse
AJA	=	American Journal of Archaeology, Baltimore 1885 ff.
AJSL	=	American Journal of Semitic Languages and Literatures, Chicago 1884–1941
ANET	=	J. B. Pritchard, Ancient Near Eastern Texts Relating to the Old Testament, Princeton [2]1955
AnOr	=	Analecta Orientalia, Rom 1931 ff.
AO	=	Der Alte Orient, Leipzig
APAW	=	(Königlich) Preußische Akademie der Wissenschaften, Abhandlungen der Philosophisch-historischen Klasse
AR	=	Altes Reich
ArOr	=	Archiv Orientální, Prag 1929 ff.
ASAE	=	Annales du Service des Antiquités de l'Égypte, Kairo 1900 ff.
ASAW	=	Abhandlungen der Sächsischen Akademie (früher: Königlich Sächsischen Gesellschaft) der Wissenschaften, Philologisch-historische Klasse
BASOR	=	Bulletin of the American Schools of Oriental Research, New Haven 1920 ff.
Beiträge Bf	=	Beiträge zur ägyptischen Bauforschung und Altertumskunde, Kairo

Gebräuchliche Abkürzungen

BiAeg	=	Bibliotheca Aegyptiaca, Brüssel 1932 ff.
BIE	=	Bulletin de l'Institut d'Égypte (vor 1919: Institut Égypt en), Kairo 1859 ff.
BIFAO	=	Bulletin de l'Institut français d'archéologie orientale, Kairo 1901 ff.
BiOr	=	Bibliotheca Orientalis, Leiden 1943 ff.
BM	=	British Museum
BMFA	=	Bulletin of the Museum of Fine Arts, Boston
BMMA	=	Bulletin of the Metropolitan Museum of Art, New York 1906 ff.
BMQ	=	British Museum Quarterly, London
BSAC	=	Bulletin de la Société d'archéologie copte, Kairo 1935 ff.
BSFE	=	Bulletin de la Société française d'egyptologie, Paris 1949 ff.
Bull.	=	Bulletin
CdE	=	Chronique d'Égypte, Brüssel 1926 ff.
CG	=	Catalogue général du Musée du Caire
CHE	=	Cahiers d'histoire égyptienne, Kairo 1948 ff.
CRAIBL	=	Comptes rendus à l'Académie des Inscriptions et Belles-Lettres, Paris
CRIPEL	=	Cahiers de recherches de l'Institut de Papyrologie et d'Egyptologie de Lille, Paris und Lille 1973 ff.
CT	=	A. de Buck, The Egyptian Coffin Texts, 7 Bände, Chicago 1935/61
Diss.	=	Dissertation
DLZ	=	Deutsche Literaturzeitung, Berlin und Leipzig 1880 ff.
Dyn.	=	Dynastie
EA	=	Amarnatafeln nach J. A. Knudtzon, Die El-Amarna-Tafeln, 2 Bände, Leipzig 1915 (Nachdruck 1964)
FIFAO	=	Fouilles de l'Institut français d'archéologie orientale. Kairo 1924 ff.
Fs	=	Festschrift
FuF	=	Forschungen und Fortschritte, Berlin
GGA	=	Göttingische Gelehrte Anzeigen, Göttingen und Berlin 1739 ff.
HÄB	=	Hildesheimer Ägyptologische Beiträge, Hildesheim 1976 ff.
HO	=	Handbuch der Orientalistik, I. Abteilung (Der Nahe und der Mittlere Osten), Leiden 1952 ff.
JA	=	Journal Asiatique, Paris 1822 ff.
JAOS	=	Journal of the American Oriental Society, Baltimore und New Haven 1851 ff.
JARCE	=	Journal of the American Research Center in Egypt, Boston 1962 ff.
JEA	=	Journal of Egyptian Archaeology, London 1914 ff.
JEOL	=	Jaarbericht van het Vooraziatisch-Egyptisch Genootschap Ex Oriente Lux, Leiden 1933 ff.

JESHO	=	Journal of the Economic and Social History of the Orient, Leiden 1958 ff.
JNES	=	Journal of Near Eastern Studies, Chicago 1942 ff.
JSSEA	=	Journal (1–7: Newsletter) of the Society for the Study of Egyptian Antiquities, Mississauga 1970 ff.
LÄ	=	Lexikon der Ägyptologie, Wiesbaden 1972 ff.
LÄS	=	Leipziger Ägyptologische Studien, Glückstadt – Hamburg – New York 1935/39
LD	=	C. R. Lepsius, Denkmäler aus Aegypten und Aethiopien, Berlin 1849/58
MÄS	=	Münchner Ägyptologische Studien, Berlin 1962 ff.
MDAIK	=	Mitteilungen des Deutschen Archäologischen Instituts, Abteilung Kairo (bis 1944: Mitteilungen des Deutschen Instituts für ägyptische Altertumskunde in Kairo), Berlin und Wiesbaden 1930 ff.
MDOG	=	Mitteilungen der Deutschen Orient-Gesellschaft, Berlin 1899 ff.
Mél.	=	Mélanges
MIFAO	=	Mémoires publiés par les membres de l'Institut français d'archéologie orientale du Caire, Kairo 1902 ff.
MIO	=	Mitteilungen des Instituts für Orientforschung, Berlin 1953 ff.
MR	=	Mittleres Reich
MVAG	=	Mitteilungen der Vorderasiatisch(-Ägyptisch)en Gesellschaft, Leipzig und Berlin 1896–1944
MVEOL	=	Mededelingen en Verhandelingen van het Vooraziatisch-Egyptisch Genootschap Ex Oriente Lux, Leiden
NAWG	=	Nachrichten der Akademie der Wissenschaften in Göttingen, I. Philologisch-historische Klasse (früher: Nachrichten von der Gesellschaft der Wissenschaften zu Göttingen, Philologisch-historische Klasse, Fachgruppe I)
NR	=	Neues Reich
OBO	=	Orbis Biblicus et Orientalis, Freiburg/Schweiz und Göttingen 1973 ff.
OIC	=	The University of Chicago, Oriental Institute Communications, Chicago
OIP	=	The University of Chicago, Oriental Institute Publications, Chicago 1924 ff.
OLZ	=	Orientalistische Literaturzeitung, Berlin und Leipzig 1898 ff.
OMRO	=	Oudheidkundige Mededelingen uit het Rijksmuseum van Oudheden te Leiden, Leiden 1920 ff.
Or	=	Orientalia, Nova Series, Rom 1932 ff.
OrAnt	=	Oriens Antiquus, Rom 1962 ff.
PM	=	B. Porter und R. L. B. Moss, Topographical Bibliography of Ancient Egyptian Hieroglyphic Texts, Reliefs and Paintings, 7 Bände Oxford 1927/52, ^{2}1960 ff.

Gebräuchliche Abkürzungen

PrAeg	=	Probleme der Ägyptologie, Leiden 1953 ff.
PSBA	=	Proceedings of the Society of Biblical Archaeology, London 1879–1918
PW	=	Pauly-Wissowa, Realencyclopädie der classischen Altertumswissenschaft, Stuttgart 1894 ff.
Pyr	=	Pyramidentexte (vgl. § 36a)
RAC	=	Reallexikon für Antike und Christentum, Stuttgart 1950 ff.
RdE	=	Revue d'Égyptologie, Paris und Kairo 1933 ff.
Rec. trav.	=	Recueil de travaux relatifs à la philologie et à l'archéologie
(oder RT)	=	égyptiennes et assyriennes, Paris 1870–1923
RGG	=	Die Religion in Geschichte und Gegenwart, Tübingen
RHR	=	Revue de l'Histoire des Religions, Paris 1880 ff.
SAK	=	Studien zur altägyptischen Kultur, Hamburg 1974 ff.
SAOC	=	The Oriental Institute of the University of Chicago, Studies in Ancient Oriental Civilization, Chicago 1931 ff.
SBBAW	=	Sitzungsberichte der Bayerischen Akademie der Wissenschaften, Philosophisch-historische Abteilung
SBHAW	=	Sitzungsberichte der Heidelberger Akademie der Wissenschaften, Philosophisch-historische Klasse
SBÖAW	=	Österreichische Akademie der Wissenschaften (früher: Akad. der Wissenschaften in Wien), Philosophisch-historische Klasse, Sitzungsberichte
SBPAW	=	Sitzungsberichte der (Königlich) Preußischen Akademie der Wissenschaften, Philosophisch-historische Klasse
SBSAW	=	Berichte über die Verhandlungen (früher: Sitzungsberichte) der Sächsischen Akademie der Wissenschaften zu Leipzig, Philologisch-historische Klasse
Slg	=	Sammlung
SNR	=	Sudan Notes and Records, Khartûm 1918 ff.
StG	=	Studium Generale, Berlin – Heidelberg – New York 1948 ff.
Tb	=	Totenbuch (vgl. § 36c)
ThLZ	=	Theologische Literaturzeitung, Leipzig und Berlin 1876 ff.
UGAÄ	=	Untersuchungen zur Geschichte und Altertumskunde Ägyptens, Leipzig und Berlin 1896 ff.
Urk.	=	Urkunden des ägyptischen Altertums, Leipzig und Berlin 1903 ff.
WaG	=	Die Welt als Geschichte, Stuttgart 1935 ff.
Wb	=	Wörterbuch der ägyptischen Sprache, herausgegeben von A. Erman und H. Grapow, Leipzig und Berlin 1926/63
WdO	=	Die Welt des Orients, Göttingen 1947 ff.
WVDOG	=	Wissenschaftliche Veröffentlichungen der Deutschen Orient-Gesellschaft, Berlin 1900 ff.
WZKM	=	Wiener Zeitschrift für die Kunde des Morgenlandes, Wien 1886 ff.

ZÄS	=	Zeitschrift für ägyptische Sprache und Altertumskunde, Leipzig und Berlin 1863 ff.
ZDMG	=	Zeitschrift der Deutschen Morgenländischen Gesellschaft, Leipzig und Wiesbaden 1847 ff.
ZDPV	=	Zeitschrift des Deutschen Palästina-Vereins, Leipzig und Wiesbaden 1873 ff.
ZRGG	=	Zeitschrift für Religions- und Geistesgeschichte, Köln 1949 ff.
Zs.	=	Zeitschrift

Anhang II

CHRONOLOGISCHE ÜBERSICHT

(zur Problematik absoluter Jahreszahlen vgl. § 72)

Frühzeit um 2950–2640

1. Dynastie um 2950–2770
2. Dynastie um 2770–2640

Altes Reich um 2640–2134

3. Dynastie um 2640–2575
   (Djoser u. a.)
4. Dynastie um 2575–2465
   (Snofru, Cheops, Djedefrê, Chephren, Mykerinos u. a.)
5. Dynastie um 2465–2325
   (Userkaf, Sahurê, Neferirkarê, Niuserrê, Asosi, Unas)
6. Dynastie um 2325–2150
   (Teti, Phiops I., Merenrê, Phiops II. u. a.)
7. und 8. Dynastie um 2150–2134

Erste Zwischenzeit um 2134–2040

9. und 10. Dynastie (in Herakleopolis) um 2134–2040
11. Dynastie (in Theben) um 2134–2040

Mittleres Reich um 2040–1650

11. Dynastie (ganz Ägypten) um 2040–1991
    (Montuhotep I. bis III.)
12. Dynastie 1991–1785
    (Amenemhât I. 1991–1962, Sesostris I. 1971–1926, Amenemhât II. 1929–1892, Sesostris II. 1897–1878, Sesostris III. 1878–1841, Amenemhât III. 1844–1797, Amenemhât IV. 1798–1789, Nofrusobek 1789–1785. Überschneidungen durch Mitregierung!)
13. Dynastie (in Lischt und Oberägypten) um 1785–um 1650
14. Dynastie (im Delta) um 1715–1650